多田孝志　増渕幸男　岡　秀夫

見聞のまねび、耳見の学び

いま・未来を創る教育者へおくる伝薪録

三惠社

見聞を広め、様々なまねびを重ねながら

教育者の道を歩む碩学の先達が

自らの耳見より学び得た

研究という薪の数々。

本書は、その幹枝を

惜しみなく、火に焼べて

後進を照らす灯となる事を願い

心思を込めて著述された教育語録です。

伝 薪

文責：小宮山祥広 (編集)

①でんしん【伝薪】火がたきぎ(薪)に燃え伝わること。転じて、師弟相伝えること。(伝薪＝伝心)
②けんぶん【見聞】実際に見たり聞いたりすること。また、そこから得た知識。 ③まねび【学び】まねぶこと。まねすること。 ④じけん【耳見】「耳で見分けて、目で聞かしやれよ、それで聖の身なるぞや」(禅宗 [臨済宗中興の祖] 白隠禅師の『草取唄』)。天下の物事を知る人の静慮を表す上記のことばからの造語。意味は「これまでに見聞したもの、知見したものを、心静かに考察して、その本質をとらえること」 ⑤まなぶ【学ぶ】まなぶこと。学問。 ⑥けんきゅう【研究】物事を学問的に深く調べたり考えたりして、事実や理論を明らかにすること。また、その内容。⑦かんし【幹枝】樹木を構成する幹と枝。 ⑧しんし【心思】こころ。また、思い。考え。

[出典：①⑦⑧『新漢語林』、②⑥『明鏡国語辞典』③⑤『広辞苑』、④白隠禅師『草取唄』]

まえがき

　それは、金沢の田上町の回転寿司での語り合いのときだったと思います。

　多田・増渕は、いつもの出会いのときと同じく教育談議で盛り上がりました。その談話の中で「いま、教育の大転換期といわれ、さまざまな新たな提言がなされているが、それに迎合することなく、教師や学びの本義を問い直してみたい」という思いが響応し、その具体策として「二人で共著を出版する」という意見が一致しました。

　本著は、そうした二人の飽くなき教育への思いにより編纂されました。

　執筆するにあたり、次のことを緩やかに約束しました。

　　一、これまで二人が考え・実践してきたことを基盤に、いま考えること・
　　　　提言したいことを思うがまま自由に記述すること。

　　二、一を文章化する上で、内容の制約や字数制限はしない。論文作法を必
　　　　ずしも遵守しなくてもよいこと。

　こうしてスタートした論文の執筆ですが、多忙さ、雑事の煩雑さに時間をとられることもあり、構想以来2年近くの月日が過ぎていきました。ただ、この間にも多田・増渕は折にふれ語り合い、啓発し合い、また、英語教育の碩学 岡秀夫先生にも寄稿いただく幸運も得ました。

　本書は、以上のような経緯で編纂された執筆者本位の論集です。

　第一部は、教育哲学を専門とする増渕の論考。次いで、英語教育を専門とする岡の論考。第二部は、多田の教育実践を基盤にした論考という二部構成になっています。

　前述したように、三人の考えや実践してきたことを基盤に「いま考えること」「提言したいこと」を思うがまま自由に記述していることから、本書は系統性にかけ、また読みづらい点もあったのではないかと自戒しています。

ただ、広く頒布することより、いつの日か、教育に関心ある研究者や実践者が手にとり、こんなことを考えている教育学者・教育実践者がいるのだなと、興味をもってくれたら幸いとの思いを込めて出版に至った次第です。

　ご高覧の機会を得ましたら、遠慮のなくご批正をしてください。

2022 年吉日

共著者　多田孝志
増渕幸男
特別寄稿　岡　秀夫

第Ⅰ部　学校・生涯教育の要となる「哲学的思考」の伝薪

増渕幸男

超スマート社会への問い方

　今日、超スマート社会の創造が叫ばれている。それは現代および近未来を問題にする時に出てくる持続可能な社会のあり方を目指すためにという理解に基づいている。そうした超スマート社会の教育を問題にする時、この問題提起の前提として、現代の教育が抱えている課題とは何か、という問い方を無視できない。もっと平易に言えば、近未来に相応しい教育、つまり「これからの」教育について問うというのであるから、時代状況の分析と見通しを前もって確認しておく必要がある。もちろん、「これからの」教育を考えるためには、それとの対比でこれまでの教育についても触れることになる。

　また、「これからの」と「これまでの」という時間的推移がもつ内実を明らかにするには、両者を繋ぐもしくは区別する根拠についても問うことになる。そうした問いの対象として教育を取り上げるのであるから、教育の本質と存在意義がどのように変わるのかについても考えなければならない。この変化を主導的に唱えている文部科学省が、中央教育審議会へ要請した諸諮問に対する報告書と、それに関連する諸研究が手がかりとなるだろう。

　そもそも「これからの」という形容を付して要請される事象には、過去もしくは現実に対する批判的反省が前提になっている。その反省が向けられている対象そのものは、近未来の像を描く際に、もはや効力をもたないものとみなされる傾向にある。そこには変革こそが善いこと、つまり「進歩こそ善」という価値観が支配しており、この価値観を是認する流れが定着していくと、何事に対しても「これからの」という形容が正当性をもつことになる。ただし、進歩至上主義には何らかの犠牲が必ず伴うことも考慮に入れると、その正当性が教育の本質理解に結び付くものであるかどうかには慎重でなければならない。

　以上のことは、AI（人工知能）やICT（情報通信技術）の活用を中心に据えた

情報技術を導入することによってのみ、「これからの教育」が可能になるとの主張を正当化することに対する素朴な問いを引き起こす。たとえば、後に詳述するように、超スマート社会における情報技術を活用した学校バージョン3・0（ver3.0）の構築が唱えられている。すなわち、認知科学とビッグデータを活用することで、個々人に対応した個別最適化された学びをポートフォリオとして電子化し蓄積しながら、能動的な学習者を育成しようというのである。要するに、個別化された学びを中核に据えて、地域や家庭が情報ネットワークで繋がった教育実践を唱えている。

　ちなみに、学校バージョン1.0（ver.1.0）とは「勉強」の時代とも言われ、カリキュラムは知識の体系に基づき、知識を正確に記憶する基礎学力が重視されるもので、これはソサエティ3.0の工業社会に対応するとしている。そして学校バージョン2.0（ver.2.0）とは「学習」の時代とも言われ、カリキュラムは能力重視の体系へと転換されて、今次の学習指導要領の改訂に伴って「主体的・対話的で深い学び」を実現するアクティブ・ラーナーの育成を目指す、いわばソサエティ4.0の情報社会からソサエティ5.0の超スマート社会への移行期に相当している。したがって、学校バージョン3.0の「学び」の時代においても、個別最適化された学びを推進すると同時に、能動的な学びを実現するアクティブ・ラーナーの育成が唱えられている。

　だが、情報技術に依存しなければ成立しない「これからの」教育を、本来は人間関係が基本となって展開される教育実践に代わって据えようとする超スマート社会の教育形態とみなすならば、教育の本質に基づくべき教育活動に問題は生じないのだろうか。

　そうした素朴な問いが生起するのは、教育の世界に関することだけではなく、人間の生命活動を支えている衣・食・住の中の食に関する農の世界にも言えることである。衣と住は時代の変化と共に歩を一にする傾向が強いけれども、自然の摂理・法則に依存する農の世界は、自然との共生・対話を重視するものであろう。そこに人間中心の進歩至上主義の価値観が支配的になれば、大きな犠牲を余儀なくさせることになる。ここに教育の世界と農の世界の類似点を模索

する意味もある。

　農の世界に関して言えば、すでに5年以上も前から、農業のパラダイム転換を意図して、農林水産省や関連学会がロボット技術やICTを活用することによって、省力化や高品質生産を可能にする「これからの」時代の農業を「スマート農業」と呼んでいる。「スマート」とは「賢い」の意味で用いられていて、たとえばドローンを用いることで、稲・小麦・大豆等、土地利用型農業の生育管理を精密化し省力化するための新型農機として期待されているようである。そうした農業を営む生活スタイルを「スマート・ライフ農業」とも称しているのである。[1]

　このように、「これまでの」から「これからの」へと推移していく価値観の転換の中で、持続可能な開発モデルの創出を提示しているのだが、それは当然教育と農業に対する方向づけでもあり、それぞれの世界を本質的に理解することに結び付くのかどうかが問われるであろう。

1．なぜ教育と農の世界なのか

　ここで教育と農の世界を関連づけて取り上げる理由について一言しておこう。もっとも基本的な理由は、作物の栽培に関わるさまざまな農業の行程は人間形成にとって不可欠の学習活動に他ならないということである。と言うことは、農の世界は教育と密接に関連しているということでもある。そのような理解の仕方には、いわゆる土作りから収穫に至るまで農作業にかかわる一連の行程がすべて、教育活動と何らかの意味的関係性をもっているとの確信に支えられている。

　そうした農と教育の関係性の基本にある原理は、「発達・成長・形成・成熟」といったカテゴリーで表わすことが可能な現象に結び付くものである。両者に共通する活動としては、「育てる、見守る、待つ、援助する、保護する、導く」等々が重なり、さらに心の作用としては「信頼と希望、そして愛情と感謝」と

いう事象であった。

　現代は持続可能な社会の創生を求めて、さまざまな活動を推進している時代である。イノベーションを常套語にした開発事業がもてはやされる一方で、環境に優しい関わり方を模索する多様な「共生」の在り方を重視する時代でもある。こうした「持続可能性」と「共生」という両方の課題に関係している生活世界が自然環境であろう。人間は自然との関わり方をとおして成長・発達・成熟につながる直接・間接の影響を感じてきたし、自己形成に関する諸問題について理解してきたのである。

　こうした観点を心底から納得できるようになるためには、自らがまず「農の世界」に直接関わることなしには不可能である。教育思想で言えば、自然主義教育思想のJ・J・ルソー（『エミール』）、平和な世界を築くために必要な感性の教育を唱えたH・リード（『平和のための教育』）、体験的作業がもたらす人間形成の役割を解明したG・ケルシェンシュタイナー（『労作学校の概念』）、などを無視できない。とりわけ、農の世界をとおして人間教育を実践したJ・H・ペスタロッチの『シュタンツ便り』は看過できないだろう。ペスタロッチが妻と共に1771年に始めたノイホーフ（新しい農場）の貧民学校では、孤児として物乞いをしながら生きていかざるを得ない子どもたちを受け入れ、彼らが自立するための労働を実体験させながら学ばせ、また人間愛の基本となる宗教教育をとおして彼らの人間性を育むための実践活動をしたことはよく知られている。教育実践の父と呼ばれる理由である。

　農の世界が人間形成に与える意義について、自然と人間の共生関係を基礎に据えた教育のあり方を明らかにすることが大切である。そのためには、学習指導要領の改訂に伴って主張された持続的社会の創出課題として、複数の教科で取り組むべき自然体験学習の内容と実践活動に焦点を当て、農業教育が果たす役割について考えてみなければならない。とりわけ、高齢化社会の現出が及ぼす国家的現象のひとつが、農の世界を継承する後継者育成の問題であることは明白である。このことは、農の世界に対する学校教育の観点からも無視できず、その実態について実証的に解明することによって具体的な取り組みも見えて

くるはずである。

　しかし同時に、自然と触れることで「農の世界」の価値が実感できることを考えると、何よりも大切なことは理論と実践の両立という厳しい課題に取り組むことである。「農の世界」に関わるどんなにささやかな活動であっても、この課題を正面から受け止める契機になることは確かである。そこでの体験から感じたことを伝えようとする意識が、知識基盤社会にあって「生きる力」「人間力」「人間性の育成」「いのちの大切さ」等々をスローガンとして唱える教育課程に対して、説得力のある方向付けを可能にするのではないか。「農の世界」の学びそれ自体が、「これからの」教育が目指すべき人間形成の意味と内実を教えてくれると思われる。

1-1　新しい価値とは

　もろもろの価値や文化を伝承することによって、新しい価値や文化を創造することへと意欲を鼓舞するのが、教育の大切な使命である。教育がこの価値や文化の伝承および創造を目指すのは、より普遍的な価値ある世界を追求し続ける人間の知的・精神的な向上心に基づいている。すなわち、より普遍的な価値のある世界へと近づくために努力してきたのが人間の歴史であり、その努力意思を可能にしてきた人間に固有の行為が教育に他ならない。

　ペスタロッチが『隠者の夕暮れ』で示唆した「その本質から見た人間」[2]　を唱えたように、教育基本法や学習指導要領に盛り込まれた教育の目的としての「人格の完成」「豊かな人間性の育成」は、教育的に見て普遍的な価値があると認めたことである。そうした普遍的価値を実現するために戦後教育の努力の歴史もあったと言える。このことに関して教育基本法の成立事情について簡単に振り返っておこう。

　教育が歴史的変遷を繰り返してきた営みであることは言うまでもない。法的に規定された教育の目的としての「人格の完成」という言葉には、完成という概念自体が常に最高の実現形態をめざす課題であり続けるという性格が含ま

れている。言い換えれば、完成はあり得ないからこそ、絶え間ざる努力目標として掲げられた究極的な教育目的ということになろう。

　だから戦後間もなく、第一次吉田茂内閣で文部大臣に就任し（1946 年 5 月）、教育基本法制定に関わった田中耕太郎は、「教育は完全に対する努力の一種」[3]と言ったのではないか。また、新教育基本法の第 3 条「生涯学習の理念」には「国民一人ひとりが、自己の人格を磨き……」とあり、第 11 条「幼児期の教育」には、「生涯教育にわたる人格形成」とあるから、人格形成は人間にとっての生涯目標として位置づけられていることになる。学校教育の役割もそのプロセスに位置することは明らかである。

　ちなみに、この教育基本法における教育の目的として「人格の完成」が決定されるに至るまでの過程で、「人間性の開発」と「個人の尊厳」が（昭和 21 年11 月～22 年 1 月）、また目的として「人格の完成」「個人の価値（と尊厳）」が唱えられるようになると（昭和 22 年 1 月～22 年 3 月）、その前文には「個人の尊厳」が併記されることにも見られるように、人間性の育成に教育の中心が置かれていたと理解してきた。[4]

　したがって、教育の観点から理解する「これからの」が意味するものとは、この普遍的に価値のある目的を実現するために必要な条件を提供する性質のものでなければならない。そうした条件を満たすために学校教育および学びがあることは言うまでもなく、さらにこのことを大きな枠組みで理解しようとすれば、年長世代による年少世代への価値や文化を伝承していく教育的活動を意味する。いわゆる教育における世代論の問題であり、それが人類や人間社会の歴史的発展を可能にする教育の形態である。そうした理解の仕方に新しい視点を取り込んでいくと、世代論の意味内容に微妙な解釈上の違いが出てくる。このことを簡単な例で考えてみよう。

　たとえば、組織体や仲間集団では、年齢構成を第一義的に考慮して、よく「新旧交代」という言葉が使われるのを耳にする。時には「世代交代」という言葉とも重なる表現である。この場合、何を新旧および交代の根拠に据えるのかによって、この言葉の意味も変質を余儀なくされる。つまり、「交代」の内容が価

値の世界を明確に提示できないと、この変革は大きな誤りに陥ることにもなる。当然、後進に道と機会を譲ることが正しい選択である場合が多いとしても、そのことが直ちに年長世代は用済みという意味ではないであろう。経験豊かな団塊の世代の社会的役割が取りざたされるように、「交代」の言葉の意味に価値の視点が含まれていれば、年長世代の存在意義を否定するような変革ではないとわかる。

　この点に関しては、国家的課題としても議論されていることであり、高齢者の雇用・就業に関する政府方針として、「ニッポン一億総活躍プラン」（平成28年6月2日閣議決定）においての提案が参考になろう。そこでは「エイジレス社会」の実現という表現がなされ、労働力人口の減少に対して意欲のある高齢者が働くための就業機会を提供することの必要性と共に、「多様な技術・経験を有するシニア層が、一つの企業に留まらず、幅広く社会に貢献できる仕組み」を構築することによって、年齢に関わりなくエイジレスに働ける社会を創出していくとしている。

1-2　変革の連続性

　一方、農の世界においても、農業のもっている諸価値は世代間の伝承行為によって維持されてきた。その中心になっていたのは代々農業を継承する農家の家族形態にあったし、また農村地域の互助的な協働組織が重要な役割を果たしていた。さまざまな農作業には長老の経験知が説得力をもって活かされ、困難事への対処に関する年長者の指導も暗黙裡に受け入れられていた。

　「亀の甲より年の功」と言われる年長者の経験力を尊重する慣習には、それなりの意味があった。そうした人間関係が生み出す農の世界は、他者との共生を自明のこととする環境であり、同時に自然との共生をも尊重する生き方をもたらしていたに違いない。たとえば、このことは、主に年長者が指導することの多い農の世界に不可欠の祭事を想起すれば理解しやすいであろう。

　だが、かつてパッペンハイム（F.Pappenheim)が『近代人の疎外』で喝破した

状況、つまり非人間性を生み出す近代社会の経済的変化が、農の世界にも大きな影響を与えたことは言うまでもないだろう。[5]　大都市への人口集中化現象は農村の過疎化を早め、後継者不足を加速化させる一方で、大規模化を是とする集約農業への推進に伴って生じてくる人材確保の問題、および機械技術の導入による経営費用の負担問題もあり、新しい価値を生み出すと期待されている農の世界の現実は、必ずしも好ましいものになっているとは言えないのではないだろうか。

　この点を「超スマート社会」の創出を主張する立場に当てはめてみると、現代は新旧の価値観の転換を意図する時代の教育や農業が問われていることになる。人に限らず教育と農業においても、新旧の内容を交代するという現象には、旧を否定しての新の登場なのか、旧を継承しながらの新の登場なのか、という事情の受け止め方によっても、学校や農の世界において教えることと学ぶことの役割とその範囲の実態も決定的に異なってくるであろう。たんに旧い形態を否定して「新しい」形態の優位性を主張することは、好意的に言えば教育と農業の刷新もしくは進歩であろうし、穿った見方をすれば現行の活動内容を否定することとも捉えられる。

　もちろん、そうした変化をもたらそうとする努力自体は価値の創造に関係している行為である。一つは教育および農の世界における価値観の更新であり、もう一つはそれの転倒である。それゆえ、教育改革が唱えられ、農業経営の転換が求められる時には、そのほとんどのケースは「これまでの」から「これからの」への変化が改善を意味するとの考えに支えられていると言ってもよいだろう。そうとは言え、人間の成長・発達に取り組む教育においては、その改善の意味することは、今ある自分が日々をただ生きているだけではなく、価値のあるより善い生き方を見出すために、その善さの実現に寄与する改善を約束するような新しい教育改革でなければならない。また、安定した農業経営を目指すための改善は、大規模化とハイテク化に委ねようとすると厖大なコストが必要となり、大きなリスクを背負うことになりそうである。

　それと同時に、教育と農の世界が価値や文化の伝承を使命とすることからも、

旧から新への継続性を軽視する改革であってはならない。とりわけ、教育の形式面や制度面での変化であったとしても、それが急激すぎる変化を伴う改善であったり、教育の本質的意味を逸脱したものであるならば、教育現場に混乱をもたらすことになる。同時に、農業に対する国家の政策や人々の役割期待が、農業従事者および農村への一方的な過剰の要求であるとすれば、これもまた農業の本質理解を逸脱したものへと結果する危険があろう。

1-3　知識基盤社会の担い手

　このように、いわゆる社会の変化が激しく、生活環境もめまぐるしく変わる現代は、それへの対応をいち早く遂行するための情報と方法を獲得することが求められるとする「知識基盤社会」と言われ、それぞれの社会領域で「新しい」価値観の構築が急がれている。しかし、そうした時代的要請を受け止める際の基本的姿勢として維持すべき理念については、どんなに慎重であっても慎重すぎることはない。

　この点に関して、まずは教育の観点から、「新しい時代の初等中等教育の在り方について」（平成 31 年 4 月）という中央教育審議会（以下、中教審）への諮問の理由として述べられていることを見てみよう。

　そこでは、知識基盤社会を「今世紀は、新しい知識・情報・技術が社会のあらゆる領域での活動の基盤となっている」と理解し、「人工知能（AI）、ビッグデータ、Internet of Things（IoT）、ロボティクス等の先端技術が高度化して」いることで、「社会の在り方そのものが現在とは「非連続的」と言えるほど劇的に変わるとされるソサエティ 5.0（Society5.0）時代の到来が予想される」と言っている。このソサエティ 5.0 については後述される。

　さらに、このような社会変化に対応できるようになるための教育への要請として、変化の渦中にいる子どもたちを持続可能な社会の担い手へと育成することが指摘されている。つまり、「予測不可能な未来社会を自立的に生き、社会の形成に参画するための資質・能力を一層確実に育成すること」であり、その

ためには「学校教育も変化していかなければなりません。」と言っている。まさにここで言われている「自立的に生き、社会の形成に参画する……資質・能力を一層確実に育成する」とは、今次の学習指導要領の改訂で強調されている「主体的・対話的で深い学び」と同義に他ならない。

　教育への要請と同じように、知識基盤社会を担い、持続可能な社会を背後から支えることが、農の世界にも求められている。教育と同様、農の世界に先端技術のAI、ICT、IoT 等を導入することによって、農業経営の効率化・高度化、さらに農作業の軽減化を実現しようというのである。こうした農業を「スマート農業」と呼んでおり、またAI 農業（AI Farming）と称してアグリカルチャー4.0（Agriculture4.0）とも言っている。これはドイツ工学アカデミーが 2011 年にインダストリー4.0（industry4.0）を唱えたことに倣ったものであり、生産と流通の工程をデジタル化し、コストを下げて生産性を高めることを目標とするものである。[6]

　しかし、この農法の担い手を形成するためには、たとえば高等専門学校においては、「アグリエンジニア教育導入の必要性」が唱えられ、「工学的専門性の基礎の上に農学の素養を持ったエンジニアの育成」[7] が必要となる。工学と農学の両分野を学ぶことには、きわめて大きな障碍が予想されるだろう。

　ただし、高度な先端技術や知識が新しい世界や社会を創出するとみなし、そのことが人間の成長・発達に責任をもつ学校教育にも妥当すると決め付けていることには、もろ手を挙げて賛同できるかどうかは疑わしい。新しい社会の創出を可能にするために教育に課せられてくる要求は、知識・情報・技術の習得を第一義とすることから、豊かな人間性の育成を教育的価値の根本に据えている現行の教育方針との関係がどうなっているのかも気になるところである。

1-4　新しい次元での生き方

　以上のことからもわかるように、「これからの」時代の要請に伴う教育を問題にすれば、そこには旧い教育的価値観に依拠することには封印して、新しい

教育的価値観へと推移することが避けられない教育ということになる。そうだとすれば、教育的価値観のこの変化は、社会の変化に追随する形での新旧交代の教育でしかないのか、つまり子どもたちの学びの目的を社会的要請に従って方向づけるものなのか、あるいは人間としての新しい生き方、新たな次元での人格形成を促進するための変化なのかが、問われることになる。後者の人間存在のあり方との関連で言えば、教育に直接関係する教師の役割もしくは生徒の学びの内容に変化を要求していることになる。あるいは、大きく見れば、教育そのものの存在価値を転換することでもある。

　アリストテレスの言う zoon politicon（国家的動物）は同時に animal sociale（社会的動物）でもあり、その特質を充足するために人間の成長・発達を第一義的に考慮する教育であれば、時代や社会の変化に応じて成長の内容や意味もまた少しずつ変化していかざるを得ないと認識する教育であることは避けられないだろう。もちろん、この変化を普遍的価値と関連づける試みが必要とされるのは、人間が animal rationale（理性的動物）であることを中核に据えてのことである。そうした理性を働かせることで変化に対して価値ある意味を付与することは、次のような教養の獲得と相関関係にある。

　あたかもヘビが脱皮するごとに成長を遂げていくこと、子どもが身に付ける物も順次サイズが大きくなっていくこと、これらの例からもわかるように、成長が旧い自分からの脱皮を重ねていくことによって新しい自分を実現していく一連の過程を意味することは、まさに変化することに成長の段階が刻印されていることに他ならないからである。この際、脱皮を促す要因が何であるかが肝心となろう。ヘーゲル（G.W.F.Hegel）は『精神現象学』で、この脱皮を自己疎外とみなして、そのことによって成長を促す教養の習得過程が成立すると考えたのであった。[8]

　以上のことはまた、子どもたちから青少年に至るまで、将来なりたい職業をアンケート調査した結果が時代によって変化していることからも知られる。換言すれば、人生の目標像が常に変化し揺れ動いていること、つまり価値観の混迷状態を示している。その理由としては、家庭的・社会的な事情や学校での人

間関係を経験する中で、多様で複雑な影響を受けることが大きく作用していると言えるだろう。未来予測が不確定であるにもかかわらず、現実は成長・発達を急がせるような性質の社会変化が顕著である。そうした自己変革を要求する変化の内実が、教育的価値の観点から見た時に、本当に「これからの」時代に求められる性質のものであるのかどうかは決めがたいけれども、それでもなお、この変化の過程に正・反の両面から教育は関わらざるを得ないのである。

　さて、地球環境破壊に伴う諸課題や民族間の紛争、そして難民問題といった前世紀にも突きつけられていた問題にしても、さらに国内を見れば都市化・過疎化そして少子高齢化の進行も、「これまでの」時代から継続して存在する問題に他ならない。にもかかわらず、「これからの」時代の教育をあえて論じなければならない状況とは、一体何なのであろうか。

２．「これからの」時代の特徴と問題

2-1　ソサエティ5.0とは

　近年話題に上っている新時代の教育的価値の問題に関わるものとして、未来の社会を表わすソサエティ5.0というフレーズを目にする。前にも触れたように、これは経済を発展させる「新しい」情報社会のシステムを表わすと同時に、これからの社会が抱える諸課題を解決するための「新しい」技術社会のことである。つまり、社会がすでに変わったのだというよりも、これから変えていこうとする社会のあり方について言われるフレーズでもある。

　文部科学省（以下、文科省）の理解では、人類の歩みを総括して、狩猟社会（ソサエティ1.0）、農耕社会（ソサエティ2.0）、工業社会（ソサエティ3.0）、情報社会（ソサエティ4.0）といった類型化を試みることにより、デジタル革新（ICTやAI）、イノベーションを前面に押し出して実現しようとする「これからの」社会の価値体系を「ソサエティ5.0」と呼んでいる。したがって、これを政策上掲

げている政府の主張（「新しい経済政策パッケージについて」平成29年12月　閣議決定、下線は筆者）は、革命的に生産性を高めるような「新しい」価値の創造活動を推進するというものである。いわゆる、高度なロボット開発や人工知能（artificial intelligence＝AI)によって人間の認識や推論などの知的な諸行為を機械的に処理しようとする社会の創出である。[9]

　ただし、経済産業社会で求められている新しい社会の創出が、教育と農業の世界にまで侵入してきて大きな影響を及ぼすことには、もろ手を挙げて賛成してよいのかどうかが問われるだろう。たしかに、教育現場では、あたかも教師の役割は、タブレットを用いて子どもたちがプログラミングされた内容に従って個人的に学習するのを見回り、技術的な操作面での補助をするだけの学習管理人として、授業に参加・同席していればよいことになる。そういう教育活動を助長する教育課程が確実に進行してきているし、先端技術を導入した AI 活用の学習活動も近未来には主流になりそうな趨勢にある。だからと言って、ソサエティ 5.0 を担う人材育成が学校教育の主要課題になってしまうことには、大いに異論があるだろう。

　一方、農の世界では、農業従事者は技術の操作にほとんどの作業と神経を傾けた活動が中心になりつつある。トラクターを操作できない農業従事者はおよそ考えにくいが、それどころか AI や ICT を導入した農業経営でなければ、高い評価を受けることも少なくなるのではないか。それを先述したようにアグリカルチャー4.0 とも称して、「新スマート農業」への移行を推進すべきとの提案も顕著になってきている。こうした提案を中心に据えながら、課題に工学的視点から取り組んでいる研究団体として、先端科学技術分野の研究者が構成している農業情報学会がある。

　ここで奇妙な表現の仕方に気づくかも知れない。先ほど人類の歩みを示す狩猟社会のソサエティ 1.0 から、先端科学技術の支配するソサエティ 5.0 までの類型化が提起されていることに触れた。そこでは農耕社会をソサエティ 2.0 と規定したにもかかわらず、ソサエティ 5.0 に対応する農の世界はアグリカルチャー4.0 と言われていた。つまり、社会構造の歴史的な発展段階を基軸にす

ると、現代社会から見れば農耕社会は未発達の社会構造ということになり、農の世界の発展段階自体から見れば「スマート農業」の導入が叫ばれるソサエティ5.0に関連する状態にあることになる。そうであれば、農の世界が社会の大切な構成要素であることから考えても、社会構造の段階別表記の仕方に工夫がいることになろう。

2-2 植物工場の実態

　ところで、学校教育においては、技術的に方向づけがなされた未知への社会的挑戦を子どもたちに強いるような学習形態は危険を伴うように思われる。高度な専門的研究を使命とする活動での未知の領域・世界への挑戦は重要となるが、学校教育では、一人ひとり資質の異なる子どもたちの人生と未来を冒険的要素によって方向づけることは、無責任と言わざるを得ないのではないだろうか。ソサエティ5.0が目指す教育形態を方向づける価値観は、利益獲得を最優先する経営競争に拘束された企業社会的な世界での人材育成に効力を発揮するかも知れないが、学校教育においてはむしろ、人間形成にとって極めて狭量とした人格と人間性を育成する危険性があるだろう。科学技術に飲み込まれ操作される子どもたちの学校生活は、豊かな感性やゆとりある学びの姿勢を身に付けることからは縁遠いものであろう。

　このことと類似の問題を抱えている現実として、企業による農業への代表的参入である植物工場に見ることができよう。

　この問題を指摘している有坪民雄氏によれば、植物工場の成功例として製鉄会社の子会社ＪＦＥライフの野菜類と、カゴメのトマトを挙げることができる。ただし、暖房費や電気代等のランニングコストが高くつくために、植物工場の半数が赤字であり、カゴメのトマト栽培にしても10年以上の赤字に苦戦を強いられたと言っている。[10]　そうした植物工場の実情について、いわゆるソサエティ5.0、アグリカルチャー4.0に対応する農業として、ハイポニカと呼ばれる水耕栽培で一躍有名になった「ハイテク農業」がある。植物工場へと目を向

けさせた農法に他ならない。

　AI や ICT といった高度な先端技術に依拠する農業形態の中に、ICT 化に
よって生産と経営の管理を委ねる植物工場に代表される農法の課題に注目し
てみよう。それは、農業従事者の高齢化や後継者・人材の不足が進行している
ことへの有力な対応策の一つとして、コンピュータによる情報のデータ化と効
率化のための技術的な処理方法が重視されて、ICT 化への歩みが加速化してい
るという現実である。そこには農の世界にとって有効なこともある一方、農を
担う人材育成の点では、必ずしもプラスに働いているとは限らない側面が見ら
れる。その最大の難点は、自然を相手とする際に農業従事者に欠かせない技能
低下を招き、ICT の技術に支配された生き方に流されてしまう危険性があるか
らである。[11]

　そうした植物工場に対して独自の厳しさをもって洞察しているのが神門善
久氏である。神門氏は、「企業の重役たちがとくに大好きな話題が植物工場だ。
人工光と水耕栽培で農作物を育てるというハイテク農業だ。自然光を遮断して
給餌も完全にコンピュータ制御するという『ブロイラー工場』」に喩えている。
しかも植物工場の経営状態はと言えば、「単年度で黒字化しているのは16％に
すぎず、初期投資の大きさに見合っている事例は皆無」と結論している野村ア
グリプランニング＆アドバイザリー株式会社の調査報告書を紹介している。[12]

　また、データに基づく農業、生産過程を見える化する農業の形態を推進する
ために、ICT 農業の環境制御システムを開発して、ユビキタス環境制御システ
ム（ＵＥＣＳ)を唱えている研究グループもある。ここで言われる「農業の生産
現場の見える化」とは、「特に施設栽培では、温度、湿度、光などハウス内環境
がデータとして把握できる」ことを指している。そして、一つの事例として、
「太陽光型植物工場」で導入されているこの制御システムによって、気温、湿
度、CO_2濃度、日射量、風向、風速、降雨、培養液の電気伝導度（EC）や PH
などがセンサーによる測定情報として獲得できると言うのである。[13]　ただし、
コスト面での負荷が大きいことは軽視できない。

　要するに、農業経営を先端科学技術に委ねる非自然的環境の中で可能にしよ

うとする試みが、あたかも旧式の農の世界ソサエティ 2.0 から新式のソサエティ 5.0 の社会へ、つまりアグリカルチャー4.0 へと新旧交代を余儀なくさせる時代が到来したと主張していることでもある。このことの是非についてはもちろん、慎重な検討が必要となろう。

2-3　新しい農的価値観の出現

　ところで、「これからの」という言葉を素朴に受け止めると、つまり自然な感情・意識の作用に従って解釈すると、一般的には希望や期待を予想させるプラスのイメージを抱くのが常である。そのことは、新規就農者の精神状態および心的感情と重なるものがないだろうか。それは、親元就農者のように「離農→帰農」という回顧と懐古の入り混じった複雑な心情に支配された流れを指すのではなく、定年や脱サラでの新規独立就農者のように、「非農→就農」という不安と希望とが同居する不透明な心情に支えられた推移であろう。現象としては就農行為という同じ姿をしているけれども、両者の間には微妙に農の世界および自然への関わり方として、新旧の違いを意識していることになる。

　たとえば、非農家出身者が就農することへの関心度も高くなっている現象を捉えて、「企業に雇われて農業を一生の仕事にしたいとする若者が増えている」ことに注意を促す研究もある。いわゆる農業企業(たとえばイオンアグリ創造等)に正規社員としてエントリーシートを出す大学卒業予定者には、都会の非農家出身者が大半を占めているようである。彼らの就農への動機は「やりがいのある仕事、自分に向いた仕事」と受け止められているとのことである。**14**　まさにそうした動機を抱くところには、自然に対する現代の若者の人間性のあり方に変化が出てきているのであろう。「これからの」農の世界、新しい農的価値観への気づきである。

　ところで、大正デモクラシー期の自由主義を推し進めるのに大きな役割を果たした新教育運動もまた、新しい教育的価値論を展開したことはよく知られている。そこで名づけられた新教育という時の「新しい」には、どのような意味

と内容が込められていたのだろうか。外国の教育思想も取り込みつつ、独自性を発揮した主張もあった。それまでには紹介されたこともない新しい教育主張であり、その中のひとつには小原国芳の唱える全人教育論があったし、その教育理念はソサエティ5.0を目指すと言われる現代にも引き継がれて、価値ある教育思想として確たる地位を占めている。大正時代の「新しい」の意味と内容を支えている価値観が、今なお継続性をもって承認されているのである。ここには普遍性を内包している教育的価値が存在するからである。

2-4　農業の本質を再考する

　では、農の世界において普遍的価値と呼べるような、いわゆる農業の本質に関するものは存在するのだろうか。その反対とも言える、変化して止まない人的問題（高齢化・人材不足等）に関わる現実的要因や、モノ（AIやICTの導入・生産と流通手段の変化等）に関する社会的制約、あるいはイノベーションと称する技術革新による農法の転換によって、混乱を余儀なくされる農業の即事象的な価値の出現は、農の世界そのものの意味を変質させてきているのではないだろうか。

　こうして、農業の本質に関する視座が求められることになる。つまり、「地力を利用して有用な植物を栽培耕作し、また、有用な動物を飼養する有機的生産業。広義では農産加工や林業をも含む。」（『広辞苑』）となる。やはり農業（Agriculture＝ager-cultura, 土地の耕作）の語意からもわかるとおり、大地との関わりをもっとも基礎に据え、土を耕すことによって成り立つ自然相手の活動の総称と言えるだろう。そこで農学論の体系としては、時間性（労働過程）と空間性（土地面積の広がり）を構成原理として、「有機的生命体を操作することを通してより高い価値を実現しようとする人間の目的的な営みの理論的体系化」のことであると言われる。この有機的生命体の操作は、まさに人間と自然の生命相互の直接的な対話とも言える関わりをとおして、人間と自然の共生を可能にする活動に他ならず、その活動にこそ「農」の世界の普遍的な価値が約束され

るのであろう。

　ここで農的社会についての定義を想起しておきたい。そこには農業の本質、つまり農の世界がもっている普遍的意味を見て取ることができる。それは極めて素朴な考えに支えられた定義でもある。人間存在を持続的に生かしてきたのは「太陽と土と水」という自然であり、それらを生命活動の源泉と受け止めることによって人間は自然と共生することの不可欠性を身に付けてきたのであり、そうした共生の仕方の中に農業の意味を見いだしてきたのである。それゆえ、今日唱えられているスマート農業であれ、アグリカルチャー4.0であれ、それらはこの普遍的な価値を方法論的に適えようとする手段価値なのである。

　そうした手段価値との関係から、次に再度、ソサエティ5.0について、政府が主張する教育内容を詳しく見ておこう。**15**

2-5　超スマート社会の教育と農業

　まず、AIと共存していく社会を創出することによって、

　　①「文章や情報を正確に読み解き対話する力」

　　②「科学的に思考・吟味し活用する力」

　　③「価値を見つけ生み出す感性と力、好奇心・探求力」

といった諸力を育むことが学校に求められることになる。そして、それらを実現するための条件として、次のような学び方の変革を要求している。

　約言すると、

　　1. 従来からなされている一斉授業の他に、個人の進度や能力等に応じた教育。
　　2. 同一学年での学習に加えて、異年齢・異学年集団での協働学習の拡大。

　さらに、この関連で個々人に合った学び方を可能とするための方法として、

　　1. 医療カルテのような個人個人の学習の内容を記録し蓄積して、個々人にあった「学びのポートフォリオ」の活用。
　　2. 異年齢・異学年の協働学習を実施していくためのパイロット事業(試験事業)。

要するに、これらは個々人の能力差に対応する教育を推進し、学年準拠型の学習形態を脱した新しいスタイルの学校を目指そうとすることに主眼が置かれているのである。そのためには、過去と現在の学び方を新しい形態に変えていく必要があると主張している。社会が変化すれば教育の内容も方法も変わるべきだという前提が基本に据えられており、今はソサエティ5.0を担うための人材育成を積極的に進めることが、教育目標になるという方針なのである。

　一方、ソサエティ5.0の社会におけるアグリカルチャー4.0を目指そうとする主張に従えば、「農」の世界は前記の②「科学的に思考・吟味し活用する力」として、生産と流通の手段にAIやICT、IoTを自由に使いこなす技術に習熟することを意味する。さらに、このことは、前記の③「価値を見つけ生み出す感性と力、好奇心・探求力」を身に付けることが不可欠であることを意味している。これらの諸力が「農」の世界で有する価値についてソサエティ5.0の社会で学ぶように期待されているのが、農業高校・農業大学校・大学農学部での教育である。そのことが同時に、教育に課せられた、アグリカルチャー4.0の農業を担っていく人材育成の内容なのである。

　このことを学校教育の実践課題として考えると、ソサエティ5.0およびアグリカルチャー4.0の社会を担う人材育成は、いずれも能力第一主義の学習活動を重視することに結び付くであろう。遡ってみると、かつて一斉授業が平等主義教育の弊害として批判されたことがある。そこでは、学習成果の低い子どもには学習支援のための手立てが工夫されたのに対して、優秀な子どもに対応した支援活動が看過されていたことへの疑問が投げかけられた。とりわけ、公立の学校には多様な子どもたちが在籍しているから、学習指導はクラス全員の平均値を意識せざるを得なかった。そこから一方的な教授活動ではなく、子どもたちが学習活動を共有しながら学んでいく「学びの共同体」づくりへの意識が形成されてきた。もちろん、多様性の統一が困難であることは理解されていただろう。

　ところが、ソサエティ5.0やアグリカルチャー4.0の創出を目標とする人材育成を唱える「これからの」時代の教育は、前記の「ソサエティ5.0に向けた

人材育成 ～社会が変わる、学びが変わる～」のまとめによれば、次のように考えられている。なお、繰り返しになるが、そうした公の施策の中でソサエティ5.0を「超スマート社会」と名づけたり、アグリカルチャー4.0を「スマート農業」と呼んでいるのもひときわ興味深く感じられる。

　既述したように、ソサエティ3.0（工業社会）からソサエティ4.0（情報社会）への移行を含めて、両方にまたがるところを学校バージョン1.0「勉強」の時代と呼び、次にソサエティ4.0からソサエティ5.0への段階を学校バージョン2.0「学習」の時代と称している。さらに、ソサエティ5.0を学校バージョン3.0「学び」の時代と称し、以上三者に対応させて「国民国家モデル」「グローバル市場経済モデル」「持続可能な開発モデル」とも呼んでいるのである。だが、そのように厳密に類別化が可能であるかどうかも問わねばならないだろう。

　このことは、ソサエティ5.0に対応する農の世界が「スマート農業」、つまり情報通信技術を取り入れたアグリカルチャー4.0の農業を推進することによって、「持続可能な開発モデル」に匹敵する農業経営を目指す必要があることに通じている。それを実現するためにも、いわゆるAIやICTに管理された多種目にわたる栽培を担う植物工場の建設、また先端技術を導入して人々の協働性を持たない集約農業・大規模農業への転換等が要請されることになる。人間が経験知や勘をも含めた全身で自然や植物と関わっていく農業実践と決別することの是非が問われるだろう。

　ソサエティ5.0への移行過程で求められる学校においても、既述した教えあい、学びあうクラスでの「学びの共同体」のスタイルとは一致しないものになるであろう。過激な表現になるが、ソサエティ5.0のための教育を一部のエリート養成を至上命令として受け止めるならば、子どもたちの間の能力の差異を拡大することになり、学びの共同体は成立しなくなる。学習活動の共有には、一方が他方の学びを阻害する可能性が出てくるからである。そこには勝ち組・負け組みを固定して、子どもたちの間に感情的・精神的な葛藤を引き起こしかねない危険がある。

2-6 AIの導入問題

　ソサエティ5.0に対応する社会的現象を取り上げてみよう。たとえば、AIを学びのための手段として利用するのか、それともAIを学びの目的として位置づけるのかによって、学校教育にAIの導入が適しているか否かも判断できるようになる。手段が目的化されてしまうことほど、教育的価値から遠退いてしまうことはないであろう。

　このことは、いまやesportsとして話題にされるまでなった、ＰＣでもゲームに熱中しているプレイヤーにも当てはまるだろう。ゲームソフトに仕組まれた多様な課題解決のために、プレイヤーに要求されるのは技術的操作に熟達することである。それも迅速かつ正確に技術操作ができるかどうかが目的となっている場合が多い。もちろん技術知も不可欠だが、何よりも自らが情報機器の一部と化していること、機器と一体化していることが求められるであろう。かつてサイバネティックスの創始者ウィナー (N.Wiener)が『人間機械論』で唱えたように、人間と機械の統合体を実現する時代になっていることなのかも知れない。16

　中教審に課された「新しい時代の初等中等教育の在り方について」(平成31年4月) の諮問の理由として、「これからの時代の学校は、教師を支援し教育の質を高めるツールとして情報通信技術 (ICT)やAI等の先端技術を活用すること」、そして「ソサエティ5.0時代の教師にはICT活用指導力を含む子供たちの学びの変化に応じた資質・能力」が求められると述べている。だが、ツールと言われているけれども、そのツールを活用できるようになること、ICT活用指導力を身に付けるまでの苦労は予想をはるかに超えるものがある。教育の質を高めるために不可欠とされる技能習得のための努力と同時に、ソフトの開発などの課題がある以上、教師は疲弊してしまわないだろうか。

　近年よく話題になる将棋界・囲碁界での若手棋士の台頭には、彼らの「新しい」学び方に注目すると、教育的視点からも大いに興味あることが見えてくる。

　この世界では戦う相手がいて、その相手に勝つことが目的であるから、勝つ

ために知性と感性を総動員して作戦を練ることになる。そのための訓練相手として、つまりツールとして特に若手棋士に利用されているのが AI であり、いまや AI との公式対戦さえもなされている。AI は全局面で最善手をデータに基づいて指すことになるので、自分の経験知を駆使して戦う人間が勝利することは至難の業である。それでも、AI を相手にすることができる高い能力をすでに身に付けていることが前提になっている。だからこそ、ここでは手段としての AI と私の学びの目的とが二人三脚の関係にあり、勝者と敗者を決定するだけの 1 対 1 の固定された生き方が求められる。まさにソサエティ 5.0 の時代の人間存在の在り方を示唆しているのではないだろうか。

　ある意味では、このような世界にいる人たちは闘いをとおして AI もしくは異年齢者との「学びの共同体」にいるとも言えるが、その共同体では多様で高度かつ複雑な情報処理能力を磨くことが何よりも大切であり、そうした学び方・生き方はソサエティ 5.0 の目指す人間像でもあり、誰にでも真似のできることでもなければ、可能なことだとは言えないだろう。学校教育で求められる「学びの共同体」とは一致し難い、能力第一主義の世界だからである。やはりソサエティ 5.0 は学校における「学びの共同体」に価値ある意味を見出す立場とは一線を画するものであろう。

3．「これからの」時代が忘れてはいけないもの

3-1　農的社会の見直し

　AI を中心に据えるソサエティ 5.0 の社会創出を論じるために、狩猟、農耕、工業、情報の各社会（ソサエティ 1.0〜4.0）、そしてこれから創出すべき超スマート社会（ソサエティ 5.0）といった類型化がなされたことを述べた。しかし、この類型化は、「これからの」時代の教育があたかもソサエティ 4.0 までの過程を旧いものとみなして、克服されるべきものであるかのような印象を与えるこ

とに一役買う教育にしてしまわないだろうか。

　はたしてソサエティ 5.0 以前の社会、とりわけソサエティ 1.0 と 2.0 の社会は、旧いがゆえに克服されるべき社会だと決め付けてよいのだろうか。この素朴な疑問を、今日「農」の世界に求められていることから考えてみよう。とりわけ、ソサエティ 2.0 の農業社会を軽視するようなことがあれば、人間が生存するための基本的要素である「食」の保証はどうなるのかが問われる。

　たしかに、農業経営を高度な情報技術の導入によって合理化・便宜化しようとする主張が大きくなってきている。いわゆる AI や ICT を駆使する農法に、農業の多くの部分を委ねることに対する呼称としてアグリカルチャー4.0 がある。これは端的にスマート農業を指示していて、超スマート社会を意味するソサエティ 5.0 に対応する農業の形態に他ならない。そこではアグリカルチャー4.0 によって成立する社会を次のように言っている。「農村に ICT が行き渡り（Digital Transformation）、「農村スマート・ライフ」が実現すれば、農村に居住する者は都市圏生活者に対する不利・不便を克服し、本来、農村が有する有利性（豊かな自然、開放系空間、近隣共助、コミュニティ内の交流等）を享受し、豊かさを実感できる定住空間になる。」さらに「スマート情報機器を利用し、農村ならではの生活体験から得られる農村版の"限定的な ICT スマート・ライフ"」が実現できるというのである。[17]

　だが、はたして、高度な技術の導入がなされた農業によって、ソサエティ 5.0 においてのスマート農村コミュニティが創出されるのだろうか。課題は多いと言わざるをえないだろう。

3-2　農の福祉力

　たとえば、百獣の王と言われるライオンは、狩をする際に集団で協力しながら獲物を獲得する。狩猟社会も同じように共同生活を維持するために協力し合っていたのではないだろうか。また、農耕社会も村落共同体での諸活動は協働作業によって維持されてきたのではないだろうか。つまり、これらはいずれ

も人間の間に成立する社会として、互いに教えあい、学びあいつつ、他者のための生き方に配慮していた「学びの共同体」なのではないか。切磋琢磨しあう競争が皆無だったとは言えないけれども、個々人が孤立し、他者に抜きん出ようとすることを最重要視して学ぶといった、能力第一主義の社会などではなかったであろう。そしてソサエティ1.0と2.0の世界は、現代でも継承されている大切な社会形態であり、多くの他者の生活を支えているのではないだろうか。とりわけ自然との共生を唱える体験学習が、人間形成に果たしている役割については、学習指導要領で重視されていることを忘れてはならないだろう。

　このこととの関連で、現代社会に求められている一つの具体例を取り上げてみよう。それはソサエティ2.0の農業社会が有している「福祉力」についてである。この福祉力には、「農」による福祉の作用と「福祉」による農への効果という、農と福祉の関係には相乗効果があることもわかっている。それらの内実について濱田健司氏の指摘を参照してみたい。18

　「農から福祉へ」の効果としては、農に携わることが「つくる・食べる・その場にいる」といったケースをとおして、障がい者の生命形成と人格形成に有効な働きを及ぼすことに、また「福祉から農へ」の効果としては、「つくる・その場にいる」という現実をとおして、障がい者が農業生産の担い手となる役割を果たすことにつながると指摘している。ここでは福祉の範囲と対象が障がい者に向けられていることとの関連で、濱田氏が紹介している北川太一氏の「農の福祉力」に関する定義を見ておきたい。

　「農の福祉力は癒しの力であり、それは障がい者への癒し、さまざまな人々との健康づくりに効用があり、福祉力を活かした活動そのものが地域課題の解決にもつながっていく」というものである。たとえば、石川県では教育委員会と農業法人が連携することによって、特別支援学校の生徒を農業分野に就労できるようにする施策を進めている。そこでは農業での人材不足の解消に資する面と同時に、障がいに関する理解を推進する効用も考えられている。農業と教育を結び付ける福祉力の重要な活動であろう。

　もちろん、こうした農が持っている福祉力の意義は、障がい者にのみ適応さ

れるわけではない。教育全体が抱えている課題として指摘される不登校・ひきこもり・発達傷害等に苦悩している児童・生徒たちに、活動の場および内面性の形成の機会を提供することになるのではないだろうか。それは「これからの」時代に忘れてはならない農の福祉力がもっている教育力でもある。

3-3　主体的学びの内実とオンライン学習

　ところで、「ソサエティ 5.0 に向けた人材育成 〜社会が変わる、学びが変わる〜 」(「新たな時代を豊かに生きる力の育成に関する省内タスクフォース」ソサエティ 5.0 に向けた人材育成に係る大臣懇談会　平成 30 年 6 月、下線部は筆者)のテーマを見ると、ソサエティ 5.0 の時代を「これからの」時代と同一視していることがわかる。そこではソサエティ 5.0 の社会像として、定型的業務や数値的に表現可能な業務は AI 技術によって代替が可能になり、産業・働き方の変化が生まれると断言している。だとしたら、そのような社会像を実現するために解決すべき課題への取組が教育に求められてくることになる。

　その中でも AI に直接関係する教育への要請として挙げられる内容はこうである。AI に関する研究開発に携わる人材、科学的に思考・吟味し活用する力、これからの社会を牽引する人材、つまり技術革新や価値創造の源となる飛躍知を発見・創造する人材、技術革新と社会課題をつなげ、プラットフォームを創造する人材、様々な分野において AI やデータの力を最大限活用し展開できる人材、等々の育成である。だが、このような教育への期待（？）は学校教育の範囲を超えていないでもない。このことが顕著に生起したのがオンライン学習の実態であろう。

　新型コロナウイルスが世界を混乱させ、その対応に苦慮した一例として、初等教育から高等教育まで全国的に休校措置が採られることになったが、その時に活用されたのも Web による遠隔での教授－学習活動つまりオンライン学習の実用化であった。いわゆる特定の他者 (個人や集団) を排除する社会学用語としてのソーシャル・ディスタンスを取り入れて、これを人間関係の基本原則と

して唱えることにより、企業においてのテレワークに対応する教育政策としての遠隔授業の推進がなされた。もちろん、感染予防のために公衆衛生上の施策として人と人との物理的距離間を維持する意味で用いられるソーシャル・ディスタンシングのことであるが、オンライン学習での情報機器を用いた学び方には、社会学用語としての他者（親や児童・生徒）の排除をもたらす多くの課題が指摘できるのではないだろうか。

　長期間の休校を余儀なくされた児童・生徒たちに対して、ハード面で対応できた学校や家庭もあるが、そうした学習活動が不可能な学校や家庭、つまり PC やタブレットの導入・整備がなされていない学校や家庭とでは、学びに格差・不平等が生じることも避けられない。そこには地域差や家庭の協力にも差があり、そのために教育を受ける権利としての機会均等の原則が守られないという問題に繋がっている。それでも、情報通信技術の力を見せ付けられたことは記憶に新しく、近未来の教育方法に活用されることになろう。もちろん、そこに課題がないわけではない。

　さらに、オンライン学習では、児童・生徒との対話型教育を目指そうとしても、また動画の活用を取り入れたとしても、機器を介してのコミュニケーションでは彼らの感情が伝わりにくい、伝えたくないといった側面が見られた。対面授業を常としてきた教師と児童・生徒にとって、ヒドゥンカリキュラムを含めて、教室の雰囲気やクラスメイトの息遣いといった学習環境を成立させている諸要因が欠落している状態は、学習意欲を生み出さない影響の方が多いだろう。もちろん、教師と児童・生徒間の相互理解を促すためには、一方通行の教育活動では不可能であるから、オンライン学習を過信して、ICT 中心の教育環境を整えることこそ今後の教育関係の基本線になるとみなすことは、はたして正しい方向づけだろうか。

　このように、ICT を活用したオンライン学習は、対話的学びを"inter-active"として送信―受信関係の形態とみなす新学習指導要領の方針とは一致するものの、主体的学びとして英訳されている"pro-active"（前もって予測する活動としての学び）に沿うと言えるのだろうか。つまり、例えば PC での検索によって

調べ学習が容易になることは周知のとおりであるが、そのことが主体的学びと言えるための工夫はなされているのだろうか。

　ところで、教師と生徒、生徒同士での体温が伝わる生の関わり方が欠如すると、喜怒哀楽を含む対他関係をとおして身に付ける多様な成長のための経験が不在となり、対話的な学びの形態とはおよそ無縁な学習形態にならざるを得ないだろう。しかも今回のオンライン学習で明らかになったことの一つとして、精密機器のトラブルに対する対応の複雑さが学習意欲を削いでしまうことも指摘できよう。PCやタブレット、スマホの画面が必ずしもうまく接続できずに、そこで生じる心理的な不安感や圧迫感によって苛立ちが高じると、学習効果は期待はずれの結果となる。一方的に送信される学習内容や課題を自分の学習機会に取り込めなくなる疎外体験は、自己否定された状態、つまり社会学用語としてのソーシャル・ディスタンスのあの排除に伴う取り残された印象しか残らないだろう。その原因を操作技術の未熟さに着せることは必ずしも正しいとは言えない。

　この点に関しても、すでにスマート農業について述べたように、情報通信技術を取り込んで農業の「見える化」を推進していることと一致しているとわかる。いわゆる遠隔操作によって農作業を容易にする傾向のことである。ドローンや設置した監視カメラによって植物の成育状態や問題状況を把握して、さらにそこで発見された問題に対する対処方法も遠隔操作によってなされるという様式である。こうした新しい農の世界を実現するスマート農業として、機械仕掛けを不可欠とする農業では、本来手段であるべき ICT が目的化せざるを得ないように仕組まれていくのである。

　しかし、農業と工業の両領域にわたって専門的知識と技能を習得する教育を唱えることについては慎重でなければならない。経営管理面での極めて限られた範囲で ICT や IoT の利用は可能であろうが、それ以上ではないだろう。あるいは、精密機器を活用できない農業には未来がないと決め付けることも無理があるだろう。

　"deep learning" は、その言葉通りに、学ぶ対象の本質に迫るような「全身

で納得でき感動できる学び」ということであろう。言い方を換えれば、量よりも質にこだわる学びということになる。それゆえ、全教科で学んだことを総合的に取り込んで実践に生かす「総合的な学習」に見られるように、学んだ知識を相互に関係づけて深い理解へと導く学びである。さらに、プロジェクト学習の観点から言えば、この学習の最終段階に相当する反省と評価を踏まえて、新たな試みを創出する学びに通じていることでもある。

　だが、はたして、学習指導要領が目指している学校教育の役割としての「育成すべき資質と能力」が、ソサエティ5.0の社会を創出する人材育成、またアグリカルチャー4.0を担う農業従事者の育成に結びつくと言ってよいのだろうか。こうして、アクティブ・ラーニングは、学び方を意味する手段としての役割を持つものであるから、教育の目的に関する課題との関係では実に不透明である。

3-4　コミュニティ・スクールと農業

　ここで再び「新しい時代の初等中等教育の在り方について」（平成31年4月）に注目すると、審議依頼の第一が4項目からなる「新時代に対応した義務教育の在り方について」であり、その第4は12項目からなる「これからの時代に応じた教師の在り方や教育環境の整備等について」である。ここで「新しい時代」と「これからの時代」という表現の違いは、何を意味しているのだろうか。「新しい」とは「まだ来ていない」今後予想されるという意味なのだろうか。つまり、それがイノベーションを不可欠とする社会の到来ということなのだろうか。

　このことが新しい時代に対応する自然との共生教育についても言えるとすれば、この教育に関わっている現行の複数の教科で対応すべき教育活動に欠落しているカリキュラム・マネジメントとは何であり、それを現場の教師は補うことができるのだろうか。個別的学びの重視なのか、それとも共同的学びの推進なのか、学びの形態についての学習環境の整備も考慮しなければならない。

一方、これより少し前の平成27年4月に、「新しい時代の教育地方創生の実現に向けた学校と地域の連携・協働の在り方について」という諮問が中教審に対してなされ、それに対する答申が同年12月に出された。このときからすでに新しい時代への認識が問題となっていて、やがて到来するであろうソサエティ5.0の議論へと結び付いていくような布石ともなる課題として、社会情勢の変化や教育改革の動向に対応するために、コミュニティ・スクールのあり方を検討している。

　問題となるのは、ここでもまた「新しい」という形容を冠した問題を教育に投げかけていることである。新しいことと言えば、何でも容認される通行手形のような力を持つ、魔法の言葉に摩り替わっているとわかるだろう。もちろん、肯定的な意味と価値をもっているとは限らない社会現象もあった。都市開発事業に見られるように、またファーストフード依存の食生活に代表されるように、伝統への反抗と受け取られる「新しい」ものも皆無ではないのである。

　「新しい」時代の教育について中教審に諮問されたコミュニティ・スクールの問題は、自然体験学習に見られるように、それ自体がソサエティ1.0や2.0とも結び付くものであるのに違いない。社会科・理科・総合的学習・特別活動等々で指示されている自然体験活動は、まさに地域社会との連携・協働がなければ成立しないからである。このコミュニティ・スクールの活動形態のひとつとして、農の世界と深く関係しているのが里山教育であろう。そこでは人と動植物とがさまざまな関わりをとおして、いわゆる他者との共生を全身で感得する機会が提供されている。ここから協働を介して生まれる持続可能な社会の創造へと結び付く可能性を見出すこともできそうである。

　コミュニティ・スクールは、この制度の目的からして、学校と保護者や地域社会の人々が協力しあい、学校運営に意見を反映させながら一緒に協働して子どもたちの豊かな成長を支える、「地域とともにある学校づくり」を進める学校運営協議会（school council）とも言われる。これは2000年（平成12年）の学校教育法の改正によって導入された学校評議員制度を端緒とする制度でもある。

　学校は社会の動向を意識しつつも、学校独自のある種の独立した活動を約束された教育機関である。もちろん、そのことは学校が地域社会から孤立していることを意味しないけれども、その一方で同時に、むしろ他の公的な諸機関が地域社会との関係を基盤として活動しているのとは異なり、学校外部の動向とは一線を画した側面をもつ独立的要因の強い機関と言えるだろう。

　一般的に見られる現実として、コミュニティの崩壊、地域社会の解体といった、生活共同体としての機能や親密な人間関係を喪失している環境が支配している現実がある。テンニエス（F.Tönnies）が『ゲマインシャフトとゲゼルシャフト』で説明しているような社会構造の変化を踏まえた教育環境の整備と構築が求められざるを得ないだろう。すなわち、血縁・地縁や精神的なつながりを基盤にして成立していたゲマインシャフト（＝精神的共同体）が、都市化・近代化の進行と共に利益や契約に依存するゲゼルシャフト（＝利益社会・契約社会）へと急激に変化してきたことは事実である。つまり、コミュニティ、地域社会の性質と実態が変わっているのである。

　そうした変化の影響を受けて、学校もまた精神的要因に多くを依存する教育関係のあり方が、教師と生徒、生徒同士の人間関係にも無味乾燥の学びの状況をもたらしている。そうした社会構造の流れをどのように受け止めるかがコミュニティ・スクールには問われることになる。つまり、教育に関わる人たちすべてが共同性・協働性を学びの公共財として理解し実現していく努力である。

　その場合に、大切な視点としては、当該コミュニティ、地域社会がもっている特性を十分に把握していることである。そうした特性にはその地域社会に特有の独自性豊かなものもあれば、多様性に満ちたものもあるし、他のコミュニティ、地域社会とは明確に異なる性質のものもあるはずで、そのことへの気づきを促すことが不可避となる。それは、旧い言葉になるが、病床にいる芭蕉に「秋深き隣は何をする人ぞ」と言わせた人間関係が切れた物寂しい心が支配している生活環境、現代では自宅療養を強いられている単独者の孤独な心境に寄り添う意識の鼓舞であろう。その逆に「向こう三軒両隣」のような親しく付き合いのある生活環境など、住人の互助的活動が存在する地域社会であるかどう

かを問うことも、コミュニティ・スクールを論じる場合には大切な視点となる。

　以上のことは、言い換えれば、そのコミュニティ、地域社会がどのような共同体を目指しているかに関わる。子どもたちを含む地域住民が、より心地よい、より学びやすい方向を目指した人間関係を築くことに努力できるかどうかに関わっている。そこには個人の自由を尊重する精神と同時に、他者への心配りを忘れない精神とが同居する、複雑な人間関係の選択意思が問われることになる。コミュニティ、地域社会は本来、共同性・公共性を基盤にする人間関係によって成立しているものであるから、私的な選択意思はある程度制限されざるを得ない性質をもっている。そのためには個々人にとって矛盾を感じないですむ社会性が育まれなければならないだろう。

　このように、未来を担う子どもたちの育成を目標に掲げる学校が果たすべき機能の一つとして、地域社会と学校との協働体制を深めて両者間に「新しい関係性＝パートナーシップ」を構築することが不可避であると知られる。中教審の答申「チームとしての学校の在り方と今後の改善の方策について」（中教審第185号、平成27年12月）にあるように、教育課程の方針に示されているチーム学校としての諸活動、役割を実現することが求められる。この使命を果たすために寄与することができるのは、答申では触れられていないが、まさにソサエティ2.0の農の世界ではないだろうか。

教育本来の役割

　「これからの」時代の教育を唱えようとする時には、新しさを構成する要因がどのような価値観に基づいているのかを明らかに提示しなければならない。そのことが教育の価値をも規定することになるからである。今日声高々に主張されているソサエティ5.0の内容を見ると、人間不在を思わせる教育の方向づけが見え隠れしているように思われる。つまり、主体的で個別化された学びの社会が新しい教育でもあることを唱えているとして、肝心のその学びの内実が高度な科学技術知や情報技術の技能に精通することを第一義とするならば、教

育本来の目的に関する人格の形成に資する精神的な価値や文化とは、一線を画していることにはならないのだろうか。

　たしかに、チーム学校の提案がなされた背景には、学校と地域社会との連携・協働を推し進めていこうとするコミュニティ・スクールへの確立、そこでは互恵と協働に基づいて豊かな人間性を育む共生社会実現への要請がある。さらに、それと並行して、本来は東京への一極集中型社会からの脱皮を目標とする地方創生、地方の時代への取組の一端を担う教育の必要性も首肯できる。そうした課題に対して、はたしてソサエティ5.0の社会を創出するための教育は価値ある解答を持ち合わせているのだろうか。この問いこそが「これからの」時代の教育を問うことになるはずである。

　「これからの」時代を創出するためのソサエティ5.0「超スマート社会」への教育を考える時に、新型コロナウイルス問題から学べることは少なくない。上述したように、長期間の休校措置に伴って展開されたタブレットの画面を介しての教授―学習活動を見ていると、そこでは基本的に視覚と聴覚のみによる学びが主であることから、教室での多様な場面と人間関係とが織り成す学び、心理的・内面的・感情的な動きや変化に対応できていないという様子が伝わってくる。いわゆる教師と児童・生徒たちの間に展開される共同的活動が生まれてこないのである。そこでは、教師は学習内容の送信・伝達に集中せざるを得ないようである。これは学校バージョン1.0の「勉強」の時代、あるいは学校バージョン2.0の「学習」の時代にも相当する、教育のリソース（教師、教材、場所）を機器を介して学校が独占し、全員が決められた時間に一斉に授業を受ける形態とも言えなくはない。本来、学校バージョン3.0の「学び」の時代として個別最適化された学びを唱えているにもかかわらずである。

　豊かな人間性や人格の完成を目標に据えた教育本来の目的を考えると、これまでも述べてきた自然体験学習をとおして五感を育み、心身の調和的発達に大きな役割を果たす農の世界での学びが大切となるであろう。農の世界と教育が密接に関連していることは確かである。人間の本質に立ち返った教育を考える際に、農の世界が教えてくれることは少なくないのである。

【参考文献】

1．農業情報学会編『新スマート農業―進化する農業情報利用―』農林統計出版、2019。
2．ペスタロッチ『隠者の夕暮れ　シュタンツだより』長田新訳、岩波文庫、冒頭の言葉。
3．田中耕太郎『教育基本法の理論』有斐閣、1961、79頁。
4．教育基本法の成立過程については杉原誠四郎『教育基本法の成立「人格の完成」をめぐって』日本評論社、1983年に詳しい。
5．パッペンハイム『近代人の疎外』粟田賢三訳、岩波新書、1960。
6．農業情報学会編　前掲書、11頁。
7．同書、404-405頁。
8．金子武蔵『ヘーゲルの精神現象学』ちくま学芸文庫、2008、255頁。
9．日本農業検定事務局編『日本の農と食を学ぶ　中級編』農文協、2018、24頁。
10.有坪民雄『誰も農業を知らない　プロ農家だからわかる日本農業の未来』原書房、2019、82-84頁。
11.蔦谷栄一『未来を耕す農的社会』創森社、2018、84頁。
12.神門善久『日本農業への正しい絶望法』新潮社、2014、148－149頁。
13.中野明正・安東赫　・栗原弘樹編著『ＩＣＴ農業の環境制御システム製作』誠文堂新光社、2018、15、19頁。
14.堀口健治・堀部篤編著『就農への道　多様な選択と定着への支援』農文協、2019、12頁。
15.「Society5.0に向けた人材育成～社会が変わる、学びが変わる～」(「新たな時代を豊かに生きる力の育成に関する省内タスクフォース」Society 5.0に向けた人材育成に係る大臣懇談会　平成三〇年六月。
16.ウィナー『人間機械論』鎮目恭夫、池原止戈夫訳、みすず書房、1950。
17.農業情報学会編『新スマート農業―進化する農業情報利用―』360－361頁。
18.濱田健司『農の福祉力で地域が輝く～農福＋α連携の新展開～』創森社、2016、14－15頁。
19.テンニエス『ゲマインシャフトとゲゼルシャフト―純粋社会学の基本概念』杉之原　寿一訳、岩波文庫、1957。

論考Ⅱ：教育とは何か？

１．教育の本質への問い方

　「教育とは何か？」を問うこと、つまり教育の本質を問題にすることは、もっとも基本的な問いとして、「教育は何のために必要なのか？」という特定の目的を前提にした行為の意味を問うことである。一般的には「人間形成のため」という答えがなされているが、その人間形成の内実としては、「幸福になるために」とか「自己実現のために」、あるいは「成長・発達を支援するために」等々、「あることを実現するために」なされる人間に固有の行為といった、目的合理的な理解がなされてきた。

　こうした問いと答えの関係を定式化しようとすれば、「なぜ、教育は必要なのか？」という問い方になるとわかる。「……のために」という目的の提示は、「なぜ、……なのか？」という問いに対する応答に他ならない。したがって、教育の本質を問う際に、教育に関わるさまざまな事象に対して、その事象の根拠に迫るためにも「なぜ、……なのか？」という問い方を避けることは許されないのである。

　もちろん、教育が必要とされる意味については、これまで多くの教育学者が論じてきたことである。社会的発展のため、文化的価値の創造のため、グローバル化推進のため、環境問題への対応のため、科学技術立国のため、等々、思いつくままに列挙していくだけでも限りがない。

　しかし、今日、何よりも重視すべき教育の意味に関する視点は、人間存在そのものへの反省的考察に基づくものでなければならない。未曾有の混乱を招来している新型コロナウイルス問題から学んでいることは、「真の豊かさとは？」「いのちの価値とは？」であり、感染現象を踏まえて実感している「他者との関係性のあり方とは？」といった素朴な疑問への向き合い方である。学校教育の場で進められているオンライン授業にしても、これらの素朴な疑問を誰もが

感じている。こういう時だからこそ、原点に立ち返って「教育は何のために必要なのか?」と問い直す必要があるだろう。そこには必ず教育の本質への問いが生じてくることになる。

　以上のような問題提起をより具体的に理解するために、児童・生徒の側から発した場合に考えられる内容と、教師・親の側から捉えた場合に予期される内容という観点から、ひも解いていくことにする。

1-1　教育の哲学的問い方

　「なぜ……?」という問いは、いわゆる「why……?」の問いとして、一般的には哲学の問いとして、古代ギリシア時代以来、多くの思想家たちが追い求めてきた真理探求のための問いに属するものである。この問いが発せられるのは、物事や事象の本質を問うことによって、そうした存在が成立する根拠に迫ろうとする意欲に駆られるからである。物事の現象をそのまま受け入れて、そこに何ら疑問を抱くこともない姿勢には、「なぜ……なのか?」という問いは無縁である。

　これと対照的に考えられるのが「どのように……?」という問い、いわゆる「how……?」の問いとして、通常は科学の研究分野に属する問いであり、事柄や現象の構成要素を分析し解明して、それらの仕組から方法的に何物かを構造化して説明する行為である。最近さまざまな領域で聞かれる「エビデンス（evidence）」という言葉と概念が表している内容、つまりある現象の真偽を説明する際の「証拠、科学的根拠」を求めることが多くなった。そこでは実証的証明こそが何よりも客観性や判断の妥当性を約束するとの理解が背景にあり、その理解を説得力あるものにするのがデータや資料の分析、つまり「how……?」の問い方を優先する科学的方法の重視である。

　教育学の論究においても、「なぜ、教育は……なのか?」と問う哲学の問いは不可避である。「哲学の実践学が教育学である」という観点から、人間の生きる目的を、より善く生きること、より幸福になることに求めたアリストテレ

スの『ニコマコス倫理学』に倣って、まさに哲学が究極的に問う「人間とは何か？」というスフィンクスの問いを人間自身の存在意義に収斂させてくると、教育の本質に迫ることになる。[1]　このことを言い換えると、「人間がより人間らしく生きるために必要なことは何か？」という問いであり、それに応えるのが教育であるという理解である。

　カントが三批判書（『純粋理性批判』（私は何を知りうるか）、『実践理性批判』（私は何をなすべきか）、『判断力批判』（私は何を望みうるか）を問うた次に、『人間学』（人間とは何であるか）を著したことはよく知られている。そして、さらに『教育学講義』では、人間のこの本質を実現する課題について講義する際に、「人間とは教育が人間から創り出したものに他ならない」という、人間が人間らしく成長し生きていくためには教育が不可欠であることを言明したのである。[2]

　カントのこの命題を手がかりとして、教育をその語義から深読みしてみたい。「人間とは教育によって人間から創り出す」というのであるから、個々人への働きかけがあってその人らしい人間形成が可能になる、という意味でもある。働きかけであるから、教育はすでに実践を伴う言葉でもある。その働きかけの目指すところ、つまり目的は哲学的思考による説明を必要とするが、同時に実践を取り込んでいること、つまり方法論をも包含していることになる。そうした働きかけは他者によることもあれば、自らによることもある。他者からの働きかけについては、まずルソーが『エミール』の中で唱えた3種類の教師—事物・人間・自然—による教育があることを思い出すであろう。[3]　一般的に言えば、他者教育ということである。その一方で、自己自身の努力や意欲によって人間形成を目指す、いわゆる自己教育がある。さまざま経験や興味・関心に基づいて諸能力を開花させていくことによって、独自の自己形成を実現することも少なくない。

1-2　教育と哲学の接点

　教育を意味するドイツ語は Erziehung であり、erziehen という動詞は「引き出す」を意味するから、転じて児童・生徒に内在している可能性を引き出すことと解釈されている。この役割を担っているのは大人（主として教師や親）でもあれば、児童・生徒自身でもある。前者が他者教育に相当するならば、後者は自己教育である。また、陶冶・教養・形成・教育と訳される Bildung というドイツ語がある。ゲーテの小説を Bildungsroman（教養小説）と言う時、『ヴィルヘルム・マイスターの遍歴時代』を代表作として、物語の主題には主人公が自己形成していく成長過程が論じられているからである。[4]　それはまた、人間形成をとおして人間の本質に迫ろうとする哲学の実践論でもあると言える。

　これに対して、日本語・漢字での「教育」には、自己教育の意味合いは極めて薄いと言わざるを得ない。「教」は「教える」を、「育」は「育てる・育む」を表しているように、いずれも教育する対象者を前提にした他動詞表現であるから、自らで何かを「学ぶ」と言う意味での他動詞とは異なることがわかる。このことが、教育と言えば、学校や教師にわが子の成長を委ねがちな他者教育論の支配する日本の現実であろう。だからこそ、今次の学習指導要領での中心的方針として、「思考力・判断力・表現力」「主体的、対話的で深い学び」、さらに「生きる力」といった、自らで身に付ける必要のある内容を学びの要因に掲げているのであろう。

　ところで、かつてドイツとオーストリアから哲学者 10 名を招聘して「日独共同国際シンポジウム」を開催した際に、主催者として「人間形成の理論と哲学への要請」と題する講演を行ったことがある。そこでは、哲学者への要請として教育者にならねばならないこと、それが未来に対する哲学者の使命であることを唱えた。それは哲学者が真理の体系化を目指すことに止まっていてはならないと考えたからである。あたかもプラトンが哲人国家を唱えたことが教育においても言えるとの理解があったからであろう。究極的な哲学的問いは、「人間とは何か」について考察することだと確信していたこともあり、哲学者が理

論の遊戯に終始してはならないと考えていたからでもある。いわゆる哲学無用論が言われる時代に、人類の未来へ向けて根源的な問いを発する「問題発見型」の哲学が不可避であるとの理解に基づいて、「ミネルヴァの梟から炭鉱のカナリアへの脱皮」を唱えた哲学者の野家啓一氏と重なる主張でもある。**5**

　以上のことからも知られるように、哲学と教育が共有している課題は、教育基本法と学習指導要領でも示されていることだが、それは教育の中心的課題・目的として掲げられている「人格の完成」「豊かな人間性の育成」が唱えられる理由と一致しているのである。まさに哲学の導きなしに教育の本質を理解することは不可能であり、同時に、この哲学的な導きの糸なしには、教育の目的を実現するために工夫を重ねる方法論が活かされることも不安定となる。要するに、実践を無視した理論は無力であり、理論を無視した実践は誤りやすいと言わねばならない。ここに哲学と教育の密接な関係がある。

　上記のことを簡単に事例化してみよう。

1-3　いじめの問い方

　ある問題事象Ａについての評価や結論を下そうとする場合、そのＡの評価・結論に対する解釈をめぐって要求されるのが、エビデンスや科学的証明というカテゴリーである。この要求は、いわゆる問題事象Ａの意味内容を発生から結果にまで至る因果関係の有無とその関係の正当性を論証せよ、という要求でもある。しかし、この問題事象が人間の内面的領域とか感情的世界の事象に関係している場合、はたしてエビデンスや科学的証明を提示できるのだろうか。それは常に「なぜ、Ａは……なのか？」という哲学的な問い方が可能であり、その解答の正当性を証明することができるかどうかが問われるからである。

　たとえば、生徒Ｘさんへのいじめと自殺の関係を問う時に、教育委員会からよく聞かれる「いじめと自殺の因果性を証明するための科学的根拠が見当たらない」という弁明である。その是非をめぐっては専門家による調査委員会が設置されて、いじめと自殺の因果関係に対する結論を導き出す努力がなされる。

これはある意味で極めて重大な教育上の問題事象であることに他ならないと同時に、生徒Xさんは「なぜ、自殺をしたのか？」という、個別的事象でありつつ、死という人間存在の根源に関わる哲学的対応でもある。そこでさらに、この個々の問題事象を一般化する視点へと目を向けてみると、次のような問い方が可能である。

1. いじめが自殺の誘引・原因となるのはなぜなのか？
2. いじめを受けても自殺には結びつかない人の方が圧倒的に多いのはなぜなのか？
3. いじめを受けない人と受ける人とがいるのはなぜなのか？
4. いじめをする人がいるのはなぜなのか？
5. いじめはなぜ存在するのか、なくならないのか？

　要するに、これらの問いの最基底部に見いだされる問いは、「なぜ、いじめは存在するのか？」である。いじめの４層構造として、被害者・直接の加害者・加害者の行為を煽る二次加害者・見て見ぬ振りをする傍観者、の存在を図式化してみても、この問いに対する本質理解がなされなければ、そこに関係している諸事象の具体的構造を説明しているにもかかわらず、「なぜ、いじめは存在するのか？」への問いに説得力のある回答を提示しているとは言いがたい。また、脳科学の研究成果を受け入れて、怒りの感情をコントロールする前頭葉の未発達について述べるとしても、そこには人間の行為にかかわる意志や判断の実体について理解することにはならないのではないか。

　一方、中島道義氏は『差別感情の哲学』で、鳥山敏子氏のいじめに関する教育実践を踏まえて、いじめを差別感情（特に嫌悪感）の観点から捉え、現実社会を席巻している権力構造に原因があることを指摘する。この構造の中では自らが加害者になりたくなくとも、身を守ろうとして加害者になってしまうことを、そのまま偽りなく子どもたちに教えることが大切だと言う。[6]

　たしかに、自分が身をもって自らの内面と誠実に向き合うことによって見えてくるものへの気づき、つまり、自分にも他者をスケープゴートにしてしまうことがあり、この権力構造から排除されないようにと行動してしまう悪意の存

在に気づくこと、が大切なのである。しかし、同時に、その悪意が存在する根拠についても眼を向けなければ、問題の本質は理解できないだろう。ここでカントの根源悪についての論述が参考になる。

　すでにカントは『純粋理性批判』の冒頭で、人間の理性はある種の認識について特殊な運命を持っていると言い、理性が斥けることも答えることもできない問題があって、それが理性の能力を超えていることに言及する。この言説をもっとも顕著な例として取り上げているのが『宗教論』の第1編で、そこでは人間の本性的普遍的な悪性について論究されている。人間が悪を時に行う選択意志の自由の問題として、すなわち、善への動機に従う意志か、それともそれを拒絶して善への動機に反抗する意志か、そして後者を悪が成立する根拠として見ているのである。カントは行為する際に最優先する基準として道徳法則をおくべきという立場を主張するから、自己の諸感情が生じてくる動機を従属させるための道徳法則が機能しない状態を悪とみなしたのである。[7]　つまり、カント的に言えば、いじめは人間が行為を引き起こす時に羅針盤となるべき道徳法則が制御機能をもたないことから生じるのである。

　こうした善意志が機能不全に陥った一例を挙げておこう。[8]　人類の歴史上でもっとも残酷にして大規模ないじめの現象は、ナチスによるユダヤ人虐殺であろう。一つの民族・人種をこの地球上から消滅させるという、想像を超えたジェノサイドを計画したナチスは、自らの民族アーリア人だけを世界の支配者、文化創造者として主張する、いわゆる優生学思想をドイツ国民全体に周知徹底させる方法として教育を利用した。この思想を習得しているかどうかで教員の資格を測り、教科書も同様の内容で作成されていた。H．アーレントに「私たちの倫理は十戒が予見しなかった犯罪には対処することができない」と言わせたナチスの暴挙こそ、根源悪が現象として姿を露見したものである。そこに教育が果たした役割こそ、善意志を葬り去るための道徳法則無用論の支配である。

　このことを「なぜ、いじめは存在するのか？」という問いに対応させてみると、善（たとえば愛や正義）を選択するという動機に反抗する意志が働くからと言えよう。教育の立場では、知・情・意の健全な発達を目標とするのであるか

ら、カントのこうした哲学理論はいじめ理解の際にも根底に据えて受け止める必要があろう。つまり、人間の理性がコントロールすることのできない意志の次元の問題として、いじめを理解することの重要性である。そうすると、人間は本性的に誰でもいじめの加害者になる可能性があることに気づくと同時に、意志の形成過程に対して注意が向けられることになる。

　と言うことは、たんなる知的理解に頼る正義論や義務論という観点での説得も、あるいは感情に訴える同情論や仲良し論の提唱も、それらが全く無意味であるとは決して言えないけれども、どこかいじめの本質論からは的外れになる感がしないでもない。つまり、カントは、人間が行為する際に基準とすべき意志の格率を、次のような定言命法──汝の意志の格率が常に同時に普遍的立法の原理として妥当しうるように行為せよ──にあると言う。**9**　言い換えれば、善意志に従う行為であるのかどうかを確認するように指導することの指摘である。

1-4　個別化から普遍化への問い方

　このように、個別的事象から鳥瞰的認識をしてみることによって、問題事情を普遍的次元で理解しようと迫っていくことが求められる。その時に現出する不可避的な問い方こそ、問題事象の本質に関わる「なぜ……なのか？」という哲学的な問い方である。ただし、人間の視覚や認識および思考回路は、「木を見て森を見ず」の諺のように、表面的・個別的な事象に囚われがちである。もちろん、一を見て（知って）十を見る（知る）のであればよいが、必ずしもそうとはならない方が圧倒的に多い。だからこそ、本質とはかけ離れた事象に影響されてしまうのであろう。教育の実践ではもっとも注意すべきことである。

　もう一つ、卑近な例を挙げてみよう。

　たとえば、書物の選択にしても、タイトルに関心を奪われてしまい、書いてある内容の精査に思考が向かわないことがありはしないだろうか。だからこそ、スキャンダラスな暴露本や深みのない浅薄な啓蒙書的人生論を面白・おかしく

語っている廉価本が多くなっているのではないだろうか。多少言い過ぎたかも知れないが、それらの書物で取り上げられている内容を、さらに深堀するためにも、「なぜ、そう言えるのか？」と著者に問い質してみるとよいだろう。そこから見えてくることは、重厚な研究の成果とはおよそ無縁の著者の思いつき、もっともらしい装いをした方法や技術を論じているだけの場合が圧倒的に多い。それでもなお、その方法論の論拠を根本的に追求する姿勢の欠如、つまり著者自身の哲学的思考のなさが顕著であるから、読者受けする方法や技術をもっともらしく平易に説明しているに過ぎないと言えそうである。要するに、真理観の欠如である。

　さらに個別・特殊的な事象を扱っていながら、それをあたかも普遍化・一般化して語っていることが、余りにも多いのである。皮肉にも、そのような内容の書物がもてはやされ、そのほとんどが著者の思いつきを過大視したものと言ってよいだろう。そこでは著者自身による普遍化された内容についての根拠を示す努力が欠落していて、「なぜ、そう言えるのか？」を説明するための真摯な哲学的姿勢が見当たらないからである。かつてお世話になった今道友信氏は、真の研究者として、次のように言っていた。「学問における独創性とは、ただ普通の考え方と変わっていると言う程度の、風変わりや奇矯のことではありません。……学問上意味のある独創とは、その方法なり探求結果なりに関して、従来の研究以上の新たな成果を論証していなければなりません。」[10]　ここで言う論証とは方法論の観点に立つものではなく、まさに哲学的な論証ということを意味しているのである。

　以上のような問題提起を踏まえて、教育において問われてもよいさまざまな「なぜ……なのか？」を考えてみよう。そうした問いの仕方から見えてくるものこそ、教育の本質に密接に関わっていることだからである。

2. 教育実践の前提への問い方

　教育が意味ある活動を進行するためには、教授―学習活動の目的が明確であり、その目的を可能にするために必要な教授―学習内容が整備されていて、さらにその内容を用いて目的を実現するための手段となる教授・学習方法が考案されていなければならない。

　このことを教育成立の3要素とみなすならば、それらの要素がそれぞれの役割を果たして有効に機能するためには、方向づける理論とその理論を具体化する実践とが矛盾しないように関係づける必要がある。

　しかし、教育実践の場では、とかく方法論にウェイトが置かれて、教科指導や生徒対応に神経を注ぐことが多く、実践重視の教授―学習活動に偏りやすい。もちろん、実践が経験を生み、経験の積み重ねが教師の自信を育てることは確かであろうし、子どもたちを理解する感性を育てることも疑いない。だが、実践優位の立場に固執すると、その実践や経験知がどこまで正しいものであるかを判断する根拠も見いだせないことになる。そこに必要とされるのが実践の是非を示してくれる理論に他ならない。実践を欠く理論は空疎に見え、理論を欠く実践は誤りやすいと言えよう。そこで、教授―学習活動を導く実践的課題について考えてみよう。

2-1　学習活動の方向づけへの問い方

　平成 26 年 11 月に文部科学大臣から中教審に、新しい時代に相応しい学習指導要領のあり方についての諮問がなされた。そこで出された中教審の答申内容を見ると、「よりよい学校教育を通じてよりよい社会を創る」という目標を学校と社会が共有・連携・協働することによって、新しい時代に求められる資質・能力を子どもたちに育む「社会に開かれた教育課程」の実現を目指して、「カリキュラム・マネジメント」の内容を次の6点から示している。（小学校学習指導要領　第1章　総説」より）これらは、先取りして言えば、教育活動

を展開する時の必要事項として、知識・技能の習得、思考力・判断力・表現力の育成、学ぶ意欲と人間性の涵養、を目指すことに関係している。

より具体的には、

①「何ができるようになるか」（育成を目指す資質・能力）

②「何を学ぶか」（教科等を学ぶ意義と、教科等間・学校段階間の繋がりを踏まえた教育課程の編成）

③「どのように学ぶか」（各教科等の指導計画の作成と実施、学習・指導の改善・充実）

④「子供一人一人の発達をどのように支援するか」（子供の発達を踏まえた指導）

⑤「何が身に付いたか」（学習評価の充実）

⑥「実施するために何が必要か」（学習指導要領等の理念を実現するために必要な方策）

このように、教育課程編成の方針を策定する際に求められる以上のような方向性に基づいて、今次の学習指導要領の改訂がなされたことを考えると、そこには「なぜ、学ぶのか？」という問いへの視点が、教師と児童・生徒の努力目標を示しながらも、結局は、「豊かな創造性を備え持続可能な社会の創り手」を育成するためという目的を実現するための前提条件であることがわかる。その上で、②と③にあるように、「何を……学ぶか？」「どのように……学ぶか？」という学習内容と学習方法について示されているが、教育目的の「人格の完成」との実質的な関係を明示することなく、「なぜ、学ぶのか？」に関する根本的な要因は取り上げられないままである。それこそ「なぜなのか？」という素朴な問いが出てくる。

あるいは、②と③の学習の方法と内容に関連付けて、そこに含まれている「学ぶべき」とか「学ばねばならない」といった観点を踏まえて、学びが義務的活動であることを説明する言及が見当たらないのはなぜなのか。つまり、子どもたちから発せられる「なぜ、勉強するのか、しなければならないのか？」という素朴な問いに対して、「勉強しなければならない」理由を示さないのはなぜなのだろうか。学習指導要領は教師の指導上の要領について示しているのであ

るならば、教師の面前にいる子どもたちの「学ぶべき理由」を前提にしている
はずである。その前提を示さないのはなぜなのか。すでに教育基本法で示され
ている教育の目的については、その意味解釈を含めて、改めて言う必要はない
ということなのだろうか。

　そうだとしたら、教育基本法に定められている教育の目的としての「人格の
完成」、教育の目標としての「一〜五」までの諸項目は、どのように伝えること
ができるのだろうか。ちなみに「一」では知識・教養・真理探究・情操・道徳
心・健康な身体を培うことが、「二」では創造性・自主自律の精神・勤労尊重の
態度を養うこと、「三」では社会の発展に寄与する態度を養うこと、「四」では
生命・自然・環境を尊重する態度を養うこと、「五」では伝統・文化・自国・郷
土・他国・国際社会に寄与する態度を養うこと、が示されている。こうした目
的と目標の提示は、「なぜ、学校へ行かねばならないのか？」「なぜ、学ぶのか？」
という素朴な問いに対して、子どもたちの学習活動と結び付けてわかりやすく
説明することができるのだろうか。

2-2　子どもたちの学びを深める問い方

　ここで、上の「一」にある「情操・道徳心」について取り上げてみよう。そ
れは他の項目も「情操・道徳心」の育成と関連しているからである。

　特別の教科「道徳」に関する学習指導要領の記述を見ると、さまざまな徳目
に関わる事項を具体的に理解させるための細かな説明文が並んでいる。それら
を大きな枠で括ってみると、「自分自身、他者、集団や社会、生命や自然・崇高
なもの」と関わる時に必要とされる考え方、行動の仕方・心構えや態度のあり
方、等々ということになる。

　これらの内容を規定している原理原則は、指導要領の「総則　第1　2（2）」
に、「道徳教育は、教育基本法及び学校教育法に定められた教育の根本精神に
基づき、自己の生き方を考え、主体的な判断の下に行動し、自立した人間とし
て他者と共によりよく生きるための基盤となる道徳性を養うことを目標とす

ること」と明記されているところによるであろう。すなわち、人間としてのあり方、生き方を第一義に考えていると理解できよう。ここに教育目的としての「人格の完成」に関わる根拠を示そうとしていることが見て取れる。和辻哲郎は『人間の学としての倫理学』の中で、人の間と書いて人間であるから、人間を「間柄」的存在として捉えて、他者との関係性を基盤にしない倫理的集団は成立しないことを教えている。[11]　倫理（ethics）も道徳（moral）も共に、ギリシア語とラテン語の語源（ethos, mores）から見れば、人間社会での「慣習・習俗」を意味することから、指導要領の「他者と共によりよく生きるための基盤となる道徳性」を育成することに、道徳教育の目標を定めていることは正当であろう。

　しかし、また、そのような道徳的理解や行為が「なぜ、必要であるのか？」についての説明はなされているのだろうか。つまり、「なぜ、他者との関わりを必要とするのか？」という、人間存在の根源的なあり方に対する問いに説明しているのかどうかである。ここには、たとえばM・ブーバーが『我と汝』で解明したような、「私が」という言葉には、「あなたが」という存在がすでに同時に含意されている、といった人間存在に関する深い哲学的解釈が認識されていなければならない。[12]　だが、現実に行われている道徳教育では、道徳性が人間として自明の行為規範であるとの前提が学習活動の背後に隠されていないだろうか。肝心なことは、その前提そのものを問うことがなされているかどうかである。だから、道徳の授業では、児童・生徒は頭では理解しているとの表情や発言をすることで、授業のねらいや教師の意図を先読みした反応を返してくるのである。

　一例を挙げると、道徳の授業でイソップ童話の「狼少年の話」を題材に取り上げたとしよう。羊飼いの少年が「狼が来た！」と嘘をついて、助けに来た村人たちをだます話である。そうした騒ぎを繰り返すことによって、だまされた村人たちは本当に狼が現れた時に少年を信じることなく、誰も助けに来なかったので村の羊がすべて狼に食べられてしまったという話である。この授業で教師が子どもたちに期待している学びの内容は、おそらく「嘘をつくことはいけ

ないことだ」という道徳心であろう。子どもたちもまた、教師の期待していることを読み取って、そうした答えをするであろう。

　だが、子どもたちの内面深くには「なぜ、少年は嘘をついたのか？」という疑問を抱くことはないのだろうか。そうした問いかけこそが、大切な道徳心を育成するために必要なのではないか。すなわち、「how……？」（どうすればよいか─嘘をつかないこと、嘘をつくのは悪いこと）と問うのも必要だろうが、より根源的に考えるためには「why……？」（なぜ、嘘をついたのか？　なぜ、人間は嘘をつくのか？）の問いが、はるかに重要なのではないだろうか。

　一方、児童・生徒が抱きがちな素朴な問いに正面から向き合わない教師にとっては、経験知に依拠することに慣れてしまっている場合も多い。子どもが「なぜ、学校に行かなければならないのか？」と問うのに対して、教師や親は「自分も友だちも当たり前のように学校へ行っていた」と、自らの経験知を頼りに答えるのが常である。あるいは、その経験知を正当化するために、「だから、学校で学んだことが今も活きている」と説く。こうした対応の仕方は「なぜ、勉強するのか？」「なぜ、……という教科があるのか？」という問いに対しても、「後々困らないために」といった、同じような対応の仕方になりがちとなる。過去に学んだことは必ず現在に役立っているとの説明である。その上で、どのように学べば有効か、効果的かを伝えようとするので、子どもからの「なぜ、……なのか？」といった問いに対して、「どのように、……？」という問いにすり替えて、方法論や技術論で答えることになる。つまり、教師や親の経験知は子どもが抱く素朴な疑問の本質に迫ることが少ないのである。それは「why……？」の問いに「how……？」で答えているからであり、哲学的思考の欠落が招く必然的な結果とも言えよう。

　さらに、教科によって児童・生徒の取り組む姿勢が異なることを目にする。ある生徒は国語の時間になると生き生きと授業に参加し、算数の時間になると上の空の表情になったりする。その反対に、算数では答えがはっきり出てくることから、問題を解くことが楽しくて仕方がないと積極的に問題に取り組んでいく生徒が、国語では退屈そうな顔をすることがないわけではない。また、体

育館や校庭での体育には全身をフルに生かした活動で自己アピールする生徒もいれば、いわゆる運動が苦手のタイプであまり活動しない生徒がいる。

　これらの例は決して特殊なものではなくて、学校では日常的に見られるごく普通の光景である。教師の側からは、そうした生徒の授業態度と反応に対して、ある教科を「好き―嫌い」という尺度で判断していたり、「得手―不得手」というレッテル貼りで済ませていたりすることが少なくない。確かに、そうした性向を否定することも難しいが、しかしより重要なことは、「では一体なぜ、そのような性向が生まれているのか？」の原因について考える視点である。そのことが明確にならない限り、嫌いな科目を嫌いでなくすることはできないし、好きな科目をより一層発展的に好きになるように指導することも可能にはならないからである。

2-3　なぜ勉強するのかへの問い方

　そこで、再度、「なぜ、勉強するのか？」という問いの生起そのものを問う姿勢が要求されてくる。「勉強」にまつわる表現には、動詞との結びつきから考えると、「勉強する」「勉強しなければならない」、その反対に、「勉強しない」「勉強したくない」等々、自分から主体的に行動する自動詞的表現と、「勉強させる」「勉強させない」のように他者から強要されることで行う他動詞的表現が成り立つ。しかし、勉強という漢字は「勉めて」と「強いる」との合成語であるから、自動詞的と他動詞的の両方のニュアンスを持っているとは言え、子どもたちの受け止め方からすれば他動詞的な意味あいの語彙と言ってもよいだろう。つまり、「勉強する」の主語は自分である反面、「勉強させている」の主語は教師や親になり、そもそも勉強に取り組む始まりは「させられるもの」だからである。自分が自分自身に強いるのも学ぶことに他ならないが、他者から強いられないとやらないのも大半の子どもにとっては当然のことである。

　教師や親からすれば、自らの経験知に照らして考えることが先行するので、当然「すべきもの」という理解が基本になるのに反して、経験知に基づきにく

い子どもからすれば、「自分の意思・気持ち・納得」等々による理解が先行せざるを得ないのではないか。そこには両者間に埋めがたい解釈や理解の溝が存在する。そのことに気づける教師や親であるかどうかが、子どもの「なぜ、……なのか？」が生起する理由に近づくことになる。つまり、経験知として自らも「なぜ、……なのか？」の問いに悩んだ頃へと立ち帰ること、いわゆる子どもの世界を追体験することの大切さである。もちろん、低学年になればなるほど、教師の経験知は伝わりにくいけれども、それをジェネレーション・ギャップで済ますわけにはいかないのである。

　視点を変えてみれば、「なぜ、勉強するのか？」という素朴な問いは、すでに勉強しているからこそ現出してくる問いであるに違いない。すでに行為しているからこそ、その行為に対する意味付けを求めて、問いが生じてくることは自然である。そうした素朴な問いに対して、教師や親は子どもが納得できる説明をしているのかどうかは、極めて疑わしい。だから、すでに勉強している日常の学校生活があるにもかかわらず、「勉強しなさい」と言われれば、無意識裡にも主体的に「勉強する」のとは矛盾することとして、これを強制と受け止め、抵抗感が生まれるのではないか。カントに倣って、善意志を押し付けることを是とする教師や親の考え方が、人間の本質に属する選択意志の自由を否定することへと転換しているのである。

　教師が子どもに対して「勉強しなければならない」と考える根拠を示すためには、学校という存在の意味について論じる必要があろう。親もまた子どもに対して「勉強しなければならない」と考えているが、その理由は教師と同じとは限らない。それでも教師と親が子どもは勉強すべきだと受け止めている、つまり、勉強することを「当然視する」のはなぜなのか説明しがたいのである。「将来役に立つから」と理由づけをしても、どのような意味で役に立つのかを説明できなければ、今を生きている子どもにとっては説得力をもたないのではないか。あるいは、「そういうものだ」と言い逃れしたところで、それは何も説明していないに等しい、根拠のない弁明でしかないだろう。教師や親が考えている勉強の意味・価値と、子どもが感じているそれとは必ずしも同一ではない

ことに注意したい。

　この点を近代教育思想の問題点を指摘したポストモダンの主張に注目してみよう。近代の教育が内在させていた問題性に対する批判的対決をしたのが、ポストモダンの教育思想である。そこでは人間の主体性を回復しようとする教育のあり方の主張として展開されている。代表者のフーコーが『監獄の誕生』の中で、学校を規律と訓練の強制によって訓育が支配する監視施設とみなしたことは鋭い指摘であった。13　また、アリエスも『＜子供＞の誕生』で学校が子どもの存在を初めて認知する契機になったと指摘したことも無視できないだろう。14　だが、問題は、その子どもたちの存在がどのように位置づけられたかである。

　それが勉強であれ、趣味であれ、そこに動機付けとなる目的が見いだされなければやる気は生まれない。その目的を発見することは必ずしも容易ではなく、学びに対する動機付けに前向きに反応できるような働きかけが大切となる。もちろん、外からの働きかけが小さくても、学ぶ側に自らを動かす内発性の作用が豊かに働くこともある。マックス・ウェーバーに倣って、その働きかけに「目的合理性」が認められるならば、子どもにとってその働きかけは自発的に勉強や趣味に取り組むための意味を見出すきっかけになるであろう。だとしたら、勉強が嫌いな子どもは、第一に「何のために学ぶのか」という勉強する目的が見いだせない状況に閉じ込められているのである。つまり、学ぶ目的に対する理に合った理由をだれも説明してくれていないのである。

　では一体、目的を見出すにはどのような内的・外的の両条件、姿勢が求められるのか。この目的設定、目的発見にはすでに同時に、その目的と結び付く前段階の行為が不可欠となる。たとえば、割り算ができる、分数計算ができる、という学習目標を認識するようになるためには、その前提として掛け算、九九ができていることによって生じてくる目標である。漢字検定1級を取得する目標をもつ意識が生まれてくるためには、漢字検定2級を取得していることが自然な経緯である。

　このように、目標に至る学習の過程をドミノ倒しの逆戻り過程として捉え直

していくと、各年齢段階で何を意欲していたかが問題となる。よく言われるように、大学進学の目的として、卒業後の生き方に結び付く学び、習得したい知識や技能が何であるかをわかっている人と、進学することそれ自体が目的になっている人とでは、入学後に見いだせる学びの意味に質の違いがある。後者の場合はたいてい学習意欲が欠落して、「何のために」という目的性は見いだせないことが多い。すなわち、学びにおける「why……？」という哲学的思考の欠如によるのである。

2-4　学びの目的への問い方

　以上のことは子どもの学習への意欲という点ではどうなるのだろうか。他者から評価されたいから学ぶのか、それとも他者からの評価とは無関係に学ぶのか。前者は、知るようになることは善いことと教えられる場合もあれば、叱られたくないから学ぶこともある。一方、後者の場合は、知らないことを知るようになることに喜びを実感したいとの意識に動かされることが多い。これらのいずれにしても、結果的には自己責任の範囲で対処すべきだという理解の仕方が圧倒的に多いだろう。その典型が学校教育での学びである。つまり、学びの目的設定には個人差があり、努力の意味を受容するのも無視するのも、個々の生徒に委ねてしまうという教師の側の共通理解である。全員が優等生になる必要はないとの暗黙の了解があると言えよう。

　こうした努力を意味づける時に、努力すること自体が学びの目的にすり替わっている場合もある。努力は結果をもたらすと言って子どもたちを叱咤激励する教師の姿勢は、それこそ強制としての勉強というイメージ作りに影響しているのではないか。努力することが学びの目的にされると、「どのように努力したのか？」「どの程度努力したのか？」「どのくらいの時間・分量・回数で努力したのか？」というような、いわゆる「how to, how long, how many ～？」の方法論議が中心になり、目的喪失に陥るのではないだろうか。つまり、目的と結果の同一視がなされることになりはしないだろうか。

　教育には人間の資質・感性・知性・身体性のそれぞれに各人で相違があることを認めたうえで、学びの目的を柔軟に設定する懐の広さが必要とされるにもかかわらず、現実はその逆になっている。教える側からすれば、教師は自分の教科には優秀であることを求めがちである。そのために生徒はすべての教科で常に最善を尽くすことを強いられている。だが、同じ生徒が、教科Aには努力のしがいを感じるとしても、教科Bには無関心である場合もあることを、教師自身が理解していなければならないはずである。ヘルバルトの教授学から学んだ「興味の多面性」に関する理解が見失われていることも少なくない。[15]

　ちなみに、興味 (interest) は、「間に (inter)」とラテン語の be 動詞「ある (esse)」との合成語であるから、対象との関係性を表しながら、「本質 (essence)」に迫る意識の作用でもあろう。ある教科に無関心であること、興味を抱かないことは、その教科から学んでほしい対象・内容の本質から離れていること、つまり学ぶ目的を感得できないことなのである。それを「あの生徒はやる気がない」で済ませようとする教師であってはならない。だから、生徒が教科を学ぶ際に、その内容の核となる本質に関する説明が教師には求められるだろう。

　こうして、学校教育で取り扱われる諸教科は、いずれの分野にも哲学に関係した学問分野が存在することに注意したい。国語には言語哲学、算数には論理学、社会には社会哲学、理科には科学哲学、体育にはスポーツ哲学、道徳には倫理学、図画工作には美学、音楽には音楽学、等々である。それぞれの教科を担当する教師には、そうした哲学的理解が根底になければならないだろう。教科教育法を学ぶことと、各教科の元にある学問分野の概論を学ぶことの間には、決して優劣をつけてはならないけれども、方法は目的を理解してはじめて有効性を獲得することになるのであるから、まず教科を学ぶ目的について確認しておくことが重要である。やはり、どの教科においても目的を指示する哲学的思想は不可欠である。

　一般的には、社会で生きていくためのさまざまな学びが不可欠であると、だれもが理解している。つまり、人間はだれでも、学びをとおして自己の存在根拠となる生活基盤を確かなものにするために、教育が必要であるとみなしてい

る。しかし、そのことを理解しているにもかかわらず、学びの活動へと自分を向かわせる気持ちが生じない、あるいは学ぶ意思を閉ざしてしまう人がいることは事実である。それはなぜなのだろうか。

　概して人は、「なぜ、学ぶのか？」という問いを敬遠し、学ぶこと自体から遠のいていくのを常とする。もちろん、学びは学校だけでなされる義務などではなく、先に述べたように生涯学習社会と言われ、生涯にわたって自己形成のために学び続ける。しかし、自己形成を諦めるわけではないだろうが、生きることだけのために生きている、といった心情になることも皆無ではない。学校教育以外で主体的に学ぶことの重要性を認識する機会が少なくなっている環境に慣れてしまうことの怖さである。知識基盤社会と言われる現代は、氾濫する情報をいかに有効に活用して、現実が突きつけてくる諸課題に対処するかが人生を左右する。その一方では、情報化社会は知りたいこと・学びたいことを努力と苦労なしに提供してくれる社会でもある。そこに情報の質を判断する人の感性と知識の質を高めるための努力が要求され、それを可能にするのが教育ということになる。これは価値観の形成と言ってもよく、本物を見分ける資質を学びをとおして拡充することであり、教育の目的である「人格の完成」へと導くステップなのである。

３．教育の目的「人格の完成」への問い方

　これまで、教育の意味を「なぜ、教育は必要なのか？」の問いに答える立場から、教育課程編成の内容に対する素朴な疑問をとおして、児童・生徒が学ぶ目的がどこにあるのかを述べてきた。そこでは各教科の学びから、日常生活や社会を創っていくために必要な知識や技能の習得が重要であることを理解しつつも、人間形成・自己実現を第一義的に承認する教育の役割が際立たされた。すなわち、教育基本法に規定された教育の目的である「人格の完成」に資する教育が不可欠であることの確認である。

　しかし、教育の必要性として「人格の完成」が唱えられるとしても、教育目的として指示されているこの概念は、教育に携わる教師や親が正しく理解しているとは限らない。日々の活動に追われている現代人にとっては、もちろん子どももその例外ではなく、「人格の完成」といった普遍的内容を指す言葉に対するイメージを抱きようもないであろう。それでもなお、直接子どもたちの人間形成に携わる教師は、教育の目的である「人格の完成」についての理解を求められるし、その理解が根底にあってこそ教育活動も正道を進むことができるはずである。そうした理解へと至るための示唆を以下に示してみたい。

3-1　人間存在の真理への問い方

　教育の本質を問うためには、歴史的・社会的・文化的な価値を伝承し、それらの担い手を形成し、さらに新たな価値の創造者を育成するなど、身近な世界からグローバルな世界に至るまでの視野をもって、さまざまな教育のあり方を論究することが避けられない。しかし同時に、教育が人間形成のために存在することを考えると、教育と人間存在の関係性を中心に据えて考察しなければならないだろう。つまり、「人間にとって教育とは何か？」を問うことに他ならない。既述したように、カントが「人間は教育を必要とする唯一の被造物である」と語った時の「必要性」の意味についてである。換言すれば、これまで再三述べてきた、教育基本法に定められている教育の目的としての「人格の完成」について明らかにすることである。

　その際、「人間であることは人間になることである」(Menschsein ist Menschwerden)」と唱えた前世紀の哲学者ヤスパースに傾注することも意義あることであろう。[16]　この命題には「存在 (Sein) と生成 (Werden)」が指摘されており、それは「現にあるものは、本来的にあるものになっていくことが大切」という自己実現の意味が含意されている。まさに人間形成の本質を言い当てており、教育実践が目指している目的そのものでもある。つまり、教育の本質を定式化した命題に他ならず、人格として現に存在している自己が、その実

現・完成を目指していくところに人間存在の真理があり、そのことに密接に関わっているのが教育である。教育の目的が「人格の完成」と言われるひとつの根拠でもある。

　さて、新・旧の教育基本法でその文言が変わっていない第1条「教育の目的」に見られる「教育は、人格の完成をめざし……」という自明の規定に関して、教育現場ではそこに明記されている「人格の完成」の意味解釈が必ずしも共有されているとは言えないのではないか。さらに、「人格」という概念そのものについての統一的理解がなされているのかどうかも、疑わしいように思われる。とりわけ、学習指導要領の「総則」で掲げられている教育活動の基本方針には、生きる力を育むために、課題解決に必要な「思考力、判断力、表現力」の涵養が求められており、そこで培われる学習の基盤を確かなものにすることが要請されている。そのためにも「学びに向かう力、人間性等を涵養すること」が必要とされるが、それらの内実を厳密に理解しようとすればするほど、個性に満ちたさまざま児童・生徒に日々直面している教師にとっては混乱を余儀なくされるだろう。好意的に解釈すれば、こうした基本方針に対して心情的に賛意することで済まされていないだろうか。「人格の完成」もまた、これと類似の問題性を孕んでいるのではないか。

　そこで以下のようないくつかの課題を提起しながら、教育の目的としての人格形成の問題を考えてみたい。

3-2　人格の意味への問い方

　人格を哲学的に定義し解釈する試みは、カントに代表されるように、道徳的行為の主体として位置づけられて、「人格とは、行為の責任を負うことのできる主体である。」[17]　と言われる。カントは自己と他者の人格を手段としてではなくて、目的としての理性的存在に見いだし、そこに自律性概念と結びつけた人間の尊厳としての人格性が認められると唱えた。しかし、他者からの働きかけを無視できずに生きている人間にとっては、カントの唱える理性に導かれて

自律的に自己形成をすることには多くの困難が伴うであろう。しかも、教育においての人格形成は、他者からの学び―真似び―模倣と感化をとおしてなされるという、他者との関係性を基本的要因として欠くことはできないからである。

　子どもに自律的精神、その思想を受け入れさせること自体、すでに教育的強制が入り込んでいるであろう。そこに教育の役割を見いだそうとするならば、子どもたちには教師が設定した目的に従うだけの手段化された学びにすぎなくなる。だとしたら、それは教師が構想した教育目的によって生徒の葛藤、いわゆる学びからの逃走を引き起こすことになる。そうした教育関係を超えて、生徒が他律を媒介にしつつも自律へと踏み出すことができるような教育こそ求められてくる。ここに他者による教育的作用をとおして自己生成する人格という捉え方が出てくる。換言すれば、自己形成する人格への働きかけが教育ということになる。ここには「人格の完成」を理解するための枠内に、アイデンティティの形成課題が含まれてくるのである。

　では一体、人格はどのように理解すればよいのだろうか。

　私たちが人格者について語る時に、その内容がある人の資質に関係しているとわかる。それは道徳的に立派な行為のできる内面性・精神性をもっていて、高い徳性を備えている人を指す場合が多いであろう。いわゆる立派な人柄＝人格者という捉え方が一般的である。（福武・漢和辞典）そして教育を考える場合にも、これと類似の解釈に基づいて、人格を人の品位、品性とみなす立場から、人格教育を調和と統一のとれた円満な人格の完成を目標とする教育、また、直接心情に触れることに重点を置く教育（『言泉』小学館）という説明もある。

　たとえば、夏目漱石が東京帝国大学で教えを受けた R.ケーベル先生（哲学と美学）についてこう言っている。「文科大學へ行つて、此處で一番人格の高い教授は誰だと聞いたら、百人の學生が九十人迄は、数ある日本の教授の名を口にする前に、まずフォン・ケーベルと答へるだらう。」[18]　漱石が人格の高い人と呼んでいるような人物、いわゆる学識に優れていることも条件の一つであるとすれば、人格には教養と知性に基準を置いて出てくる高低があることになり、そうした人間理解の仕方や時代的背景を考慮する必要もあろう。

たしかに、人格の「格」という漢字の意味から、木が高く聳える様態と考えて、高さをめざす人の意識と結びつける解釈も成り立つであろう。また、「人格」と訳されているパーソナリティ（personality）を、その人独自の行動様式をもたらす精神と身体の内的・統一的システムと捉えて（G.W.オルポート）、道徳的意味や価値評価を含まない心理学的理解から考えた時の人格形成の意味も問われてくるだろう。[19]　地位や力量などが上位・下位にあることを指す「格上・格下」という場合の「格」の使い方もあり、人間の位置関係を表す言葉でもある。

　同時に、人間が社会的存在である以上、他者との関係において個人が評価される存在になるという価値の観点から見て、人格の意味を社会的概念と結び付ける解釈の仕方も出てくる。人格の構成要素には歴史的・社会的に与えられた役割が無視できないからである。このことは、人格的存在が社会的存在であることの意味でもあるし、アリストテレスの人間理解の「ポリス的存在」として、それが同時に「社会的存在」をも意味するように、人格の成立条件には社会的性格が含まれていなければならないのである。教育における実践課題のひとつに、子どもたちの社会化への援助があることからもわかるとおり、人格の形成と社会化は不可分の関係にある。もちろん、社会的存在としてのあり方を考えれば、そこには他者との関係が前提になる道徳的人格という理解の仕方も出てくるだろう。自己存在の位置づけをめぐって、人格とアイデンティティの関係が問題として出てくることになる。

　その他にも、「世界人権宣言（1948）の第26条「教育の権利」の「2」にあるように、「教育は人格の完成並びに人権及び基本的自由の尊重の強化を目的としなければならない。」と言われている。だが、この内容に普遍的意義を認めたとしても、国や文化の違いによっても人格概念が異なって捉えられてきた歴史があるとしたら、一概に「人格の完成」の意味を固定することには困難が伴うであろう。教育基本法の策定過程を振り返ってみると、多様な人格概念の捉え方に苦労した様子が伝わってくる。

3-3 「人格の完成」誕生への問い方

　1946年当初、教育基本法要綱案を作成する際に、文部省がアメリカに提示した「人格の完成」に相当する英訳は次に示すとおりであり、言葉ひとつをとってみても、日米でのニュアンスの違いがわかる。[20]

　　The consummation of Personality (9/22)

　　　→　the cultivation of human nature (11/29)

　　　→　building up well-round Personality (1/30)

　　　→　the full development of Personality （現行）

とさまざまであるが、はたしてこの意味は正しく伝わったのであろうか。アメリカ側の訳も複数で、

　　the development of character,　the full realization of the individual Personality, the full realization of human Personality

という具合であった。

　そうした教育基本法制定・公布に至るまでに、教育の目的に関する内容の決定には多くの苦心が見られる。基本法の成立までに至る一連の変遷を鳥瞰すると、前文との関係に注目するならば、キーワードとして「人格の完成、人間性の開発、個人の尊厳・価値」といった文言の用い方に苦慮していることが伝わってくる。その内容は大きく分けて次の表に示しているとおりである。

日付	S.21.9.11	S.21.11.8	S.21.11.29	S.22.12.29	S.22.1.15
前文	なし	人格の完成	人格の完成	なし	
		人間性の尊重	人間性の尊重		人間性の尊重
目的	人格の完成	なし	人間性の開発	人間性の開発	人間性の開発
			個人の尊厳	個人の尊厳	個人の尊厳
日付	S.22.1.30	S.22.2.12	S.22.2.28	S.22.3.4	S.22.3.8
前文	個人の尊厳	個人の尊厳	個人の尊厳	個人の尊厳	個人の尊厳
目的	人格の完成	人格の完成	人格の完成	人格の完成	人格の完成

目的	個人の価値と尊厳	個人の価値と尊厳	個人の価値と尊厳	個人の価値	個人の価値

教育の目的に関する「教育基本法要綱案」の変遷内容概略

　この表からもわかるように、

　　１．人格の完成はほぼ一貫して表明されている。(「めざす」ものとして動的
　　　　活動の対象)

　　２．人間性の尊重・開発が前期の法案で検討されている。(開発・実現とい
　　　　う動詞的内容)

　　３．個人の尊厳・価値がほぼ一貫して唱えられている。(理念として「尊ぶ」
　　　　べき対象)

　このことから、「人格の完成」と「個人の尊厳・価値」が教育の目的として目
指すべき大きな２本の柱になっていると知られる。つまり、「人格の完成」は
「個人の尊厳・価値」の承認を前提に成立する概念であるから、まず生徒一人
ひとりの「かけがえのなさ」を根拠にして可能になるとの理解である。この点
では人間の本質理解を基盤に据えて、個性の承認問題もからんでくることにな
る。換言すれば、「人格の完成」は「その人らしさ」という個性の伸長とも密接
に関連していて、「人間の尊厳・価値」を根底におく教育目的を意味すると言
えよう。ところが、現実の教育現場で人間の尊厳についての理解はどこまでな
されているのかが不明であるから、これもまた「人格の完成」についての受け
止め方にずれを生じさせているだろう。

　ところで、「人格の完成」は教育基本法での教育目的の最高規定であるから、
それ以外の目的には支配されないことになる。その意味では、教育の普遍妥当
的な目的とも考えられ、絶対性・超越性を内包していることになろう。同時に、
堀尾輝久氏が言うように、「『人格の完成』はすべての教育に内有する自己完結
的な目的をいったもの」でもあることは否定できない。それゆえ、人格の形成
は一人ひとりに課された個人的次元で遂行されるものでありながら、これに
「完成」という次元の目的が指示されることになると、個人的側面とそれを超
えた普遍的側面との同時的形成が課題となってくる。もっとも、堀尾氏は「人

格の完成」が個人主義的概念でありながら、その後に続く「平和的な国家及び社会の形成者として」という文言に結び付けて、次のように言う。

「単に個人主義的『教育の目的』ではなく、教育が国家的目的・国家的課題を荷って行なわれるべきこと」と捉えて、「教育の目的」は「教育が国家主義的であるべきことを標榜していよう」[21]　と。

その一方で、教育自体は歴史的変遷の中で発展と変化を繰り返してきた営みでもあり、「完成」は常にその実現をめざす課題であり続け、努力し続けるものである。言い換えれば、完成はあり得ないからこそその要請として掲げられた、究極的な教育目的ということになろう。だから「教育は完全に対する努力の一種」と田中耕太郎は言ったのではないか。[22]　この点については、教育基本法の成立過程の記録を取り上げることができる。

すでに教育基本法要綱案を審議する経緯の中で、第一特別委員会第4回会合（1946.10/4）では務台理作委員は次のように発言している。

「人格というような言葉はよい言葉だけれども、また漠然としているところもあるように思います。ことに完成ということが事実、教育で期待できるものではないと思います。……人格の完成ということですが、そういう倫理的な言葉を使わないで、やはり個人ということが大事だと思います。個人の尊厳とか、価値、そういうようなものを自覚するようなこと、……」[23]　と。

続いて第5回会合（10/11）でも務台は「人格の完成ということ、人格という言葉自体がいろいろな連想を含んでいますし、それから完成ということをいったい教育で真先に掲げて、完成ということができるかどうか。完成でなく、完成を目指して努力するというような意味を積極的に表わすべきではないか」[24]と発言している。

このような委員会の論議を受けて、教育の目的として「人格の完成」に代わって「人間性の完成」「人間性の開発」などの文言が定着しかかったと言われているが、しかし田中耕太郎は文部省内で教育の目的は「人格の完成」であるという信念を譲らなかったから、法制局の指摘に基づく修正を経て、委員会の敗北という結果に終わったのである。

3-4　人格の教育的価値への問い方

　教育の中心的問題として考えた時の人格の価値は、それが人間の成長・発達にとってどのような位置を占めるものかが問われる。だが、その場合、現行の学習指導要領には「人格の完成」という文言は見当たらないし、「生きる力」の育成が声高く唱えられていることからも、教育の目的として「人格の完成」が規定されている以上、現場の教師の困惑が見えるようである。たとえば、教育課程は次の二重の意味での人格に関する理解により鼓舞されるはずである。

　　〈1〉教師自身の模範的な人格の作用によって、

　　〈2〉成長していく子どもたちにとっての目標点としての人格、

　というダイナミックな人格概念として捉えられ、そのいずれもが大きな努力を欠かせないことは明白である。たしかに、現行の教育基本法の第3条「生涯学習の理念」には、「国民一人ひとりが、自己の人格を磨き……」とあり、第11条「幼児期の教育」には、「生涯教育にわたる人格形成」という表現があって、人格形成は人間にとっての生涯に及ぶ目標として位置づけられていることになる。学校教育の役割もそのプロセスに位置することは明らかであるから、教師は自らの人格形成と共に生徒の人生そのものに関わる中で、生徒個々人の尊厳を意識せざるを得ないのである。

　そうだとしたら、人格の形成とは、

　　〈1〉成長することにとっての酵素的役割をするものであると考えられるし、人間性を豊かにすることと同じ意味をもつものと言える。

　　〈2〉実証的・功利的精神に影響された近代以降の教育思想では、人格概念は人間尊重の精神を合理的に解釈するために利用する飾りものになっていないだろうか。

　特に、〈2〉の傾向が見られる現代は、豊かさの意味の変化、幸福の質の変化が顕著であり、いまや人格の形成よりも出世や社会的成功が重視されているのではないか。そしてこのことを可能にするのが知育中心の教育であり、学校はまさに知力に奉仕する場所となっている。だから、教育基本法の第2条「教育の目標」で、教育の目的（人格の完成）を実現するために掲げた5項目の「1」

は、「幅広い知識と教養を身に付け」で始まっているのではないのか。

　こうして、人間の尊厳を語る時の便法に合理的解釈が入り込むと、本来は客観化しがたい非合理的な性質を本質的要素とするはずの人間の心情や精神の世界が、それらの価値についても可視的な尺度によって説明されがちとなる。そこでは、古典的な人格概念の解体がなされてしまい、カント的に目的として尊重されるべき人格も、実証的・経験的に説明するのが可能な知の力で自由に手段化されてしまうことも生起するだろう。とりわけ、新自由主義の支配する現代の格差社会、競争社会にあっては、教育基本法で人間形成の規範的目的とみなされてきた人格概念は根底から揺さぶられていると言えないだろうか。特に、教育活動を方向づける教育課程編成の基準が知識に置かれるのか、それとも人間にあるのかで困惑する教育現場は、非常に多いはずである。むしろ現代の教育は、教師も生徒も共に、知識と人格が分裂していることに眼をつぶるよう仕組まれているのではないだろうか。いわゆる、学校は各人が勝ち組になるために他者の人格を手段化する社会の縮図となっていて、教育目的である「人格の完成をめざし……」とは隔たりのある教育実践を行っているのではないか。

　では一体、「人格の完成」とはどういう状態のことを言うのか。また、個々人の資質・能力の違いを考慮すべき教育の課題として理解する時の「人格の完成」から見えてくるものは何かが問われることになる。

　教育の観点から、子どもは成長途上の人格の保有者であるとの理解を前提にするならば、そこには「人格の向上」をめざす人間の意志が存在すると考えてよいだろう。これは子どもの側から教育の意味を捉え返すときに出てくる理解の仕方であると言ってよく、個々の子どもが自分らしく生きようとしていることを支援する教育が自覚すべき課題を表している。それと同時に、すべての子どもの個性に対応した自己形成の目標像があるはずで、そうした個々人が抱いている目標像に結びつく人格形成が可能になるような教育支援が要請されていることでもある。ここに教育目的としての「人格の完成」のための教育作用それ自体の究極的形態があると言ってもよいだろう。それは、人間本性に内在している自然的諸力を生涯にわたって育てていく行為である学びの姿勢をと

おして、各人が固有の人格形成へと駆り立てる力を直接・間接に彼らの意識と精神に与える教育に他ならない。

　こうして、教育の課題として捉える人格の意味は、オルポートが「パースン（Person　人、人柄、個性）」の概念から作った言葉「パーソナリティ（Personality 個性、性格、人格）」でもあれば、新渡戸稲造氏が「孟子がたびたび言った『人は人たり　われはわれたり』の意味を持つその人格」と言う時の「その人らしさ」でもある。[25]　われわれにとっては、後者の方がむしろわかりやすい。つまり、Person に状態を表わす接尾語をつけた Personality よりも、「人格」をある存在の状態性を含めた「人となり」と捉えたほうが適していると言えよう。

　以上のような観点から見ると、現代の教育実践では、教育基本法制定時の趣旨とはずれてしまい、人格概念を児童・生徒たちが「人となり」を、つまり自分らしく生きることから疎外されているとわかる。要するに、人格の完成とは異質の目的に従属させられていないだろうか。今日「生きる力」——基礎的・基本的な知識・技能、知識・技能を活用して課題を解決するために必要な思考力・判断力・表現力等、学習意欲、として定義されるもの——としての内容が強調されていることを見ても、学習指導要領に「人格」が出てこないのは当然のことである。このことを教育の目的（理念）と方法（実践）の区別であるなどと弁解してはならないであろう。

3-5　人格形成の基盤への問い方

　いじめ・不登校・差別・傷害や暴力 etc.人間の尊厳、自由の侵害、つまり人間が人間としての価値をもっていることの根拠となる人格が軽視されている教育現実があり、それは教育を受ける公正な権利が侵害されていることにも現れている。教育の場から人間尊重の精神が軽視されると、教育の目的である人格の形成が名ばかりのものに転落することになる。「人格の完成」という教育基本法に記された教育目的を受け止めた教育課程であるならば、「ある人格」（現存する人格）→「なる人格」（生成する人格）→「あるべき人格」（当為目標と

しての人格）といった、完成へと向かう人格の形成過程を考慮することが必要となる。つまり、人格を生の発展的な形成過程の中で理解することによって、個々人の成長・発達を支援する教育作用と密接に関係していることも明らかとなる。そこには個人の価値を尊ぶ意識を育成することをとおして、一人ひとりの人格が確かな承認を得る手がかりも見えてくる。

その場合に、私の人格、あなたの人格、彼の人格、というように、〝人格〟は自己と他者にとって共通のこととして考えられる、人間であることの「主体的な存在基盤」とみなすことができ、そうした主体的な存在者同士が関係しあい、協働しあい、共生しあうことによって成立する「人格共同態」も可能になる。このような立場を唱える代表者に和辻哲郎がいる。**26** さらに、この立場を継承して、「他者関係の中で内なる自らのあり様を把握していく経過が人格形成」**27** という理解の仕方が可能になるのであり、他者から見られている自分に気づくことによって、自己の人格に触れるという意識の働きが重要となる。そうした意識の覚醒もまた、教育活動の中で促していくような働きかけがあって然るべきであろう。

このような関係論的な視点から人格を理解することによって、教育に固有の作用である成長・発達への支援を考えると、教師と生徒の教育関係に支えられた人格形成のあり方を問うことができるだろう。それは、教師が生徒に対して、彼の人格が向上し続けられるように働きかけることは可能なのか、それは非現実的ではないのか、という疑問として生じてくる。そして例の人格の「完成」に込められた「あるべき」人格形成を教師が担うことは、「あるべき」の実体が指示されない限り、挫折を余儀なくされる教育的作用の限界として見えてこないか、という疑問をもたらすことも否定しがたいだろう。つまり、教育基本法で言われる教育目的の内実は、未完成に終わることを認識した上で、「それでもなお」完成を志向し意欲する人格形成のための活動として位置づけられていると言えるのである。「人格の完成を**めざし**」と努力目標にされている理由であろう。

ちなみに、「児童の権利に関する条約（1989年国連採択）」の第29条「教育の

目的」の「1（a）」では、「児童の人格、才能及び精神的及び身体的な能力をその可能な最大限度まで発展させること。」とあり、日本は1994年にこの条約を批准している。ここでは「完成」と言わずに「最大限度」と表現されているように、可能性の範囲を強調していることがわかるだろう。

　また、「完成」と言われるその内実を、個々の生徒に対して一義的に確定することには限界があるし、その未確定性ゆえに、かえって人格形成のための教育は奥深く崇高な行為とみなす肯定的な理解をする方が適切なのかも知れない。一方、人格形成は「未完成」であるからこそ、可視的な現実的要求に応じた人間形成に向かう教育が必要という、人格の「完成」に対しては否定的な立場もある。現代はまさに後者の立場に支配されていることもあり、教育目的が不透明であると言わざるを得ないのである。

　以上の他にも、価値観の多様化がもたらした人格概念の意味変化やグローバル化に伴う異質な文化の下で成長する他者の理解に関わる人格の捉え方、さらに生命科学の進歩による「いのちの尊厳」と人格の関係性の問題等々、教育目的としての人格の完成を問いにかけると、その課題領域は哲学と宗教を巻き込んで、さらに広がっていかざるを得ないことになる。再び、教育基本法の成立理念に立ち戻って、教育の意味と本質を理解しようとすれば、教育目的としての「人格の完成」について議論することが避けられないのである。

【参考文献】

1．アリストテレス『ニコマコス倫理学』高田三郎訳、岩波文庫、1971、第1巻。

2．カント『教育学』清水清訳、玉川大学出版部、1959、331頁。

3．ルソー『エミール』今野一雄訳、岩波文庫、1969、24頁。

4．ゲーテ『ヴィルヘルム・マイスターの遍歴時代』山﨑章甫訳、岩波文庫、2002。

5．増渕幸男『グローバル化時代の教育の選択―高等教育改革のゆくえ』上智大学出版、2011、189頁。

6．中島道義『差別感情の哲学』講談社、2009。

7．カント『たんなる理性の限界内の宗教』全集10、北岡武司訳、岩波書店、2000。

8．増渕幸男『ナチズムと教育―ナチス教育政策の原風景』東信堂、2004。

9．カント『実践理性批判』波多野精一・宮本和吉・篠田英雄訳、岩波文庫、1979。

10．今道友信『美について』講談社現代新書、1973。

11．和辻哲郎『人間の学としての倫理学』岩波文庫、2007。

12．M.ブーバー『我と汝・対話』田口義弘訳、みすず書房、2014。

13．フーコー『監獄の誕生〈新装版〉―監視と処罰―』田村俶訳、新潮社、2020。

14．アリエス『＜子供＞の誕生』杉山光信・杉山恵美子訳、みすず書房、1980。

15．ヘルバルト『一般教育学』三枝孝弘訳、明治図書、1960。

16．ヤスパース『哲学入門』林田新二訳、リベルタス出版、2020。

17．カント『道徳形而上学原論』篠田英雄訳、岩波文庫、1976。

18．夏目漱石「ケーベル先生」『漱石全集第8巻小品集』所収　岩波書店　1966。

19．オルポート『人間の形成：人格心理学のための基礎的考察』豊沢登訳、理想社、1959。

20．杉原誠四郎『教育基本法の成立　「人格の完成」をめぐって』日本評論社　1983、127-130頁。

21．堀尾輝久『いま教育基本法を読む』岩波書店　2002、95頁。

22．田中耕太郎『教育基本法の理論』有斐閣　1961、79頁。

23．杉原誠四郎上掲書、98,99頁。

24．同書、100頁。

25．新渡戸稲造『西洋の事情と思想』講談社　1984、114頁。

26．和辻哲郎『人格と人類性』全集第9巻所収　岩波書店　1962。

27．坂部　恵「仮面と人格」『仮面の解釈学』所収　東京大学出版会　1976。

1．知の成立根拠への問い方

　現代は知識基盤社会とも言われ、情報のいち早い入手と対応の仕方が、現在および近未来に生起してくる諸困難に対処できる力を持つことになると考えられている。一方では、地球的規模での経済競争に乗り遅れないための技術革新を推進することにより、安定した持続可能な社会を築く方策としてイノベーションが叫ばれている。さらに、超スマート社会（賢い社会）を目指して、ソサエティ5.0と称する社会形態の構築、つまりAIやICTが主役を演じて人間の不完全な能力をカバーする時代の到来に期待する主張が強くなっている。

　脱化石燃料社会の実現を目指して、再生エネルギー開発事業や自動運転自動車の普及に国家の成長戦略が取りざたされる反面、物質的豊かさの裏側で犠牲になっていく精神的・人間的な貧しさへの視座は看過されていないのだろうか。このことこそを教育において考えるべき最重要課題として認識するためにも、学びの意味と目的をどのような尺度によって推し量ればよいのだろうか。そうした教育の課題に対する問い方を考えてみよう。

1−1　教科教育の知的構造への問い

　学習指導要領には、児童・生徒がさまざまな教科を学ぶ際に出てくる学習内容や学ぶことそのものに対する素朴な疑問、つまり「なぜ、この教科を学ぶのか？」という疑問に応えようとする説明が、すべての教科の「1．目標」で示されている。当然と言えばそれまでであるが、この疑問は当該する教科を学ぶ必要性、その教科が存在する価値や意義についての問いである。さらに言えば、この問いは、その教科を学ばなければならない正当な目的についての説明を求めていると言ってもよいだろう。しかも、人格の完成という教育の普遍的目的

に照らして、人間の成長・発達の基本的要因である「知 (識)・(感) 情・意 (志)」が調和的に発達するように援助することだとすれば、すべての教科がこうした目的にどのように関わっているのかが明確でなければならないだろう。

　ここで注意しておきたいことの一つが、「なぜ、……なのか?」という問いに対する答えの仕方として、「なぜならば、……だから」という応答の仕方、あるいは「それは……のために」という理由づけの仕方、さらに西田幾多郎氏の『善の研究』に見られる文章の終わり方として、「それは……でなければならない」と言うように、説明に対する断定的言説を示す仕方によって答えているかどうかが問題となるであろう。たとえば、国語の書写の学びには、「姿勢を正しく」とか「筆順を正しく」、「丁寧に」書くという学び方が言われている。しかし、「なぜ、そうしなければならないのか?」という素朴な問いに対する説明、つまりそのような学び方をする必然性についての説明、書写の目的、つまり学びの理由は示されていない。

　さて、その一方で、目的に拘束されない行動の仕方を尊重する人がいることも否定できない。「型にはまった見方・考え方・学び方そして生き方」は、自由な発想を抑止し、可能性を狭めてしまうと言うのである。たとえば、文字とくに漢字の正しい書き順序について問われると、迷うことが多いだけでなく、「書き順序など気にすることはない。要するに書ければいいのだ!」と言う人たちがそうである。

　しかし、日頃からあまり意識していないことだが、毛筆で、しかも草書体で書くとなると、その書き順序が不正確であるとスムーズに書けないことに気づかされる。線の太さもハネも、力の入れ方・抜き方にしても、毛筆では決まっているはずだから、いわゆる「型にはまった書き方」が正統となる。上手と下手ということもあるが、また毛筆を使用する機会も少ないことから、この「型にはまった書き方」に対してはある種の距離感をもつことが多いし、書道に対して主体的な関わりをもつことも敬遠しがちとなる。書道展に行けば、文字とは判断できずに、絵や記号にも近い芸術作品に出会うこともある。作者が表現に込めた目的が伝わらないとしたら、その原因は見る側に要求されていること

と受け止めがちであるので、教養のなさを指摘されている気持ちにもなる。そうすると書道への関心は薄れていくことになる。

　たとえば、毛筆に関しても言えることは、我が国では冬休みの課題として新年の書初めが強制されていることは周知の通りである。複数枚書写した中から、いわゆる「出来栄えのよいもの、上手く書けているもの」を選んで、登校時に持参し提出することになっている。この場合に、選定の基準となるのが「手本（見本）」である。ところが、書道の歴史的伝統や文化的意味を考慮することがあれば、選定の基準は違ってくるのではないか。もちろん、書聖の王羲之や三筆の空海の書体を基準にしようということではない。だからと言って、基礎・基本がしっかりしていなければ、芸術としての書道に近づくことはできないとの指導を看過するわけにもいかないのである。ここで注意しておくべきことは、学年が上になるほど、課題の文字が複雑になることである。つまり、芸術としての書道が知性の発達と無関係ではない証拠である。

　そこで、観る側、学ぶ側に作品の内容、学びの内容を知的にも説明する側の人間が必要となる。その時にはじめて、作者が表現しようとした目的、手本に書かれている内容を書写する意味と目的が、知られるようになるのではないか。知人のところで見たことのある、日本の代表的な哲学者であった西田幾多郎の毛筆書（?）に、「○」の書かれた円相図というのがある。白隠禅師のものが有名であるが、それは禅における書画の一つとして、悟りや宇宙全体を象徴的に表現したもの、あるいは、円の性質から角張ったところがない囚われない心を意味するとも言われる。しかし、西田のこの書（?）が表していることの意味、作者が意図した目的とは何であるかを正しく理解するためには、作者自身の説明を聞かなければわからないだろう。それと同じように、学校教育での教科の学びは、教師の説明が何よりも学びの目的を可視的にしてくれるものでなければならないのである。

　この「説明（explanation、Erklärung）」という言葉に込められている意味は、物事の根拠・理由を解き明かすことであり、まさに「なぜ、……なのか?」という哲学的問いに対して答えることに他ならない。と言うことは、教育におい

て教師は哲学的思考を余儀なくされているのである。生徒たちの素朴な疑問に対して説明する義務があり、説明責任から逃れようとすることは許されない。そのうち忘れてしまうだろうと軽視してもよいとみなす、一時の単なる知的好奇心で済まされることではないのである。「なぜ、……なのか?」と発する子どもの存在を認め、真摯に向き合うことである。

　アリストテレスが『形而上学』の冒頭で「すべての人間は、生まれつき、知ることを欲する」[1]　という言葉から始めているように、人間はその幼少時から本能的に知ることを欲する存在であり、その具体的行為こそ「なぜ、……なのか?」と問うことである。この問いは自己存在の確認行為として発せられることであり、だれもが体験してきたことであろう。大人は子どものそうした素朴な問いに答えることができずに、逃げてしまうことも少なくない。それはまさに事柄の本質に迫ろうとする「知を愛する (philo (愛) － sophia (知))」哲学的問いに属するからである。だから、発達段階に応じて人間が「知ることを欲する」という事象を引き受け、愛－知の芽を育てるのが教育なのである。しかも現代は、そこで芽生えた「知を愛する」欲求を生涯にわたって保証しようとする生涯学習社会である。そうした社会を実現するための端緒こそ、学校教育での学びにあると言える。だから初等教育での学びはその段階で終わるものではなく、生涯を先取りした学びとして、知を愛することのダイナミズムを表していると言わねばならない。

1-2　教育課程編成への問い方

　上記した書写の学びで指示されていることは、取り組み方、技法、心構えといった、いわゆる実践知に関係している。この実践知が一定の役割をもつことに――意識的であれ、無意識的であれ――同意するようになると、次の機会や後々の実践に活かされることとなり、それが経験知として効果を発揮する。この一連の過程が「身に付く」とか「習得する」という作用を生み出し、学習成果として評価されることになる。しかし同時に、実践知も経験知もまだ、その

実践や経験の真偽を測る尺度をもたないならば、行為の本質を言い当てている知ではないから、そこに実践や経験にそれらの目的の妥当性・価値を付与する根拠を示す哲学的知が導きの糸として求められる必要がある。

　もちろん、学習指導要領は教師の教授活動を方向づけるために教科の目標と内容を指示しているものであるし、児童・生徒が学習する時に、上記の書写の例で言えば、筆具の持ち方・使い方・文字の形などについて具体的に指導することになる。その時に、児童・生徒が抱く「なぜ、そうしなければならないのか？」という疑問についても、「なぜならば、……だから」と説明することによって、姿勢も筆順も正しく、しかも丁寧に書くことの必要性を伝えていくこと、そうすることで児童・生徒が納得できる根拠を示すことになるのである。そこには感性に関わる美の意味、力の入れ方や手の働きに関わる身体の機能、文字バランスの取り方に関わる図形の数学的な認知能力、書く文字の意味を理解することに関わる言語知識の役割等々、についての説明が不可欠となる。いわば書写ひとつの学習活動においても、諸学の統合的視点を取り込むための体系的知へのまなざし、つまり哲学的思考が基本になければならないのである。

　この例は、「なぜ、勉強しなければならないのか？」という問いに対しても、その問いが子どもたちにとっては軽視できないものだと教師に認識させるきっかけを与えているはずである。それは教育の目的としての「人格の完成」の意味を問い質す中で、人間存在のあり方を問う哲学的思考が欠かせないことを意識する契機となる。

　さらに、教育課程で定められている各教科の授業時間数に関する素朴な問いも取り上げざるを得ない。たとえば、学校教育法第51条には、小学校6年間の授業時数を次のように定めている。

区分		1学年	2学年	3学年	4学年	5学年	6学年
各教科の授業時数	国語	306	315	245	245	175	175
	社会			70	90	100	105
	算数	136	175	175	175	175	175
	理科			90	105	105	105
	生活	102	105				
	音楽	68	70	60	60	50	50
	図画工作	68	70	60	60	50	50
	家庭					60	55
	体育	102	105	105	105	90	90
道徳の授業時数		34	35	35	35	35	35
外国語活動の授業時数						35	35
総合的な学習の時間の授業時数				70	70	70	70
特別活動の授業時数		34	35	35	35	35	35
総授業時数		850	910	945	980	980	980

　各教科毎の総授業数は、国語：1461、社会：365、算数：1011、理科：405、生活：207、音楽：238、図画工作：238、家庭：115、体育：597、外国語：140、道徳：209、外国語活動：70、総合的学習：280、特別活動：209、である。また、教科によっては学年で授業のない空白欄も目に付く。社会と理科と総合的学習は第1、2学年にはなく、その逆に生活は第1、2学年のみにあり、家庭と外国語は第5、6学年にあり、外国語活動は第3、4学年にある。こうした時間数と学習学年が教科によって異なる理由についての素朴な疑問が生じてくる。もっとも、現在（2021年）小・中学校の各教科の授業時間配分に関して審議されている問題として、文科相が認める特例校では最低限の授業時間の1割を別の教科に振り分けてもよいとの方向で検討が進められている。その場合に、生活、家庭、体育、道徳、総合的な学習、特別活動については対象外となっ

ている。中学や高校の入試を目的とするものではないとの説明もあるが、結果としてそのことに結び付く内容になることは否めないだろう。特例校との間に教育格差が生じないと言えるのだろうか。

　また、教科「生活」が生まれてきた経緯についても、それが昭和42年の教育課程審議会答申で、低学年の社会と理科が説明中心の学習になっていることへの指摘がなされ、経験と自主性を重視する体験型学習の大切さが唱えられたことに端緒がある。とは言え、社会と理科を統合した科目として「生活」が設けられたという経緯についての具体的な説明がなされているのだろうか。教科「生活」の目標として、「具体的な活動や体験を通して、自分と身近な人々、**社会及び自然とのかかわり**に関心をもち、自分自身や自分の生活について考えさせるとともに、その過程において生活上必要な習慣や技能を身に付けさせ、自律への基礎を養う。」（強調は筆者）とある。このような内容の学習が従来の社会と理科では不可能であるとの根拠は何なのであろうか。従来の社会や理科では家庭・学校・自然・地域社会・身近な人々との関係を体験的に学ぶことには無理があり、「生活上必要な習慣や技能を身に付けさせ」ることができないという理由はどこにあるのか、また、そうした目標を可能にする社会や理科の教育を工夫することはできないのだろうか。これも素朴な問いに属する。

　さらに、「なぜ、学ぶ教科が学年によって時間数と学習時期に区別があるのか？」という素朴な問いもある。もちろん、歴史的変遷を見ると、各教科の必要度という面での解釈の違いはあったであろうし、教育内容を左右する時代的要請や期待度に変化があったことは事実である。知的・身体的・精神的な発達段階の違いを指摘するとしても、それぞれの発達段階に応じた学習内容と方法を考えればよいだけのことになる。

　教科によっては学ぶ意欲を持たない子どもがいる。また、教師が授業に工夫をこらし、わかりやすく授業展開を計画して臨んでも、そうした努力が徒労に終わることは稀ではない。もちろん、教科によって子どもたちの学習への姿勢が異なることも事実であり、学習指導要領が唱える「生きる力」が伝わる教科がないわけではないだろう。いわゆる、子どもたちの学びへの眼の輝きを読み

取れる時も少なくないはずである。

　たとえば、「なぜ、勉強よりもスポーツが楽しいと感じる子どもがいるのか?」「知的活動よりも身体活動が優先してしまう理由は何だろうか?」もちろん、興味・関心のある・なしに大きく左右されることは疑いない。この興味と言えば、「興奮を誘う味」。関心と言えば、「関わる心」と書いているから、感性と心情に関係していると言えるだろう。また興味・関心の英語interestを思い起こせば、面白い意味があり、それは感覚的な次元の問題になろう。つまり、勉強に親しみを覚えない子どもは、感性的・心情的な次元で受け止めている傾向が強いと考えられる。だとすれば、学びに興味・関心を持たせる工夫が必要となり、それの構造的内容についてヘルバルトの「興味の多面性」に関する理論を参考にすることもできそうである。[2]

　「なぜ、同じ事を教えても理解度が異なるのか?」そうした学習の理解について言えば、学んだことを積み重ねていくことによって、次の学びへの理解の窓口は広がる。特に学校での知識の習得を確かなものにするには、日々の連続的学びが知識の定着を促すことによって可能になる。学習指導案の作成法則を見れば、前時の復習を意味する既習内容の定着確認から始まって、それの発展的学習がなされ、新たな学習内容が提示・教授・解説され、最後に学習の確認があり、次回への導入手順が示されるようになっている。そのことが学期を通じて展開され、さらに学年を通じて、学校段階を通じて、継続性をもって組み立てられている。だから、そうした継続的段階のどこかで理解の糸が切れてしまうと、次の段階への学習意欲は途切れてしまうのが常である。やる気のなさはそこから生まれる。つまり、知識の有無、理解度の有無が、学びに対する動機づけにとって決定的に重要である。

　では一体、「なぜ、子どもによって学習内容の理解度に違いが出てくるのか?」。よく言われるように、1を聞いて10を知る子どもがいることは否定できない。その反対に、10を聞いて1を知るのに苦労する子どもがいる。つまり、理解するのが不得手な子と得手な子には、どのような差があるだろうか?知ろうとする分野によって対応の仕方は異なるけれども、わかるようになりた

いと意欲する子どもがいる一方で、別にわかるようになることには何の関心も
もたない子どもがいることも事実である。一般的には、わからないことがある
と不安になると思いがちだが、わからなくても動じない子どもがいる。これら
の差異を性格の違いや個性とみなして、片付けてよいのだろうか。たとえば、
わからないことがあると先生に聞く、自分で調べるといった何らかの行動をと
る子どもがいる。それはなぜなのか？　探究心や知的好奇心が旺盛であると済
ませるわけにはいかない問いである。そうした内発的行為が起こる理由がさら
に問われることになるからである。

　一般的に「他人からの助言を素直に聞くことができる子供は伸びやすい子の
特徴」と言われる場合、「なぜ、その子は助言を素直に聞くことができるのか？」
という次の問いが生じてくる。そのことの理由がわからなければ、助言するこ
と自体が空しい行為となる。いわゆる諺にもあるように、「聞くは一時の恥、
聞かざるは一生の恥」と考えれば、ベネディクトが『菊と刀』で分析した日本
人の精神構造の特徴としての「罪よりも恥を忌避する」文化が支配的だからだ
ろうか。[3]　そうではない子どもの場合、たいていは「どうでもいい」とか「ど
うせ自分はできない」とか、「よけいなお世話だ」というような意識が支配的
であるから、さらにそのように考える理由を理解しなければならないだろう。

　また、「素直に」という時の素直さとはどういうことか。「言われるままを受
け入れること」なのかどうか。しかもその「素直さ」がある子どもと、そうで
はない子どもは、何がそうさせるのかも重要になる。助言の仕方が問題として
取り上げられそうだが、助言そのものを不要と考えている子どもに対して、ど
のような対応が必要となるのかを考える必要があろう。悪いことだとわかって
いて悪事を行う人に対して、「悪事を行うことは悪いことだ」と諭しても説得
力がないことをどのように受け止めるかと同じである。学習指導要領では「主
体的・対話的で深い学び」が言われるけれども、主体的と素直さ、助言と対話
的、深い学びと学ぶ意思の欠如、といった関係についても問わなければならな
いだろう。

　ここで「学習意欲」あるいは「学習態度」といったカテゴリーが指摘される

ことがあることに注意してみると、意欲や態度にも個人差があることに気づく。集中力のある子どももいれば、散漫な子どももいる。その原因は何であろうか。かつて校内暴力が蔓延した時に、学習環境の選択として私立の中高一貫校に進学させる傾向が生じた。その理由として考えられたのが、この学習意欲と学習態度を良好な環境の下で確保するということであった。だとしたら、意欲や態度は環境によって左右されるということなのだろうか。

　上述した例で、わからないことがあると先生に聞いたり、自分で調べたりする子どもがいると書いたが、「なぜ、調べる意欲は生じるのだろうか？」。それは知らないままにしておくことには我慢ができないと思う気持ちの問題なのだろうか。そうだとして、では「なぜ、そのような気持ちになるのだろうか？」という問いへと進むことになる。そうすると、アリストテレスのあの「人間は知ることを欲する存在」という人間の本質によるということになるのだろうか。

　その一方で、「なぜ、学習活動を嫌がる子どもがいるのか？」という問いは、依然として根強く教師の心に重くのしかかる課題である。とりわけ評価する段階で突きつけられる大きな問いでもある。ここには、子どもたちにとって客観的な理由を説明しがたい「学びの壁」が存在しているに違いない。その壁とは何であるのか。かつて佐藤学氏は「学びからの逃走」について語ったことがある。[4]　逃走であれば、そこには学びへの拒絶反応として、主体的な意思表示もしくは自己主張が存在するけれども、逃走したくても乗り越えられない壁が立ちはだかっていることもある。こうした教科に対する学びに付随する避けがたい壁について以下で考えてみよう。

　その場合に、例えば、教育課程編成においてもっとも授業時数の多い教科「国語」を取り上げてみて、教科の役割と児童・生徒が学ぶ際に突き当たる学びの壁について考えてみよう。

　要するに、「なぜ、国語は授業時数が多いのか？」その反対に「なぜ、音楽と図画工作の授業時間数は少ないのか？」という素朴な問いに対する答えは、学習を指導する際の指針となる指導要領の中に見出すことは難しいようである。そう言える一つの指標としては、PISA（国際学習到達度調査）で問われる読解力・

数学的リテラシー・科学的リテラシーに関する習熟度テストの結果から読み取ることができる。2018 年実施の調査では、全参加国の中で日本の成績順位は前回の 8 位から 15 位へと下がったことが話題となり、その中でも自分の考えを他者に伝えるコミュニケーション能力に問題があると指摘された。このことと国語の授業時間数との関係を考えると、ただ授業時間数を多くすれば教科の目標が達成できるとは限らないことがわかる。

　現在および将来に直面するであろう課題に対処できるコンピテンシー（汎用力）として、学習指導要領には「理解力・判断力・表現力」が言われていることとの整合性をどのように説明するのであろうか。これも授業時数の決め方に関する極めて素朴な問いである。

1-3　教科間の関係への問い方

　たとえば、国語においては「読む・書く・話す・聞く」という言語活動における基本的な要素はいつの時代にも必要とされたし、その理解の仕方に現在も変わりはない。国語の理解力が他のすべての教科を学習するための基本的能力であることは事実であるし、言語に関する学びが生活や他者とのコミュニケーション行為を支えるものであることも確かである。学習指導要領「解説」でも、学校教育法第 30 条 2 項に示されている学力の 3 要素である「基礎的な知識・技能」「思考力、判断力、表現力」「主体的に学習に取り組む態度」の習得を支えるのが言語能力にあると言われているとおりである。だが、そのことが、国語が他の教科よりも格段に多い授業数になるという説明はなされているのだろうか。

　学校教育法の「第二章　義務教育」には、「五　読書に親しませ、生活に必要な国語を正しく理解し、使用する基礎的な能力を養うこと」とある。また、学習指導要領「第 1 章　総則」の 2 の (1) には、「児童の発達の段階を考慮して、児童の言語活動など、学習の基盤をつくる活動を充実する」ともある。これらの規定を基本に据えて、教科「国語」の目標に掲げられている言語活動をとお

して育成すべき資質・能力の主な内容は、

　　1．日常生活に必要な国語を適切に使える能力

　　2．日常生活でのコミュニケーション力の育成

　　3．言語感覚を養い、国語力の向上を図る態度の育成

　ということである。はたして、これらの内容は生活世界の中で関わる人々との間で育まれていることでもあるので、こうした目標を掲げた国語が全学年をとおしてもっとも授業時数を多く定める理由になるのだろうか。これもまた素朴な問いになる。

　このことについて、文部科学大臣が文化審議会に諮問した「これからの時代に求められる国語力について」への答申（平成16年2月、文科省ホームページ参照）を見ておくとよいだろう。答申では複数回「現行の国語の時間数を大幅に増やすこと」が必要であると主張されている。その理由として言われているのが、「国語科教育の大きな目標の一つは、情緒力と論理的思考力の育成にある。」との指摘である。ただし、国語力の育成と情緒力の関係性については説明されていない。あえて取り上げれば、教科内容として「文学」によって情緒力を育成し、国語の運用能力としての「言語」による論理的思考力の育成が中心となる国語教育への要請である。もちろん、こうした説明では理解できないことが多いであろうから、次節で詳しく述べることにする。

　ところで、体育が国語・算数に次いで3番目に授業数が多いことに気づく。はたして、その理由が示されているのかどうかも気になる。ここでも「なぜ、体育の授業時間数は多いのか？」という素朴な問いが成り立つからである。

　学習指導要領の「総則　第1　2（3）」には、この点に関連すると思われる文言が示されている。「健康で安全な生活と豊かなスポーツライフの実現」や「生涯を通じて健康・安全で活力ある生活を送る」ためとある。それは「豊かな創造性を備え持続可能な社会の創り手となること」（同（3））が前提になっていて、その前提を具体化するための教育目標として言われている内容だからである。たしかに、生涯を通じて健康・安全な生活を実現すること、および社会の担い手となることは、アリストテレスが『政治学』で言うように、人間は

ポリス的動物（zoon politikon）として善を実現するために共同体を形成する存在であるし、プラトンが『国家』で具体的に説明している身体と魂の調和を達成するための体育が重要であることに密接に関連していることであろう。[5] こうした主張を考えてみても、体育が教育には不可欠な科目であり、人間存在の本質に属することだとわかるであろう。

　では、心身の健康を促進する体育以外の教科で、持続可能な社会の創造者・担い手となるためには、どのような教育目標が前提にされているのだろうか。

　社会科では「グローバル化する国際社会に主体的に生きる平和で民主的な国家及び社会の形成者に必要な公民としての資質・能力」の育成を、算数では「数学的に考える資質・能力」の育成を、理科では「自然の事物・現象についての問題を科学的に解決するために必要な資質・能力」を育成することが目標に掲げられている。そこで新たに問われることは、これらの目標の中で持続的社会の担い手に必要とされることは、社会科をとおして公民的資質の育成であるとわかる。また、持続可能な社会を目指す上で求められる理科教育の課題として、地球温暖化や自然環境破壊問題への対応、再生可能資源の開発等々、科学的イノベーションを推進するという世界的問題がある。

　こうした社会的問題を抱えている現実を背景にしながら、教育の目的である「人格の完成」に諸教科はどのように結び付いているのかが問われる。すなわち、各教科が存在する意味・理由について、社会的問題だけでなく、人間存在のあり方を問い質す哲学的説明が求められるのである。学習指導要領「総則1」では、はっきりと教育基本法の示すところに従うことが述べられ、「児童の人間として調和のとれた育成を目指し」と明記されているのであるから、すべての教科が人間教育の普遍的な目的、つまり「人格の完成」とどのような関係にあるかを理解しやすく示す必要があろう。

　以上のことを教育の具体的な実践課題という観点から捉えてみることも無駄ではない。そこで、授業時間数が一番多い教科「国語」を取り上げてみよう。

2．教科の壁への問い方

2-1　国語力とは何か

　教科「国語」の学習内容、つまり「話す・聞く・書く・読む」の４技能について、現実の教授―学習活動の状況を考えながら、学びの壁の実態に迫ってみよう。その場合に、まず最初に、例の文化審議会の答申を概観しておきたい。答申では母語としての国語という総合的観点から、個人・社会・社会変化（現状）のそれぞれに対する国語のあり方を述べているが、それらの内容を踏まえつつ学校教育での教科「国語」の学びに直接関係しているものを中心に取り上げていくことにする。

　答申では、望ましい国語力の水準について触れ、その水準を示すには、個人差が大きいこと、生涯を考慮して考える必要があること、習得すべき内容が抽象的になりがちなこと、といったような難しい問題があることを指摘する。これらの問題について、審議会では主として教科「国語」をとおして４技能を身に付けるための具体的な目標を示している。それゆえ、学校教育に求められるのは基礎的な国語力ということになる。

　答申の内容は極めて妥当なものであり、国語力を身に付けるためには不可欠な指摘である。すなわち、国語の役割として挙げられているのが、知的活動、感性・情緒、コミュニケーション能力、それぞれの基盤をなしているのが国語力であり、それらの習得によって自己形成が可能になるとの指摘である。それらの諸能力が育成されることによって、論理的思考力や教養（活字文化等）の涵養、美的感性や豊かな情緒、そして言葉による人間関係を形成するコミュニケーション能力、等々の基盤を形成すると言う。背景には情報化社会や国際化の進展、価値多様化社会での相互理解、などへの対応が必要になってきているとの理解がある。そうした対応能力について答申では、人間関係の観点からは「意思疎通」及び「運用能力」という表現が多用されていることに注意したい。

　また、この答申の表題にある「国語力」（文中には「国語の力」〔3頁〕ともある）

という時の「力」とは、どのような意味内容を指すのかが気になる。英語表記では verbal aptitude であり、その説明としては次のようである。

　　"Verbal Aptitude is the ability to use the written language and to understand concepts presented through words."（国語力とは書かれた言語を使用したり、単語によって表された概念を理解したりする能力である。）

　しかも、aptitude という表現は才能、能力・適性・素質といった意味を持っているから、知的側面と身体的側面の両方に関係しているとわかる。要するに、言葉を用いて自己を表現したり確認したりすると同時に、他者との人間関係を言葉をとおして構築していくために不可欠の能力、つまり言葉によって意思疎通を可能にするため、また言葉を適切に運用するための国語能力ということになる。いわゆる「生きる力」の核心的要因となるものである。

　さらに、こうした国語力を構成している能力として、

　　①　考える力―――論理的思考力
　　②　感じる力―――情緒力
　　③　想像する力――言外の想いを察する能力
　　④　表す力――――表現力、

の４つを挙げている。上記した情緒力の問題は「感じる力」のことだとわかる。もちろん、言葉や文章の美しさや伝えようとする情景などを感じ取るということなのだろう。これらは言語を介した情報の処理・操作に必要とされる国語力とみなされている。一方、これらの力が働く時の基盤となるものとして、知識の部分と教養・価値観・感性等の部分に分けて、とりわけ後者の部分が上記４つの基盤を成していると述べている。その上で、こうした両部分が基本的に読書によって形成されると主張する。（同、7-8頁）

　また、４つの力は具体的な言語活動としては、考える力が「聞く」に、感じる力が「話す」に、想像する力が「読む」に、表す力が「書く」といった４技能に対応する行為であり、日常生活においてはこれらの活動は状況に応じて組み合わされて使用されると述べている。

　以上のような文化審議会の答申を踏まえて、教科「国語」が直面している学びの壁について考えてみよう。

2-2　教科「国語」の壁への問い方

　教科「国語」の教育目的は、繰り返すまでもなく「話す・聞く・書く・読む」の4技能を身に付けることである。これら4技能は教科「国語」の内容として、学習指導要領の「総則　第1」に示された教育の基本及び教育課程の役割にある「思考力、判断力、表現力等」の育成に関するものであるが、周知のとおり、そうした内容は「生きる力」を育むための実践力として身に付けさせたいものである。それらはまた、「人格の完成」を目指す時の諸能力、資質の形成である。学習指導要領の「国語」（小・中）の「目標」を見ると、次のようになっている。〔（）内は中学校〕

　　言葉による見方・考え方を働かせ、言語活動を通して、国語で正確に理解し適切に表現する資質・能力を次のとおり育成することを目指す。
　　　（1）日常生活（社会生活）に必要な国語について、その特質を理解し適切に使うことができるようにする。
　　　（2）日常生活（社会生活）における人との関わりの中で伝え合う力を高め、思考力や想像力を養う。
　　　（3）言葉がもつよさ（価値）を認識するとともに、言語感覚を養い（豊かにし）、国語の大切さを自覚し（我が国の言語文化に関わり）、国語を尊重してその能力の向上を図る態度を養う。

　ここで注意したいことは、教科「国語」においては、「正確に・適切に・価値・大切さ・尊重して」といった表現にも示されているように、学習内容の質の面を重視しているということがわかるであろう。感性的な側面については、言語感覚という言葉はあるけれども、言語の理解と使用という問題が優先事項であり、そのことは知的学習によって身に付くことを指す立場表明でもある。抽象的表現になるが、「美しい」言葉とか「優しい」言葉の学びといったことに

は、ほとんど目を向けていないのではないだろうか。つまり、（3）に「言葉がもつよさ（価値）」という概念から予想される、美的価値や精神的価値の指摘が不在であるのは気になる。教育目的である「人格の完成」に結び付く教科の説明として、不十分であることは否めない。

　一般的に言えば、国語の4技能は日本語の豊かさを理解する、感得することと表裏を成している。これらの技能が実際に使用される際に、相手・場所・時間等々の状況によって表現に工夫が必要とされていることはよく知られていよう。それは「話す・聞く・読む・書く」という行為が関係している相手に対して、敬意、親しみ、儀礼などの気持ちに応じて表し方が異なってくることに見られる。たとえば、「話す」言語行為にしても、状況に対応させて、「言う・語る・述べる・伝える・告げる・説く」といった変化に富んだ表現の仕方が可能であることも確かである。

　もちろん、これらの4技能はそれぞれが固有の役割と意味を持っているだけでなく、それらが互いに複雑に組み合わさって効力のある働きを可能にしていることも事実である。たとえば、「話す」と「聞く」は対他関係を基本構造とする言語活動であり、それには必ず他者の存在が前提にあって成り立つ行為であるし、「読む」と「書く」は必ずしもそうした他者の存在を前提にしなくても成り立つ言語活動であると言えるだろう。そうかと言って、前者においては独語（モノローグ）もあれば、意識的に自分自身に語りかける行為もあり、デカルトの「我思う、故に我在り」のように、いわば自分を他者として客観視することで成り立つ言語活動もある。また、後者においても、自分の心の声に耳を傾けることもあれば、「上の空」と言われるような、他者の存在を意識しないで、ただ耳を通り抜けていくだけの行為もある。

　このことは、「読む」と「書く」という言語活動でも類似している現実があるとわかる。「読む」には他者に読み聞かせることもあれば、人数の対象に関係なく集団の中で指名に応じて読むこともある。「書く」には記録を残す、メッセージを伝える、手紙を書く等々、他者の存在を無視できない言語活動もある。その一方で、読書や教科書の黙読、新聞や雑誌を「読む」ことには他者の存在

は不要であるし、日記をつける、ノートする等の「書く」言語活動も他者は無関係である。

　このように、対他関係での言語活動をめぐっては、他者との間に意志の疎通が必要であり、それを可能にするのが論理性や明確さ、わかりやすさに支えられた表現力に他ならないだろう。少なくとも、国語力として位置づけられる理解と表現のあり方に、日本的表現の特徴とも言える「阿吽の呼吸」や「以心伝心」は含まれるのかどうかが問われる。換言すれば、non-verval communication（非言語コミュニケーション）は、国語力とは無関係なのかどうかである。

　さらに、国語力で問われる知的活動としての論理的思考力との関係で、4技能に共通する問題に文字や言葉で表現されたものを理解する前段階に、「解釈する」という行為が不可避である。それは内容の問題であり、正しい解釈そしてそれに基づいた理解があれば、「話す」には矛盾のなさや論理的整合性が伝わり、「聞く」には誤解しないことや同意・批判の視点を見つけることが可能になり、「読む」には著者の意図を共有できたり、内容に寄り添えるようにもなり、「書く」には客観性や妥当性を有する文章になるし、誤解を招かない表現の仕方ができる、といった結果をもたらすことになる。国語力の中で解釈力がいかに重要であるかの証拠である。しかし、それには知的活動だけでなく感性的、時には直感的な能力も要求されるので、子どもたちにとっては極めて重い学びの壁となる。

　以上のような現実が影響を与えている学校教育においては、国語の役割は広範囲に及んでいるだけでなく、子どもたちの内面性にも深く入り込んできている。A.ポルトマンが『人間はどこまで動物か』で示した人間存在の本質、つまり「言葉を話す、道具を使用する、二足歩行で自由世界を創出した」ことがあるとすれば、言葉を使用すること、つまり母語を話すことは、人間の本質に属する行為に他ならない。[7]　それゆえ、国語の役割は人間存在を確認するためにも重要となる。また、幼児期から言葉をかける頻度に応じて、道徳性をはじめ精神的成長を促すことに影響を与えることも知られている。

しかし、問題は、それにもかかわらず、「国語」の４技能の習得、学びに無関心な子どもたちがいることへの対応であろう。つまり、「なぜ、国語に関心をもたないのか？」「なぜ、国語を学ぶ意欲がないのか？」「なぜ、教科『国語』の大切さが伝わらないのか？」といった素朴な問いである。そうした疑問の中でもっとも深刻と指摘されているのが、読書を忌避する本離れの問題である。「なぜ、読書は敬遠されるのか？」という問いである。この疑問は子どもたちが「国語」の学びに向かう時、それを阻止する壁にぶつかっていることでもある。したがって、そうしたもろもろの「なぜ、……なのか？」と問わざるを得ない原因になっている壁を乗り越える、あるいは壁を取り除くためにどうするかが重要である。

３．学びを疎外する壁の問い方

　以上、教科「国語」を取り上げて、学びの壁の具体例を見てきた。そこで、学びの活動そのものを疎外する諸問題に正面から向きあってみたい。

　学びの障害となるその壁を取り除くように努力することに、教育に携わる者の本来の使命がある。しかし、そこに立ちはだかっている壁の多くは、日頃から子どもたちと一緒に学んでいるすべての教師にとって身近すぎる事象であるがゆえに、壁の存在を自明のものとして、つい素通りしがちである。そうした壁が生起してくる理由は多様であろうが、「なぜ、そのような壁が生じるのか？」という素朴な問いを以下で考えてみよう。

　壁を生じさせる理由は多様であると述べた。それは子ども自身の問題である場合、子どもを取り巻く人間関係や社会環境に起因する場合、教育制度や教育課程がもたらす場合など、一概には整理することが難しい性質と内容から生じるものと言わざるを得ない。

　思いつくままに列挙してみると、そうした壁の存在は首肯できるものばかりであることに気づくことになる。

　社会の様々な現象に「格差」という言葉が注目されるようになったのは1990年代後半からである。いわゆる格差社会に関する論争として社会的地位や経済での格差と並んで教育格差が言われ、経済格差、学歴格差、学力格差、等が大きく論じられた。それらの中でも教育格差の生起については、子ども自身に問題があるというよりは、むしろ子どもを取り巻く外的要因によるものであり、それらが学習活動を疎外する原因となっている壁をもたらすことになる。このことについて考えてみよう。

　学習環境の違い、とりわけ経済的・社会的・学歴面での親の格差が、子どもに連関する理由については、データを駆使して社会学がその一部を解明している。けれども、さらにそのデータが表す傾向性がなぜ子どもの教育条件に関係するかについて確証できる根拠を示しているかは不明瞭であろう。そこでの説明は所得格差やワーキングプア、非正規雇用の増加のような非情な現実がもたらす一定の傾向については言及されるが、では、「なぜ、そのような傾向が教育格差を生じさせるのか？」については、そうした傾向に対する価値判断を語ることは少ないのである。つまり、「なぜ、学習環境が家庭や両親によって違ってしまうのか？」「そのことがなぜ、子どもの学びにとって阻害要因となるのか？」についての言明は少ない。

　学校外での種々の学びにはこの傾向が顕著に現れているが、その根本的理由は何であろうか。家庭の経済的格差が学びの世界に連動するのはなぜなのだろうか。このことと無関係とは思われない子どもの学習に関する姿勢について、内田樹氏の指摘を参照してみたい。

　内田樹氏は、「上流階層は努力が報われると信じており、下流階層は努力をしても意味はないと信じている」。[8]　つまり、努力すれば将来の進路に肯定的に結び付くと考える上流階層と、努力しても先は約束されていないと考える下流階層の意識の違いについてである。学びがもたらす自己実現への是非をめぐって、上流階層と下流階層の子どもで肯定的と否定的の受け止め方が異なることである。これは勉強することの動機づけに格差が影響を与えている例である。そこで内田氏は、「子供は自分が所属する階層の価値観に従うため、上流階層の子供は勉強をする一方で、

下流階層の子供はむしろ勉強を否定することに価値を見出す。こうして階層化は加速度的に進行した」[9]　と言うのである。

　視点を変えてみると、この例はさらに次のような問いに置き換えることもできる。「子どもは親を選べるか？」また「親は子どもを選べるか？」である。一般的には「子どもは親を選べない」と言われ、「親もまた生まれてくる子どもの諸資質を選べない」と言われる。それは出生以後に、はじめて親も子も「その子の親になり、その親の子になる」ことを意味する。この場合、親も子も互いを選べないとしたら、それは内的要因を問えないということであり、それゆえ外的要因について考慮せざるを得なくなる。

　こうした観点の下に、「親は子どもを選べるか？」を再度問い質してみると、実は親は子どもを選んでいるのに、ただ自覚していないだけではないかと疑問が出てくる。そこでは遺伝的要因も織り込み済みの子どもの選択がなされているのではないか。具体的な選択としては、生まれてくる子の性別や容姿や資質に期待する言動が多くないだろうか。この選択意志は子どもの人生を先取りしようとすることにも通じており、結果に対する期待と希望を抱きつつ、そうした心や意識の底にあるものこそ、子どもを選んでいることなのである。こうした親による子どもの選択にまつわる一連の事象は、親の職業が子どもに受け継がれる職種ほど明瞭に現れがちであろう。

　一方、子どもは親を選べないと言われるが、出生に関する事象は選べなくても、やがて成長と共に親を選ぶようになるのではないか。実存哲学が唱えたように、生まれてから自分の人生を担い、自分らしさを形成していく成長・発達の責任は自己自身に与えられた負い目、責任に他ならない。そこでは自らを選ぶ選択意志に基づいて自己自身の生きる目標と期待を背負うことになり、それが希望を適えるために生きようとする意志を形成することになる。つまり、自己実現への生き方を自らで選択し、それを日々の生活の中で実践していくことである。ここには子どもに対する親の選択意志を受け入れることが難しくなり、親が抱いている価値観と葛藤することになる。親に対する「反抗」と言うよりは、むしろ「自立」という形で親を選択する行為なのである。

　以上のことは、教師と生徒の関係においてどのように理解すべきだろうか。「生徒は教師を選べるか？」また「教師は生徒を選べるか？」という問い方を可能にする。教師と生徒の出会いに関して言えば、両者にとっては偶然の出会いから教育関係が始まるという意味でも、選択の決定に否定的であらざるを得ないだろう。しかし、両者が一度出会うと、その後の関係性の中で互いを選択しようとする意識が生じることは確かである。

　ところで、格差がもたらす教育問題に戻ってみると、その派生的課題として学力格差や学歴格差という問題にぶつかる。要するに、「なぜ、勉強のできる子どもとできない子どもの違いが生まれるのか？」という素朴な問いが出てくる。親の社会的地位や経済的要因にその答えを見いだそうとすれば、教育環境の善し悪しや、より有利な学習機会の提供の有無といった客観的側面と同時に、教育に対する親の意識の役割について論じることができる。

　しかし、それらの事柄で説明のつかない問題もまた、教育格差を生み出すことがあるから複雑となる。ただし、注意すべきことは、すべての子どもが勉強好きになって頂上を目指すべきだというのではないことである。とくに中等教育段階になると、文系・理系・芸術系・体育系といった類別化が出てくるように、子どもたちの学びの姿勢や取り組み方に教科によって温度差が生じてくるのは自然である。

　たとえば、暗記する学習では反復練習によって一定の成果を身に付けることは誰でも可能であるが、数学や物理、現代国語などで考える力を必要とする科目では、誰もが同じような成果を習得できるわけではなく、差異が生じるのが常である。理解できるようになるまで考え続けることを習慣化するのはたやすいことではない。この考え続ける習慣が身に付かない理由の一つが、その時に学んでいることの暗記を要求する学習形態が支配しているからである。「勉強ができない─（理由）─学習内容が理解できない─（理由）─学びに楽しさを感じない─（理由）─学習意欲がわかない─（理由）─勉強ができない─（理由）─学習内容が理解できない……」というような循環論を生み出すことになる。

　一例として、学習指導要領には算数を学ぶ意義について、「数学的に考える

資質・能力」を育てることの大切さを示しているにもかかわらず、現実の算数教育は計算力や公式の暗記を指導内容としているのが大半であろう。つまり、算数の目標に示されている「基礎的・基本的な概念や性質」の理解、「数学的な表現を用いて事象を簡潔・明瞭・的確に表す力」「数学的活動の楽しさ、数学のよさに気づく」と言われるが、そこで必要とされる思考力や論理力の育成をどのように捉えて実践しているのだろうか。また、算数の内容としては「A　数と計算」「B　図形」「C　測定」「D　データの活用」が言われることからもわかるように、論理的思考は脇に置かれている感がしないでもない。

　一方、それらの学習環境の違いにもかかわらず、「なぜ、やる気のある子どももそうでない子どもがいるのか？」という素朴な問いが立つ。この問いは、「なぜ、宿題をきちんとやる子どもと、やらない子どもがいるのか？」「なぜ、手をつけない前に諦めてしまう子どもがいるのか？」「なぜ、宿題をすぐに済ませてしまう子どもがいるのに、ぎりぎりまでやらない子がいるのか？」「なぜ、根気強い子どもと飽きっぽい子どもがいるのか？」といった問いと深く関連している。その素朴な問いに目を向けない限り、学びへの意欲が育たない理由を知ることはできないだろう。

　やる気を英語では Motivation と言うように、一種の動機づけに関係した意識の作用である。また feel like doing という言い方も可能であろうから、やる気は感情表現でもある。大人でもそうだが、心身共に疲れていると課題に向き合う気力は生まれてこない。「後でやる、面倒だ」と言ってしまう、ネガティブな言葉を思わず口走ることになる。周囲の人から見れば、向上心がないと受け取られる姿勢である。そこで「なぜ、向上心を失ってしまうのか？」と素朴に問うことが必要である。

　これまでは「説明できない」と言われてきた「好き」と「嫌い」のメカニズムを、トム・ヴァンダービルトが『好き嫌い ——行動科学最大の謎—— 』で心理学や社会学、行動経済学といった観点を取り込みながら解明している。[10]そこでは自らが「好き・嫌い」を判断していたと確信していたことも、実は自分を取り巻く外的要因が影響していると教えている。その外的要因が慣れ親し

んだものと同時に、目新しいものへの好奇心を生み出し、「好き・嫌い」の意識を醸成すると言うのである。学習環境や学年の変わる４月や教科内容の新鮮さと高度化など、学習活動に影響する外的要因について、中１ギャップと言われる問題とも無関係ではなく、十分な配慮が求められる。

　また、学校生活や家庭を含む郊外活動で、この好き・嫌いの感情とも重なるところのある素朴な問いとして、「なぜ、ルールを守る子どもと、守らない子どもがいるのか？」についても考えておく必要があろう。それらは新設された「特別の教科　道徳」と密接に関係する問いだからである。

　この問いとの関係で、学習指導要領の「特別の教科　道徳」で取り扱うべき内容としては、周知のとおり、「Ａ　主として自分自身に関すること」「Ｂ　主として人との関わりに関すること」「Ｃ　主として集団や社会との関わりに関すること」で学ぶことが指示されている。それらを列挙してみると、善悪の判断、自由と責任、相手に対する接し方、相互理解、寛容、規則の尊重、約束やきまりを守ること、協力しあった集団生活、等々がある。これらの徳目はまさに人間関係を維持するために身に付ける学習内容であり、学校生活や社会生活の中で欠くことのできないルールに他ならない。

　ところが、教師が授業で取り扱う題材や表現の仕方は学年によって異なるとしても、学習すべき基本的な価値それ自体は全学年で共通しているはずである。にもかかわらず、協調性をもたず、自分の役割を果たさず、いわゆる自己中心に振る舞い、反省の意識とは無縁の言動が目立つ、ルール守らない子どもがいるという現実は、道徳教育の無力さを意味するのだろうか。たとえば、ドイツ語で「良心」を Gewissen（ge「共通の」wissen「知識」）と表現するように、学習している内容を理解できない知的判断力が弱いためなのだろうか。それとも家庭・親の責任あるいは感情のコントロールが不可能な性格という問題なのだろうか。社会的風潮や傾向そして大人の背中を見て影響されたものと言えるのだろうか。要するに、根本的な原因を捉えることがなければ、ルールを守らない子どもの指導は挫折せざるを得ないのである。道徳教育の壁である。

　ここで注意しておきたいことは、未曾有のコロナ禍問題で、様々な形態での

3密を避けるように警告がなされているにもかかわらず、それを受け入れない人がいたり、共有すべきルールを守らない人がいることへの価値判断に関することである。社会的に承認を求められるルールに対する理解の仕方として、そこには一方が善くて、他方が悪い、という価値判断を入れてもよいのかどうかである。「……ができる」は善いことで、「……ができない」は悪いこと、と決め付けることができるかどうかである。

　このことは、学校教育での実際に置き換えて考えてみると、教師は前者を「できの善い生徒」、後者を「できの悪い生徒」とみなしがちである。生徒に対する偏見はおよそこのことから生じてくる。えこひいきの大半もそうである。では一体「なぜ、教師はそのような判断をしてしまうのだろうか?」と問うことになる。この問いは別の機会に譲りたい。[11]

【参考文献】

1. アリストテレス『形而上学　上』出隆訳、岩波文庫、1965、21頁。
2. ヘルバルト『一般教育学』世界教育学撰集１３　三枝孝弘訳、明治図書、1969。
3. ルース・ベネディクト『菊と刀』長谷川松治訳、講談社学術文庫、2005、とくに第十章、第十一章。
4. 佐藤学『「学び」から逃走する子どもたち』岩波ブックレット、2000
5. アリストテレス『政治学』山本光雄訳、岩波文庫、1961。
6. プラトン『国家』第3巻18.（上）岩波文庫、藤沢令夫訳、2019年、270頁。
7. ポルトマン『人間はどこまで動物か―新しい人間像のために』高木正孝訳、岩波新書、1961。
8. 内田樹『下流志向―学ばない子どもたち、働かない若者たち』講談社（原著2007年1月30日）、第7版、82-85頁。
9. 同書、111-116頁。
10. トム・ヴァンダービルト『好き嫌い ――行動科学最大の謎――』桃井緑美子訳、早川書房、2018。
11. 増渕幸男「教師の位置と役割」金沢学院大学教職センター紀要第4号、2022。

人の一生に重要な影響を与える事柄は、文字通り、その人の運命を左右するものである。教育論の中に、「教師は教室では帝王である」という主張があるが、これは教師に対して決定的に重い責任を課す言葉でもある。教師による生徒への対応、その中でも特に教師の一言が生徒の人生にとって取り返しのつかない運命的意味をもつことがあるからである。その意味では、「教師は生徒にとって運命である」とも言える。

　このことの意味を教師が自覚しているか否かは決定的に重要である。そのような自覚を持つことは、教育的な配慮と言う以前に、人間的配慮としか言いようのない性質のものによって、関係のあり方を決定的に違ったものにする。どのような教師に出会うかもまた、運命なのである。

　この人間的配慮とは、人を導こうとする立場にある人、人をまとめる組織のリーダー役を担う人、要するに、家庭にあっては親の子に対する心的姿勢、会社にあっては上司の部下に対する心的態度、学校にあっては教師の生徒に対する心的態度、同僚から成る集団においては長となる者の同僚に対する心的姿勢、において欠かせないものである。そうした配慮が欠落していると、まさに関係する人たちの運命を弄ぶことになる。

　教師が生徒の運命を左右するケースは少なくないが、そのことが生徒の人生の可能性を潰してしまう性質の無思慮のものであってはならないだろう。少なくとも、教育者とはそのことの重みと意義を理解していることが前提となる職業だからである。そうした人間関係を根底で支えているものこそ、人間学や倫理学で言われる信頼に他ならない。関わりを持つ人たちの間に求められる人間関係の中に強固な信頼があれば、不可抗力的な運命に翻弄されがちな時にも、一条の光を感じることができるのではないだろうか。

　ただし、上に述べたように、組織だけを優先しているかのように振る舞い、その集団を支えている一人ひとりの心を無視すれば、その集団から信頼の絆は

失われていく。リーダー役の立場の人間が自分の地位を特別視したり、無理やり認めさせようとして、周囲の人間を自己弁護のために利用することも少なくないのである。そのような意識をもった教師であれば、クラスの生徒一人ひとりに気遣うよりも、進学や成績で実績を上げることにしか神経を働かせないことになる。つまり、生徒の犠牲の上に胡坐をかき、表面的に成功物語を演出していると思いがちの教師がいないわけではない。職員室では、そのような成功物語を語る教師に対して、内心では同意していなくても、あえて異を唱えない同僚が多い。それを同意が得られていると思い込んでしまう教師からは、何事につけ、類似の悲劇が繰り返されることになろう。

　以上のことをより身近な問題として受け止めるために、以下では3つの視点から美空ひばりさんの歌と共に考えてみよう。

１．美空ひばりさんの歌から学ぶ

　癌に侵されても国民に夢と希望を与え続けた天才歌手、美空ひばりさんが晩年に歌った名曲に『愛燦燦』(作詞・作曲：小椋佳) と『川の流れのように』(作詞：秋元康　作曲：見岳章) がある。この歌が日本人の心に刻まれているのも周知の事実だろう。ひばりさんはご自身の運命を人智を超えるような精神力で受け止め、人生の最後の時まで他者のために (for　others) 歌うことに、ご自身が生まれてきた意味、そして生きてきた意味、さらに生きていることの証しを見いだしていたのであろう。

　その最後の歌『愛燦燦』の歌詞はこうである。

　　雨 潸々と　この身に落ちて
　　わずかばかりの運の悪さを　恨んだりして
　　人は哀しい　哀しいものですね

　それでも過去達は　優しく睫毛に憩う
　人生って　不思議なものですね

　風　散々と　この身に荒れて
　思いどおりにならない夢を　失なくしたりして
　人はかよわい　かよわいものですね
　それでも未来達は　人待ち顔して微笑む
　人生って　嬉しいものですね

　愛　燦々と　この身に降って
　心秘そかな嬉し涙を　流したりして
　人はかわいい　かわいいものですね
　ああ　過去達は　優しく睫毛に憩う
　人生って　不思議なものですね

　ああ　未来達は　人待ち顔して微笑む
　人生って　嬉しいものですね

　一般的に、学校教育に限ってみると、教育を受けてきた人生に比べれば、その後の人生のほうがはるかに長く苦労も多い。この苦労を背負わざるをえない状況に身を投じなければならない時に、たしかにさまざまな過去があったからこそ今があると諭してくれる場合もある。努力が報われ、怠惰が反省されるようにである。しかも、その時に、予想はできないけれども、さまざまな可能性に満ちた未来が私を待っていると感じられたならば、今の苦労も癒されるかも知れない。先の短いわが身を考えると、次の瞬間が信じられれば、運命に翻弄されてきた人生も肯定的に受け止められるのではないか。上の歌は、そんな勝手な解釈を許してくれそうな気がして、ここに引用したのである。

だが、美空ひばりさんのように、彼女の人生そのものを意味する歌の世界に運命を託せるものに類する何かを自分も見出すことは、まず不可能である。自分のこれまでの人生は、大学院を終えるまでは教師（恩師）を前に仰いで座っており、大学院を終えてからは学生を前にして立っていた。いわゆる、黒板を前にしていた人生と、黒板を背にしていた人生という、実に狭い世界で生きてきたのであり、そのような教師人生に運命を託するほどのものを実感として感じていたかどうかは疑わしい。そこにはどれだけの人生を賭けた真剣勝負があったのかを推し量れていないからである。しかも、「過去達は　優しく睫毛に憩う」ことも少なく、常に反省と恥ずかしさに襲われていたし、いつでも新たな研究課題を探ることに迫られていたから、未来達が微笑んでくれているとも気づけなかったろう。

　そのような自分にも、未来たちが微笑むかも知れない可能性があったこと、そしてその可能性も簡単に芽を摘まれてしまったことがある。まさに「わずかばかりの運の悪さを恨んだりして」、人間とは哀しい存在だと思ったことについてである。ある運命がこの身を襲ったのである。これまでの私の人生で、最初にして最後に体験したその運命について語ってみたい。

　平成 21 年 4 月から 9 月まで、6 ヶ月の長期休暇（サバティカル）が認められた時のことである。それまで 8 年間の学内での役職（専攻主任、学事部次長〔後の学事センター長補佐〕、全学共通教育委員会副委員長、学務委員会副委員長、研究機構会議委員、大学院研究科委員長、自己点検・自己評価委員、評議員）を務めていたこともあり、定年になる 2 年前であるにもかかわらず、サバティカルが許可された。長期休暇を得たとは言え、大学院生や 3 年生、4 年生のゼミと論文指導は軽視できないことから、1 年間ではなく半年のサバティカルにし、しかも毎週月曜日に 3 科目の授業をすることを許可してもらった。したがって、毎週 1 日は研究室に来ていたことになる。

　同時に、その年の 8 月に、前任校の東北大学出身の研究者 S 氏から、首都圏の某大学で平成 23 年 4 月開設予定の学部長を探しているので、適任者を紹介

して欲しいとの依頼を受けた。条件は「国立大学の教授職経験者」ということで、数名の知人に打診してみたが、結果的にはみな断られてしまった。Ｓ氏は私ではどうかとも言われたが、定年まで１年半以上もある時点でそれを考えることには馴染めず、お断りしてしまった。同様に、関西の某短大から学長に推挙したいとのお話もいただいたが、これも受諾することが憚れた。

　しかし、この時にすでに自分の定年退職後の人生設計を考えることにつながるほんのわずかの情報でも与えられていれば、何かが変わっていたかも知れない。結局、その１年後に、この学部長職には私が崇敬している屈指の教育学者であるＦ氏が引き受けることになったことを、ご本人から聞くことになった。

　以上のことは、冒頭で書いた教師と生徒の関係として重ね合わせてみると、私の人生は過去についても、残り少ない未来の可能性についても、運命に弄ばれたと言えるであろう。また翌年の８月には京都の某大学から大学院担当者としてお誘いを受けたが、自分が取るに足りない研究者でしかないことを思い知らされていたこともあり、このお誘いを引き受ける自信はないとお断りするしかなかった。意図的であろうとなかろうと、また真意はどうであろうと、運命を弄んでいるとしか受け取れないような現実に出会うことは、本当に怖いことだと実感している。

　それでもなお、今の自分にとって大切なことは、美空ひばりさんの歌にもあるように、「人生って、嬉しいものですね」と言えるような生き方を取り戻すことである。そのための道を見つけるためにも、運命についての貴重な体験を無駄にしたくない。その際、他者の無思慮な対応や一言に翻弄されることがあったとしても、運の悪さを恨んだりせずに、むしろ感謝できる人間にならねばならないと思っている。上智大学で過ごした日々が、「過去達は　優しく睫毛に憩う」ものだと感じられるようになれれば幸いである。それも、「それでも未来達は　人待ち顔して微笑む」日が来ることを信じればこそであるが。

２．教師の運命を支えるもの

　私たちは自分の意思で生まれてきたわけではないにもかかわらず、生まれてきた以上、この自分を引き受けなければならないことに気づかされる。それが負い目と言われる、いわゆる十字架を背負うことの意味でもある。はたしてこの十字架は、自分の教師人生とどのように結びつくのであろうか。

　これを考える時に、美空ひばりさんの『川の流れのように』から学ぶことも多いのではないだろうか。次の歌詞がそうである。

　　知らず知らず　歩いてきた　細く長い　この道
　　振り返れば　遥か遠く　故郷(ふるさと)が見える
　　でこぼこ道や　曲がりくねった道
　　地図さえない　それもまた人生

　　ああ　川の流れのように　ゆるやかに
　　いくつも　時代は過ぎて
　　ああ　川の流れのように　とめどなく
　　空が黄昏(たそがれ)に　染まるだけ

　　生きることは　旅すること　終わりのない　この道
　　愛する人　そばに連れて　夢　探しながら
　　雨に降られて　ぬかるんだ道でも
　　いつかは　また　晴れる日が来るから

　　ああ　川の流れのように　おだやかに
　　この身を　まかせていたい
　　ああ　川の流れのように　移りゆく

　　季節　雪どけを待ちながら

　　ああ　川の流れのように　おだやかに
　　この身を　まかせていたい
　　ああ　川の流れのように　いつまでも
　　青いせせらぎを　聞きながら

　『愛燦燦』の中で「人生って　不思議なものですね」とあったように、自分の人生や運命に関わるような事象の生起に対して、自分自身にその原因が存在しないにもかかわらず、その事象の経過と結果に対しては責任を負わざるをえないことは、明らかに非合理的現象と言わねばならないだろう。だからと言って、誰もが自らの人生の歴史に関しては、非合理性で済ませてしまってもよいほど、物分りのよさに徹することも難しい。

　この数年アカウンタビリティという概念がさまざまな場面で唱えられるようになった。いわゆる「説明責任」であるが、これは結果に対する責任だけではなく、説明したことに対する責任でもある。だとしたら、人生の運命を左右する事象が発生する時のアカウンタビリティは、説明する側にあるのか、それとも説明を受けた側にあるのか。もちろん、結果に対する責任を負うのは誰なのかも問われるだろう。

　教育はこの問題で苦労していると言える。生徒の進路指導に際して、その後の彼の人生について教師が無関心でいることは許されるのか、という問いが生じるからである。生徒の進路選択に直接関わる教師は、生徒の思いに心を開いて耳を傾ける必要がある。そうした心構えがあれば、これから生徒が歩んでいく進路に何が待ち構えていようとも、教師としての責任を果たすことにつながるであろう。

　ところで、教育を受ける環境や多様な付帯条件を持ち出すことによって、生起してしまった人生に関わる結果について、まことしやかな説明によって責任

を逃れようとするケースが少なくない。あるいは、予想される結果を先取りしようとする気持ちが強いために、そこへと至るプロセスの中で踏むべき手続きをはぶいてしまい、結果を出すことに対してのみ努力すれば、それで説明責任を果たしたことになると考えることもよくある。これは説明者が都合のよい要因だけに依存して、アカウンタビリティを唱える際に便利がよい前提のみを取り込んでいるからである。

　だが、本当にそれで責任を果たすことになるのだろうか。

　人生にアカウンタビリティとして自己責任論を適用することの是非については、慎重でなければならないだろう。1で述べたように、自らの運命が他者によって弄ばれるとしたら、弄ばれる側では自己責任論を持ち出してその運命に対する説明責任を果たすことにはならないからである。まさに進路指導の難しさがここにある。

　美空ひばりさんが歌った『川の流れのように』は、このことを実に上手く表現しているだろう。「地図さえない」のが人生、「生きることは旅すること　終わりのないこの道」、そのような人生を生きることは合理的には説明できないもので満ち満ちている。だから、教師はあえてもっともらしい理由づけや弁明をせずに、生徒の運命を弄んでいる事実を認め、罪深さを受け入れる心の広さが必要なのだろう。

　一方、生徒としては、「川の流れのように　おだやかに　この身をまかせて」いるしかないことも多い、と知るべきなのである。それでもなお、冒頭で「教師は生徒にとって運命である」と述べたが、運命である教師にどこまでわが身を任せられるのかについては、慎重に問わなければならない。浄土真宗の開祖である親鸞的に言えば、この自然流の生き方、世界観、人生観に合理的弁明をしようとすれば、それは運命に対する冒涜なのかも知れない。

　「雨に降られて　ぬかるんだ道でも　いつかは　また　晴れる日が来るから」という未来への可能性と信頼、そして安らぎに至るには、ご都合主義のアカウンタビリティ論に縛られていてはならないだろう。このことは、研究活動に対するアカウンタビリティとも一脈通じるところがある。

３．研究することの意味

　研究活動は一朝一夕にして成果を出せるものではない。新自由主義が強要する成果第一主義は、教育の領域においてはプラスに作用するよりも、マイナスの影響を与える方が多いだろう。この成果主義が要求しがちなのは、即効性を発揮する成果だからである。この成果が本物であるためには、とかくマイナスの影響を与えないように行為する際に、時間をかけて丁寧に一つひとつ納得してもらえるように取り扱わねばならないだろう。自分だけで納得する研究をしても、関係者に対しては不信と禍根を残すことになる。

　こうして、研究の年輪を重ねるごとに質・幅・深さを充たすような対象との関わり方が必要になってくる。それだけ、この点に気づくようになればなるほど、軽率な成果第一主義に振り回されることにはならないのである。もちろん、その場合に注意すべきことは、自分が理解している成果の意味内容と、外側から他者が見た成果のそれとの間には、異なる点が出てこないように注意しなければならない。企業内で要求される成果と、教育機関においてのそれとは一致しないことの方が多いであろう。もっとも、最近では大学でも企業的評価を求める成果第一主義が目立ってきてはいる。それゆえ、研究者の人物評価にしても、一流か否かだけにしか関心を示さない発言も聞かれる。

　ところで、最初に手がけた研究題材、研究対象に専念した結果として身につけたものは、その後の研究活動を常に方向づける傾向にある。このように考えてみると、最初に取り組む研究題材、研究対象は、即効性を期待するものよりも、できるだけ普遍性をもつものに目をむけたい。思想家の選びであれば、いわゆる歴史的に生命力を維持しうるものでありたい。そのような研究対象を選び取る慧眼は、偶然の出会いに左右されるとしても、先人の発言、業績、影響力に学ぶべきであろう。もちろん、その研究対象がどこまでアカデミズの世界で評価されているかを判断しなければならない。新入学生への賛辞にはいつも「よき師・よき友・よき思想に出会うことの大切さ」を贈ってきた。そのための４年間は、短すぎるくらいであるとも言ってきた。そんな時に、自分の研究

成果は優れていると自慢する研究者ほど、井の中の蛙そのものだから、そのような教師と出会った学生は悲劇であろう。つまり、研究者としてのアカウンタビリティを問う以前の、人間的資質の問題と言ってもよいだろう。著作集全10巻を出された恩師 稲富栄次郎先生でさえ、ご自身の研究が未完成であることを悔やまれていたからである。霜山徳爾先生（フランクル『夜と霧』の訳者）も安齋伸先生（バチカン評議員をされた宗教社会学者）も尊敬して一目置いていた稲富先生にしてもである。

　私にとって模範であった師、それは恩師 稲富栄次郎先生とドイツの哲学者カール・ヤスパースであった。もちろん、恩師と呼べる先生はたくさんいる。その中でも、この両人から学んだことは計り知れない。特に稲富先生は、私が学んだ教育学科を創設するために広島大学から招かれてこられた哲学者である。先生が上智大学に在職中は教育哲学会の会長を長く務められておられたし、上智大学の教育学科の伝統と学問の性格づけを築いた先生でもある。私の学生時代は、稲富教育(哲)学を抜きにして上智の教育学と教育学科は語れなかったと言ってもよいだろう。

　大学院ができた時も、私が在籍していた間は教育哲学研究をめざす院生たちであった。学科の教員スタッフも教育哲学を専門とする教員は、常時3名はいた。学会で「君は稲富先生のお弟子さんですね」と言われたのも、私だけではないだろう。そのことがまた、いい加減な研究では許されないという気持ちにさせられもした。だから先生の著書はすべて読んだし、自分が書く文体も先生のそれに似てきたことを知人から指摘されることもあった。最近の学部生や大学院生には想像もつかない、否、ナンセンスとも一蹴されてしまうであろうが、恩師の文体を意識することに何か喜びめいたものを感じていたのだ。そのような師と出会った自分は、何と幸せであったことだろう。そう思うと、その片鱗すらも影響を与えることなく職場を去ることは、明らかに罪に値する。自分は恩師から多くの財産をもらったのに、学生諸君には何も与えることができなかったことが悔やまれる。

　最後に、教育活動の宝とは何であるかについて一言しておきたい。研究も教

育もどちらも一人でできることではないが、この両方が必要としている他者関係の内容は異なるだろう。この年齢になってはじめてわかってきたこととして、研究は自分との戦いでもあり、教育は学生との戦いであったことに気づかされた。つまり、研究はどこまで行っても満足するわけにはいかないと戒める自分がおり、怠惰になることに反省を促す自分がいなければ、やっていられない性質のものである。稲富先生の教えではないが、冗談にも研究が完成したなどと嘯く教師がいれば、それは研究の何であるかを知らない人であろう。

　一方、教育は学生からの批判のまなざしを受け止めつつ、そのまなざしに圧倒されれば教壇を去るしかない行為でもあるから、自分を励ますと同時に学生との真剣勝負に全力を傾けざるをえない。だとしたら、上から目線で自分しか納得していないような講義を押し付けていると、学生の方から勝負を敬遠されてしまう教師でしかなくなる。よく耳にすることであるが、教室の後方にしか学生が座らない授業、少なくとも前の方は空席が目立つ授業は、学生から期待されていない講義であると考えてまず間違いない。そこでは教師と真剣に関わりたくないという学生の意思表示がなされていると知らされる。

　そのような教師と出会った場合には、学生も「川の流れのように　おだやかに　この身を　まかせていたい」などと言えなくなる。もちろん、教師自身も同じだろう。

　では、私はどうだったのだろうかと振り返ると、こんな自分でも、学生たちとの真剣勝負の面に関しては、少しは「過去達は　優しく睫毛に憩う」気がしてくる。美空ひばりさんの声が聞こえるようだ、「人生って、不思議なものですね」「人生って　嬉しいものですね」と。

　在職中に静かに支えてくれていた先生、教えること以上に学ぶことの大切さと楽しさを共有できた学生諸君、そして、人間味に溢れた事務職員の方々に、感謝申し上げます！

　　　　　　（付記：本稿は上智大学を定年退職するに際して、教育学科の紀要
　　　　　　　に寄せた原稿に一部修正を加えたものである。　2011年3月刊）

国際社会を生きる「語学的思考」の伝薪

岡　秀夫

1．はじめに

　この論考では、私がこれまで行なった実証研究からわかったことをもとに、これからの英語教育を展望し、若い英語教師のみなさん、将来英語教師をめざす学生の皆さんに夢を与えるような提言ができれば幸いと考えます。

　まず、私が取り組んだのは日本人の英語力の問題「なぜ使えないのか？」、さらには「英語運用能力とは？」という疑問でした。そのようなテーマに関するデータや仮説をいろいろ議論・検証し、そこから得られた知見をもとに、教に有益な示唆を導き出していきたいと思います。

　外国語（英語）は他の教科以上に、夢を与える教科、夢の広がる教科です。子どもたちは「グランドキャニオンを見たい」、「ロンドンの二階建バスに乗ってみたい」と言い、少し上級生になると、男の子は「スペインに行ってサッカーを観戦したい」とか、音楽の好きな子は「ウィーンに憧れる」とか、子どもたちの夢はつきません。

　子どもたちは異言語、異文化との接触を通して視野を広げ、洞察力を深めていきます。「アメリカでは水もお金がかかるんだ」、「イギリスでは子育ては厳しいんだ」というようなことに気づき、個としての成長が促されます。そうすると、彼らの夢はさらに世界へ、将来へと広がっていくことでしょう。「アメリカの大学へ行きたい」とか「宇宙飛行士になりたい」など、子どもたちの夢には際限がありません。このような大きな夢を持つことがそれに向かって努力することにつながり、子どもたちがより大きな人間に成長することにつながります。ですから、英語を教える先生方は生徒に夢を運び、夢を伝える大切な役割をもっていると言えるのです。

　私がこれから述べる英語教育の研究に取り組むようになったきっかけは、"Why?"という問題意識を持ったことでした。まず、「はじめに疑問ありき」でした。そして、その疑問を解明するためにいろいろ調べていくうちにだんだん面白くなり、深入りしていくことになりました。そこで、自分なりに実証研究を考案し、その結果をもとに議論を重ね、考察を深めました。その中には興味深い発見、時には驚くべき発見があり、英語教育に関する示唆に富む洞察を導き出すことができ、指導への新しい提言につながっていったのです。

　具体的には、次の二つの疑問です。

（1）最初は、広くありふれた「なぜ日本人（自分も含めて）は英語が使えないのか？」、中でも特に「聞き取れないのか？　話せないのか？」という疑問でした。英語が使えないと、上に述べたような夢もなかなか実現できません。よく言われるのが「速すぎるからだ」とか「過ちを恐れるからだ」というような理由です。確かにそのようなこともあるかもしれませんが、それだけでは根本的な解明にはなりません。そこで、私は後に述べるようなテストを開発して、国際比較実験をしたところ、驚くべき結果が得られたのです。その結果は、当時一世を風靡していたKrashenを否定することにつながりました。外国語のリスニング・スピーキング能力は単にインプットの問題だけではなく、また、語彙・文法を知っていることだけでもなく、ことばの受容・産出の複雑なプロセスの中に、言語的要因に加えて、社会的、文化的要因などが関わっているからだとわかりました。

（2）その後、私の関心は子どもの言語発達との関連で、一体言語はどのように習得され発達していくのか、また言語能力はどのような仕組みをしているのか、という疑問に広がっていきました。そして、とりわけ英語教育との関連で「第二言語（外国語）の運用能力はどのような構造をしているのだろうか？」ということに疑問を持ちました。子どものバイリンガル発達を追跡調査していくと、そこにいくつかの興味深い秘密が隠されており、バイリンガルの二言語の仕組みを調べていくと、それまで

信じられていた「二つの言語だと半分ずつになる」という古い考えは否定され、もっとポジティブにとらえるようになりました。外国語学習者も二言語使用の始まりと考えると、彼らの二言語使用の特徴やそこに含まれる問題が浮かび上がり、英語学習に関する有益な知見が得られました。中でも、その当時爆発的な人気を呼び、私自身も当初はとても魅力的に感じた"communicative competence"（伝達能力）論も、データをもとに熟考を重ねるうちに、実際の言語運用能力を説明するのには十分ではない、という認識に至りました。その結果、スピーキング・プロセスに関してより強力な説明力を持ったモデルを想定することにつながっていったのです。

この論考では、そのような二つの疑問からスタートし、実証研究を通して議論を深め、具体的に、できるだけわかりやすく話を進めていきたいと思います。

2．日本人の英語力：なぜ使えないのか？

2-1　国際比較実験

日本人の使えない英語力の疑問を解くのに、私は国際比較実験を行い、それが一つの大きな鍵になりました（岡 1981）。国際比較をすることにより、日本人の英語力の特徴が顕著に見えてきたのです。

どのような実験かというと、後述の図1（p.119）のように、まず一方で語彙・文法のテスト（X軸：linguistic competence）を準備し、他方リスニングの課題（Y軸：functional competence）を課しました。

この2種のテストと課題を、日本人学生（九州大学学生：農学部クラスと文学部・法学部クラス）とベネズエラ人学生を被験者として行い、学生一人ひとりの得点（それぞれのテスト0〜100点）をX軸、Y軸の座標軸の上に点で記録し、実験データを収集しました。

　その結果、それぞれのグループの得点が集まっている部分をたどっていくと、驚くことに２つのグループの違いが顕著に認められたのです。というのは、ベネズエラ人グループの方は、学生の得点が原点（X軸、Y軸ともに０の点）から右肩上がりで、角度として大体45度に近い直線上に集まっていました。それに対し、日本人学生の方はX軸の方に大きく傾いているのです。しかも、農学部グループの点の集まりと文・法学部グループとの点の集まりを結んでいくと、原点から出た線がX軸の方に傾斜して楕円形の形をした放物線を描いていたのです。

　一体この違いは何を意味するのでしょうか。

　ベネズエラ人学生の英語力は基礎力と技能のバランスがとれているのに対して、日本人学生の方は skill（技能）に比較して competence（知識）の方に傾いている、つまり、語彙・文法力に対して「リスニング技能が劣っている」ことを表しました。逆に言えば、単語や文法の知識が、それらの知識を総合しなければならないリスニングという技能で十分生かしきれていないことになるのです。

　リスニング技能がどのように機能するのかは、聞き取れない理由を検討してみるとわかりやすい。つまり、聞き取れないのは、次のような段階が考えられます。

　　（１）音声を単語と結びつけることができない
　　（２）単語を聞き取れてもその単語を知らない
　　（３）うまくチャンキング（chunking）できないので文構造がつかめない
　　（４）意味解釈に結びつかない
　　（５）スピードについていけない

　耳から入ってくる音声をもとに単語レベルで確認しながら、文法的な構造をつかみ、意味内容の解釈に至るのですが、その操作が耳から入ってくるスピードに追いつかないのです。このことからもわかるように、リスニング技能は普通「受身的な技能」と考えられていますが、受け身的ではなく、そのような「積極的な解読作業」が求められるのです。日本人学習者の場合、音声、特に音声変化（連結、同化、脱落、弱化）に慣れていないので、耳から入ってくる情報を

もとに意味のかたまり (chunks) としてうまくチャンキングしながら、意味解釈に結びつけることができないのです。英文和訳にばかり馴染んでいると、英語と日本語で語順が違うためリスニングは破綻をきたしてしまいます。耳から入ってくる情報を、そのままの順で意味のかたまりごとに、どんどんとっていくことができないのです。その良い例が、関係代名詞節です。

What I'm going to tell you now / is an episode / which I encountered / when I arrived in London / for the first time in 1967.

教室の指導では、このように breath group として斜線を入れたりしますが、これが意味のかたまりを表しています。意味をとるのに英文和訳では、「これから私がお話ししようとしているのは、私が 1967 年に初めてロンドンに着いた時に体験した (ところの) エピソードです。」というように、関係代名詞節は戻って「～ところの…」と先行詞にかけるように教えられますが、このように後ろから前の方にひっくり返るというような操作はリスニングの場合には不可能です。その代わりに、耳から入ってくる順番に「～あるエピソードについてです。」と聞いたら「どんなエピソードなのかな?」という予測を持って、次に来る関係代名詞節を聞くのです。英語力が伸びるに従い、このチャンクのかたまりは徐々に長くなり、楽にスピードについていけるようになります。

2-2　追実験

上の国際比較実験の十数年後、今度は東京大学の学生を被験者にして追実験を行ったところ、非常に面白い発見がありました (岡・高山 1993)。

まず被験者の東大生を、「海外経験のない一般の学生 (D:図では UT students)」と「1 年以上の海外経験のある学生 (I:UT returnees)」に分けました。その結果、非常に面白い結果と驚くべき発見の 2 つが得られました (図 1 参照)。

ひとつには先の実験で収集した九大生のデータとの違いです。つまり、東大生の得点を前回の実験と同じ図表に置いてみると、D グループの場合、X 軸のより右、Y 軸のより上に位置しました。しかし、やはり X 軸側に大きく傾いて

いました。興味深いことは、そのDグループの得点が集まっていたのは、九大生の放物線の延長線上だったのです。さらに驚くのは、Iグループの得点が九大生とは全く別のところに集中したこと。それは、ベネズエラ人学生の描いた45度で伸びる直線の延長線上だったのです。これらは一体何を意味するのでしょうか。

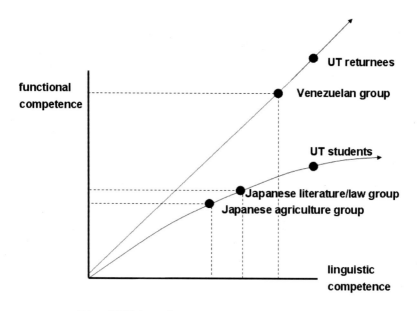

図1　英語能力の発達（岡1981、岡・高山1993をもとに）

　この追実験での面白い発見は、Dグループが示しているように、一般の日本人学生の場合、英語力は同じような放物線を描くことでした。つまり、英語力は上であっても、それはバランスが悪く、あくまでも competence に偏ったプロフィールでしかなく、単語・文法の知識を総合的に活用しなければならない skill レベルの運用力になるとそれほどうまく機能できないのです。これは「知っているけど使えない」ことを如実に表しています。

　なぜこのような歪められた英語力になるのか、この原因を探っていくと、もう一つの結果がヒントを与えてくれます。

もう一つの驚くべき発見は、同じ日本人でありながら、国際経験のあるＩグループは一般のＤグループの学生とは「全く異質な英語力」を示した点です。しかも、Ｉグループの英語力の得点がベネズエラ人学生の直線の延長線上に集まったのです。と言うことは、彼らの英語力が competence と skill のバランスのとれたものであるばかりでなく、国際的に見ても英語に関する知識、技能ともに非常に優れたものであることを表しています。１年以上の海外経験をし、日本に帰ってからは国立大学付属高校などでしっかりと受験勉強をした成果であろうと思われます。つまり、Krashen の言う acquisition（獲得）と learning（学習）がうまく融合された結果とみなすことができましょう。

　それに対して、東大生Ｄグループおよび九大生の場合、日本人に典型的な知識偏重の英語力を示しているのは何故なのでしょうか。Ｉグループと比較して検討すると明らかになってきます。つまり、同じ日本人でありながらこれだけ英語力のプロフィールが違う理由を探っていくと、ともに日本人だから先天的なものではありません。それは後天的なもので、とりもなおさず日本における英語教育の産物であると考えられます。教室での英語活動が、実際の言語使用から遊離した形で行われるときに起こるのです。つまり、日本の一般の教室で見られる learning 中心の英語教育で学習してきた結果として、competence に傾斜した英語力となり、skill という総合的な運用能力につながらないのです。

　それでは、現在の英語教育の実態をどのように改善すれば良いのかを探っていくと、Krashen の「インプット仮説」が考える手がかりを与えてくれます。それを批判的に検討してみたいと思います。

　その当時一世を風靡していた Krashen（1982）の「インプット仮説」とは、豊富なインプットを与えれば、つまり acquisition こそが言語習得につながるとし、learning はモニターの役目しか果たさないとしました。特にスピーキングに関しては、豊富なインプットを与えればそのうちに"emerge"するとしました。しかし、この Krashen の論はあまりにもネイティブ的なナイーブな発想で、日本のようにインプットが貧弱な EFL（English as a foreign language)の国には通用しないのではないか、という疑問を持ちました。子どもの言語発達で

は「ある日突然に話し出した」というようなことがありますが、言語習得の臨界期を過ぎた中学生以降には当たりません。また、小学生の場合でも限られたインプットでは限界があり、「自然に」というわけにはいきません。幼児の母語習得の場合も、それまでにたくさんのインプットを浴びせかけられて初めて、overlearning（過剰学習）の状態になって溢れ出るのです（事例については、「3.2.2 第二言語学習への示唆」参照）。

　このような批判的議論から導き出される結論は、日本のようなインプットの貧弱な EFL の国では acquisition は期待できず、そこで求められるのは、できるだけインプットを増やして learning と acquisition の融合をめざすことではないか、というということです。それによって、知識偏重の英語力から、バランスを持った英語運用力を育成することつなげるのです。

　そのためには、一つの方法として、「英語の授業は、英語で行なう」ことが考えられましょう。しかし、教室での限られたインプットだけでスピーキング力が自然に"emerge"することはまずありません。そのため、EFL の教室では意識的な output の練習、さらには interaction の力を伸ばすための指導法が必要になってきます（具体的方法については「5 英語教育への示唆」参照）。

3．言語能力はどのように発達するのか？

3-1　バイリンガルの二言語発達

　もう一つの大きな疑問は、言語習得に関して「子どもは一体どのように言語を習得するのであろうか？」という問題でした。特にバイリンガルに関心を持ち、「バイリンガルはどのように二つの言語を習得し、それらは脳の中にどのように貯蔵されていて、どのように使い分けられるのか？」という課題に取り組みました。そこで、実際のバイリンガル幼児の二言語発達を追跡調査し、その記録を分析し検討を重ねました。すると、そこに第二言語習得に通ずるいろ

いろ有益な情報が秘められていることに気づかされました。

　実際に行った子どものバイリンガル発達に関する追跡調査は、次のようなものです。

　被験者は２人の幼児で、仮にＥとＨと呼ぶことにします。被験者Ｅは、父親Ｐが日本人、母親Ｏがオーストリア人（母語は「ドイツ語」）。Ｅに対してはそれぞれに母語を使いました（ちなみに二人の間は「英語」）。被験者Ｈは、両親（母親Ｍ）ともに日本人ですが、祖母Ｏと週１日程度（時には数日連続で）「ドイツ語」で過ごしました。

　そのような言語環境の違いから、同じ compound bilingual（複合型バイリンガル）でも二つの言語のバランスは明らかに違っていました。

　Ｅは相手により「日本語」と「ドイツ語」を使い分けるという code-switching（言語の切り替え）の手法を自然に身につけて育ちました。ただし、幼稚園に入るまでは、母親と過ごす時間が圧倒的に長かったので、日本に住みながら「ドイツ語」の方が優勢でした。それに対して、Ｈの方は「ドイツ語」のインプットが限られていたため、同じ compound 型ではあっても、「ドイツ語」は劣勢で、ある時期までは聞いて理解はできても、自分から話そうとはしませんでした。

　調査期間は、Ｅは誕生から生後４歳まで、Ｈは３歳までを記録しました。
（Oka 1980, 岡 2013）

　幼児の母語発達には多少の個人差はあるにせよ、だいたい共通した発達段階が認められます。具体的には、１歳前後に「初語」が現れ、１歳半から２歳頃には「これ何、あれ何？」という形で事物の「名前」を尋ね、名詞が爆発的に増加します。これは、命名行動による「命名期」と呼ばれます。当然ながら名詞が中心で、体の部分や食べ物、動物の「名前」が多いのは、なるほどと納得させられます。

　１歳６ヶ月ごろから２語文が出現し、そこに「文構造の原型」が認められます。例をあげると、Papa Pfeife (papa's pipe) [E 1:6]、Eitats essi (The squirrel is eating.) [E 1:6]、「プーさん、大きいね」[H 1;6] などです。これらの２つの単語の関係は意味深長です。つまり、順に、所有の関係、Ｓ＋Ｖの関係、Ｓ＋

Cの関係、というそれぞれ違った構造をしていることがわかります。しかし、「ママいく」[H 1:9] の場合、「ママが取りに行く」のか「ママのところに行きたい」のか判別できません。これは有名な" mummy sock "と同様にふた通りの解釈が成り立ち、コンテキストがないと断定できません。

2歳から3歳の時期は2語文を経て「文法爆発」を迎え、推論や因果などを含み文構造が複雑になってきます。次の従属節を伴った2つの複文をご覧ください。「ドイツ語」では同じ接続詞 wenn ですが、意味的には異なり、一方は「時」、他方は「条件」を表しています。

・Wenn Papa heimkommt, tut die Erika auch Haare schneiden so wie Mama. (When papa comes home, I'll also have my hair cut like you.)

[E 2:4]

・Wenn die Erika viel essen tut, wird gross und stark so wie die Erwachsenen. (If I eat a lot, I will become big and strong like an adult.)

[E 2:4]

文の複雑さは、とりもなおさず認知の発達を示す証左となります。認知の発達でも、次の会話は社会的スクリプトが育っていることを表す事例になります。

・（ピクニックで）

M：ストロー忘れちゃった。

→　H：ストロー買いに行こうか。　　　　　　[H 2:2]

また、次の事例は、何かをやりたくないときにもっともらしい理由をつける知恵が育ってきたことを示しています。

・（料理を手伝いながら）

「おなかに赤ちゃんが入っているので、ポンポンできないの」[H 2:9]

さらに、帰納的推論ができるようになってきたことを表す次のような発話もありました。

・（滑り台がぬれているのを見て）

「ぬれてるよ、雨が降ったと思うよ」[H 2:9]

・（リンゴを見ながら）

M：もう大きいのしかないよ。

　→　H：切ればいいじゃん。　　　　　　　　　　　[H 2:11]

文を超えて、発話として論理的一貫性を持った次の事例には驚かされます。

　・Erika braucht eine Leiter. Erika ist eine grosses Meedi. Erika holt die
　　Leiter alleine. Die Leiter ist zu schwer.

　　(Erika needs a ladder. Erika is a big girl. Erika fetches the ladder alone. The
　　ladder is too heavy.)　　　　　　　　　　　　　　　　　　　[E 2;2]

この発話を分析すると「S1. Because S2, S3, but S4.」という複雑な論理構造をしていることがわかり、幼児Eの認知がそのレベルに達していることを実証するものになります。

　そして、3歳になると「どうして？　なぜ？」の質問期が訪れますが、これは子どもの認知の発達と連動しています。

　・O：(プラムについて) Muss ma waschen.(洗わないといけないね)

　→　H：どうしてー？

　・P：(朝食時に) オパ、ここに座るよ。

　→　H：どうしてー？　　　　　　　　　　　　　　　　　　　[H 2:9]

この2つの事例を比べてみた場合、上の場合はちゃんとした理由を尋ねている (と思われる) のに対して、下の例は別に理由などないのに「どうしてー？」と問いただすのです。このように何でも「なぜ？」と理屈っぽく尋ねてみることは、子供の知的好奇心の発達を示すものなので、大人はそれを無視してはいけません。

3-2　データから得られる示唆

3-2.1　言語習得に関する2つの説

　一般に子供の言語習得には「生得説」と「環境説」があり、この二つの説は対立するように語られます。ところが、これまで述べたように実際に習得過程を調べていくと、この2つの論は二律背反するのではなく、「生得説」

で説明できる側面と、「環境説」による側面があり、互いに相補的であることがわかります。一方では年齢による共通の言語発達段階が認められますが、他方、言語環境による影響も見逃せません。

　具体的に先のデータで見ると、1歳前後に「初語」が出現し、2歳ごろに「命名行動」が見られ、3歳になると「質問期」を迎えるという母語の発達段階はすべての幼児に共通で、普遍的と考えられます。つまり、誰も生まれながらにそのようなプログラムを持っている、つまり、言語習得装置（LAD：Language Acquisition Device）が備わっているのです。これが言語習得の「生得説」です。

　それに対して、双子が生まれた時、一人を日本に残し、もう一人をアメリカに連れて行ったとします。すると、当然ながら一人は「日本語」を、もう一人は「英語」を習得することになります。これが、言語習得の「環境説」になります。生来備わっているLADは普遍的な原理ではありますが、そこにインプットされる言語によって、その色合いが違ってくるのです。被験者Eの例では、幼稚園に入るまでは、「日本語」より「ドイツ語」の方が優勢であったことに表れています。それは、日本に住んでいながら、家で母親（母語は「ドイツ語」）と過ごす時間の方が圧倒的に長かったからに他なりません。しかし、幼稚園に通いだすと徐々に「日本語」が優勢になってきました。

　また、Hの場合は、3歳までの調査記録にはありませんが、pre-schoolから4年余りを英語社会で過ごしたおかげで、アメリカへ行った時には話せなかった「英語」が堪能になり、驚くことに、帰国して5年生で英検1級に合格しました。彼女の場合、英語は第三言語でした。アメリカに行ってから徐々に「日本語」と「英語」のcoordinate bilingual（統合型バイリンガル）に育っていったことになります。残念ながら、「ドイツ語」の方はほぼ消滅したようです。これらは「環境説」で説明できます。ここで一つ忘れてならないのは、Hに見るようにバイリンガルの二つ（または三つ）の言語の関係は一定したものではなく、環境によって常に変動するという点です。

3-2.2　第二言語学習への示唆

　3-1で述べたバイリンガルの二言語発達データの中に、第二言語学習に関する有益な情報や示唆が秘められていることに気づかされます。とりわけ、一方の言語で知らない単語をどうカバーするのか、スピーキングがどのように出現するのか、等に関して生の実証データが得られたことは大きな収穫でした。

　そこで、ここではバイリンガル・データから、英語教育に密接に関連するものを取り上げ、議論していくことにします。

（A）認知の問題

　これは学習者のreadiness（レディネス）に関わり、まだ認知的に準備のできていない学習者に難しいことを教えようとしてもうまくいかないことをさします。認知的な誤りを示す一番良い例が、「カテゴリー化」の問題です。カテゴリー化とは、二つ以上の異なる対象物を等価であると認識し、一つのまとまり（範疇）を形成する過程のことです。たとえば次の事例がありました。

　　　・動物の絵本を見ながら、ライオンを指さして「ワンワン、ワンワン」

[H 1:9]

　これは、まだ動物の概念が細分化できていない証拠です。この段階では4つ足の動物すべてが「ワンワン」という大きなカテゴリーでくくられており、そのうちにそれぞれの違いを認識して「犬、猫、ライオン、トラ」という具合に細分化されていくのです。同じような事例で、鼻水や涙のことをすべて「ミズ」[H 1:8]、熱くないのにただちょっと温かい、ぬるいものすべてが「アツイ」[H 1:8]というものもありました。

　このような大きな枠組みで代用する現象は、外国語学習者の「中間言語（interlanguage）」にも見られる特徴です。特定の花や魚の名前を知らないため、上位語のflower、fishで大きく括って表してしまいます。

　少し後になりますが、同じ認知の問題でも、2歳後半の段階になっても

未だに困難を感じたのは「時間の概念」です。先述した被験者Hは、2歳児の頃に次のような決まり文句を発していました。

- このところ何でも「あと30分」、出かけるまで「あと30分」、お昼寝まで「あと30分」と言う。　　　　　　　　　　　[H 2:0]

これは厳密な意味で30分を表しているわけではなく、今すぐにやりたくないので、「もう少ししてから」という意味合いで使っていることがわかります。同様に、「明日」とか「昨日」もまだこの段階では本当の理解には達していないことが、次のよう事例から明らかになります。

- ずいぶん前のことを思い出して、「あした、やったねー」「あした行ったよね」　　　　　　　　　　　　　　　　　[H 2:9]

誤りが頻出したもう一つの領域は、対人的な役割関係を表す相互作用表現でした。例えば、「ただいま」と「おかえり」が逆だったり[H 2:9]、「あげる」と「もらう」が混乱していました。

- 「ハナがくれたの（＞もらった）」　　　　　　　　　　　　[2:6]
- 「バーバに（＞が）くれた」　　　　　　　　　　　　　　　[2:9]

この傾向は［2:11］になっても観察されました。このような誤りから推察すると、2歳児にとって授受関係の概念はまだ認知的に困難であることが裏づけられます。

このような事例から、言葉の裏には認知の発達があり、それが言葉の発達の壁となっていることがうなずけます。そのため、小学生に英語を教える際にも難しい文法用語や文法説明などは避けなければなりません。その代わりに、実際の例で示すのです。

（B）借用語の問題

バイリンガルの場合、完全にバランスがとれていることは稀で、たいていの場合、どちらかが優勢です。それでは弱い方の言語で知らない単語はどう対処するのでしょうか。いくつか例をあげると、まず、父親Pに対して「テレビ」という単語がわからなかったものだから優勢言語の「ドイツ

語」を借用し、「Fernsehen miru」（テレビ見る）［E 1:8］と混用する事例がありました。その他の例をあげると、

- ・「色」の名称は一般的に日本語だが、「青」だけはドイツ語の「blau」（慣れ親しんだ「ドイツ語」の歌でたくさん登場するから）　［H 2:2］
- ・動物の「オウム」だけは日本語ではなく、ドイツ語の「Papagei」　　　　　　　　　　　　　　　　　　　　　　　　　　　　　［H 2:7］

　これらの例は、英語学習の初心者が英語の単語がわからなくて、日本語で代用するケースに通ずるものがあります。しかし、できればパラフレーズ等のストラテジーを駆使して、何とかカバーしたいものです。

　面白い例として、母親がお昼ご飯の準備をしているのを見て、Eは父親のもとに来て、日本語で「卵の鏡だよ」［2;2］と言いました。これはドイツ語の「Spiegeleier（目玉焼き）」に相当する日本語を知らなかったため、自分が知っているドイツ語の単語「Spiegel（鏡）」と「Eier（卵）」に分析して、直訳的に「卵の鏡」という日本語にしたのです。これは、子どもの持つ言語習得における creativity を表すユニークな事例です。

- ・（パズルをやっていて）

　O：Das ist schwer. (This is difficult.)

　→H：重い。　　　　　　　　　　　　　　　　　　　　　［H 2:4］

　この事例は、Hの頭の中の語彙目録には、ドイツ語の「schwer」に対応する日本語は「重い」しかなく、このコンテキストで「schwer」の持つもう一つの意味「難しい」に結びつかなかったのです。外国語学習者で、多義語の場合によくあるケースです。辞書を引いた時、コンテキストに合った意味合いを選ばなければいけません。

（C）スクリプト（定型表現）の習得

　日常の決まりきった手順に関して、例えば1歳頃に「いただきます」という表現が、場面と動作とともに教え込まれます。これを「スクリプト（定型表現）」と呼びます。子どもはそのような定型表現を社会的コンテキスト

の中で習得していきます。このような決まり文句は子どもの「社会化」を
促す働きをするので、円滑な社会生活を営むために必要となります。

　このようなスクリプトは、英語学習の定型表現に通ずるもので、繰り返
し練習して身につけねばなりません。一番身近な例が

　　"How are you?　→　I'm fine, thank you."

になりましょう。ただし、表現をオウム返し的に繰り返すだけでなく、場
面と動作をつけて体で覚えさせることが大切です。

　面白いのは、年齢的には少し後になりますが、バイリンガルがそのよう
な決まり文句に反発した事例が認められたことです。

　私たち日本人は、他人の家に入るときには無意識的に「お邪魔します」
と言いますが、バイリンガルの一つの特徴として、音声より意味に注意を
払う傾向がある（例：「cap」という発言に対して、発音が近い「cat」では
なく、意味を汲んだ「hat」を意識する）ため、被験者Eは「お邪魔する
なら、来るな」と、この挨拶に反発したのです。さらに、Eはその意味を
友だちに説明したと見え、それから友だちはEのところへ遊びに来ると
「お邪魔しませーん」という挨拶をするようになったのです[E 5:2]。

　もう一つユニークな事例として、バイリンガルの言葉遊びを紹介します。

　　・（テレビでセサミ・ストリートを見ながら）

　　O：Das ist ein Papagei.（That's a parrot.）

　　これに対して、Eは、次の画面を見て、母親の言葉をもじって

　　→E：Das ist Mamagei!　　　　　　　　　　　　　　[2:2]

きっとテレビ画面に「青いオウム」に対して、「赤いオウム」でも登場
したのでしょう。「パパ」と「ママ」をもじった機知に富んだ言葉遊びで
す。大人だとダジャレになってしまいますが…。

（D）スピーキングの出現

　被験者Hの二言語の発達は均衡のとれたものではなく、明らかに「日本
語」が優勢で、「ドイツ語」に関しては「受容バイリンガル」（passive bilingual）

の特性が強かった。かなりの程度聞いて理解できるが、なかなか自分では話しませんでした。が、そのうち徐々に質問に答える形で産出するのが観察されました。

　　　・（イチゴを食べるのに）

　　　　O：Mit Joghurt essen oder so essen?

　　　　（ヨーグルトと一緒に食べるの、それともそのまま？）

　　　→H：So essen.（そのまま食べる）　　　　　　　　　　　[H 2;3]

　　　　O：Bist du schon angezogen?（もう着替えたの？）

　　　→H：Noch nicht.（まだ）　　　　　　　　　　　　　　　[H 2:10]

　そして次第に、やり取りにおける返答だけでなく、自発的な発言にも「ドイツ語」が見られるようになりました。

　　　・（プラスチックのナイフが切れないので）

　　　　H：Geht nicht.（切れない）　　　　　　　　　　　　　[H 2:11]

　次の談話ではHが主体的な情報提供者となっている点、大きな成長の証と言えましょう。

　　　　O：Wir brauchen einen Haargummi.（髪のバンドがいるよ）

　　　→H：（風呂場のキャビネットを指差して）

　　　　　　Gummi is da drinnen!(髪バンドはあそこの中だよ)　[H 2:11]

　このような形で徐々にスピーキングが登場するということは、第二言語習得にとっても示唆に富むものです。

　また、珍しい例として、第3言語のスピーキングを見てみましょう。日・独語のバイリンガルで育った E は、3歳時点で突然英語環境に投げ込まれて戸惑ったのか、「英語」を話すことを長い間拒否し続けました。知っているはずの Hello や Bye-bye さえも、口を閉ざしていました。ところが、イギリス滞在が6週間たったある日、突然話し出したのです。人形と遊びながら「英語」で話しかけて、

　　　・This is my girl；she want not into the garden.　　　　[E 3:6]

　英語を話さなかった6週間はいわゆる "silent period"（沈黙の期間）と呼

ばれるもので、その間一生懸命インプットに浸り、それを取り込み、overlearning の状態になって、突然溢れ出るような形で話し始めたのです。中でも興味深いのは、文の統語構造がドイツ語式である点です。子供ながらに、無意識のうちに言語的に近い「ドイツ語」の語順を頼りに英文を組み立てていったのです。次の例を見ると、語彙と語順で「ドイツ語」からの干渉が起こっているのがわかります。「日本語」は言語的に遠いからでしょうか、全く関与しませんでした。

I can schon nicht with you in the toilet; I can schon alone.

(I can already go to the toilet without you; I can already go alone.) [E 3:6]

（E）BICS と CALP

これまで紹介したさまざまな事例が示しているように、バイリンガルの二言語の発達に関しては、脳が半分ずつになる（$1 \div 2 = 1/2$）のではなく、2倍（$1 + 1 = 2$）またはそれ以上になることがわかりました。それを説明してくれるのが、カミンズの「相互依存仮説」で、次のような二つの氷山によって図示されます。

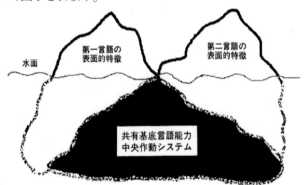

図2　Cummins の相互依存仮説（ベーカー著・岡訳 1996:163）

図2が示すように、表面的には全く別の二つの言語も、水面下では一つの認知システムを共有しているのです。そのおかげで同じことを二度学ばなくても良いし、また習得するのに2倍の時間がかかるわけでもありませ

ん。しかし、このような共通認知システムにどちらからでも自由にアクセスでき、その恩恵にあずかることができるためには、ある一定の条件をクリアしていなければならないことに思い当たりました。

　つまり、両方の言語において一定の熟達度に達している必要があるのです。そのレベルを説明してくれるのが、「しきい仮説」（Thresholds Hypothesis）になります。両方の言語がある一定の「しきい」（threshhold、しかも複数であることに注目）レベルに達していなければならないということですが、そのレベルは一体どこに設定できるのでしょうか。いろいろと考察していくと、BICS（Basic Interpersonal Communicative Skills：生活言語能力）という日常会話のレベルを超えて、CALP（Cognitive-Academic Language Proficiency：学習言語能力）という認知的により高度な学習言語のレベルにまで到達していなければならないことに行き当たります。

　この BICS と CALP という二つの言語レベルの区別については、日本の児童がアメリカに行った時を想定してみてください。1年間の英語補習クラスを終了して一般のクラスに入った子どもが、どうも学業成績がパッとしないのでなぜなのか調べてみると、会話レベルの「英語」は上手くなっていても、学業で必要とされる言語にはまだついていけないことが判明します。学業で必要とされる言語は、日常会話に比べて認知的レベルが高いのです。そのため、二つの言語の伸び方は異なり、BICS は1年程度で同年代に追いつきますが、CALP の方は年齢によって多少異なり、3〜5年もかかるのです。

　このことから、英語教育への示唆として、日常的な英会話と、思考が要求される知的なコミュニケーションとは同一視できないということがわかります。習慣形成理論に基づき、Audio-lingual Approach で mim-mem（mimicry-memorization：模倣・暗記）や pattern practice（文型練習）によって反射的に反応ができるようになっても、それはまだ模倣や反復、機械的な文型の操作でしかありません。本当のコミュニケーションでは、自分で

考えながら文を生成することが求められるのです。

3-3　英語学習者の場合

　それでは、バイリンガルの脳の中の2言語がどのようになっているのか、さらに検討してみましょう。一般に、習得過程によって「統合型バイリンガル」（coordinate bilingual）と「複合型バイリンガル」に分けられます。前者は学校では「英語」、家庭では「スペイン語」というように別々に使い分ける場合をさし、後者は家の中で父親が「英語」、母親が「日本語」を使うような場合です。つまり、全く別の場面で併用して使われる二つの言語と、同じ場面で混用される二言語の違いです。そうすると、前者ではそれぞれ別のものを別の言語で表すのに対して、後者では一つのものを二つの言語で指示することになります。

　上の二つのバイリンガルの型との関連で、第二言語学習者を考えてみましょう。バイリンガルを広義に定義すると、英語学習者が"Hello. My name is ..."と言い始めたら、既にバイリンガルの始まりととらえることができます。しかし、上の二つのバイリンガルの型には当てはまりません。二つの言語の関係から、第3の「従属型バイリンガル」（subordinate bilingual）を想定する必要が出てきます。従属型バイリンガルの特徴は、常に強い方の母語が介在するという点です。つまり、「英語」を聞いても「日本語」に訳して理解し、「英語」を話す時もまず「日本語」で発想してからそれを「英語」に訳すというプロセスを踏むのです（4-2.2（A）参照）。

　そのため、時間がかかり、優勢言語である母語からの干渉（interference）を避けることができません。干渉は語彙や文構造だけでなく、発想においても起こります。さらに厄介なのは、「トレード・オフ」（trade-off）という現象です（4-2.2（B）参照）。つまり、話すときに単語や文法に気を配りすぎると内容がおざなりになり、逆に、内容に注意を向け過ぎると文構造がメチャクチャになってしまうという問題です。これは初心者〜中級者が抱える悩みで、上級で内容を考えながら文を組み立てることができるようになるまでは、誰でも大変

苦労するところです。しかし、この困難な時期を乗り越えなければ、考えながらコミュニケーションするというスピーキングの fluency は身につきません。

4 ．「言語運用能力」とは？

4 - 1　"Communicative competence" で十分か？

　さて、バイリンガルであれ、外国語学習者であれ、人の持っている「言語能力」とは一体何なのでしょうか。この問題に関して、チョムスキーは competence（言語能力）と performance（言語使用）に分け、理論言語学の研究の対象になるのは前者の competence であるとし、performance は除外しました。ところが、応用言語学者および外国語教師はこの二分法に満足せず、これでは頭の中の文法知識になり、外国語学習者の知っていても使えないという問題を説明できません。

　そこで、実際の言語運用を説明するのに画期的な "communicative competence"（伝達能力：ＣＣ）が提言されました（Hymes 1972）。ＣＣは4つの部門から構成されます。その4つとは、grammatical competence、sociolinguistic competence、 discourse competence、 strategic competence です（Canale 1983）。簡単に説明すると、「文法的に正しい文を作る能力」、「社会的な適切さ」、「談話としての一貫性」、「コミュニケーションの目的達成のための対処能力」となります。

　ＣＣ論は広く受け入れられ、日本ではこれをもとにした面接試験の評価票もできました。しかし、4項目にわたって評価するのはとても使いづらく、また各項目を5点満点でつけた得点を合計してもスピーキング能力になるのか、疑問に感じざるを得ません。例えば、単語を知らなければどうにもならないので grammatical competence は 0 点でも、そのわからない単語を尋ね返すと strategic competence で5点満点がつくことになる、というように奇妙なこと

になってしまいます。

　そのような試行錯誤を経て私が強く感じたのは、ＣＣはコミュニケーションに含まれる要因を分類し、並列的に並べたものでしかない、という認識でした。確かにコミュニケーションにはこのような４つの要素が含まれているかもしれないが、それらが横並びの状態で関わっているわけではありません。実際のコミュニケーションでは、これらの要素が複雑にからみ合って進むのです。その点を無視して、ＣＣ論はコミュニケーションに含まれる要因を取り出して、並列的に分類したのに過ぎない。つまり、「記述モデル」でしかないことがだんだん明らかになってきました。それゆえ、コミュニケーションのダイナミックな側面を反映した「プロセス・モデル」が必要になってきます。

　そのダイナミックなコミュニケーションのプロセスを表したのが、次の図3になります。この図の鍵になるのは、STRATEGIC COMPETENCE（SC）にあります。

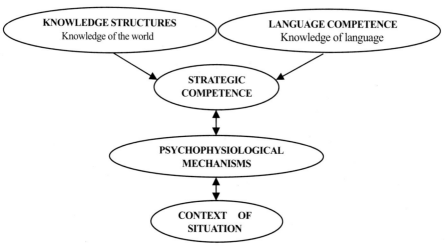

図3　Communicative language ability (Bachman 1990: 85)

　Bachman（1990）によれば、SC は「言語能力と知識構造を合わせて実践的に運用するとき、総合的なフィルターの働きをする」と定義されます。プロセスとしての SC は、コミュニケーションが社会的コンテキストの中で対人間の

相互作用として展開するとき、「言語知識」（右上の LANGUAGE COMPETENCE）と「背景知識」（左上の KNOWLEDGE STRUCTURES）をもとに言語運用をコントロールする司令塔の働きをします。この背景知識とは世界に関する教養にあたり、知らないことは（母語でも）話せないことからも納得できます。そして、伝えたいメッセージを実際に組み立て産出する段階になると、私たちはいくつかある meaning potentials （例えば、駅へ行く道を尋ねるのに、単に Where's the station?と言うのか、丁寧に Could you show me the way to the station?と尋ねるのが良いか、それとも How can I get to the station?にするか、というように意味的に可能な表現をさす）の中から、「話し手の意図」（PSYCHOPHYSIOLOGICAL MECHANISMS）および「状況や相手」（CONTEXT OF SITUATION）との関連において、最も適切な表現を選んでいきます。これらの操作すべてをコントロールするのが SC の働きです。ですから、この SC は上の CC に含まれる SC とは比較にならないほど複雑な働きをすることがわかります。

　このような形で、「言語運用能力」はダイナミックに展開するという新しい認識に至りました（岡 2017a）。それをもとに、次節では第二言語のスピーキングに焦点を当てて議論します。そうすると、言語運用面でのダイナミックなプロセスに加えて、第二言語である点も考慮しなければなりません。さらに、スピーキングとの関連で日本文化における特異なコミュニケーション・パターンも無視できません。

4-2　第二言語（外国語）運用能力：スピーキング

4-2.1　スピーキングのプロセス

　スピーキングのプロセスは３段階に分けることができます（岡 2019）。

　まず（１）自分の頭の中に何らかの概念がなければなりません（概念形成段階）。つまり、伝えたい内容と、それを伝えたいという動機があること。言うことがないとか、言うべきことがわからない時には、スピーキング自体

がスタートしません。と同時に、「話したい、伝えたい」という動機が不可欠です。それゆえ、コミュニケーションに対して否定的な「話したくない」という態度や、受身的で聞いているだけの消極的な態度は、スピーキングにとって阻害要因になります。

　次に、それをどのようなことばで表現すれば良いのか、（2）文の生成段階に進みます（形式処理部門）。頭の中の語彙目録から語彙を選び、それをもとに文法的記号化が行われることになります。もし語彙目録になければ、つまり知らなければそれをどのようにカバーするか、ストラテジーを駆使したり、逆に諦めることも多々あります。その後、語彙をもとに文法的に文を組み立てる段階に進みます。その際、同じメッセージでもいくつかの表現の可能性（前節で述べた meaning potentials）があるので、話者はその中から自分の意図および状況・相手との関連において最も適切なものを選択することになります。外国語学習者がかかえる大きな問題は、このあたりのスピードの問題です。自分が言いたい概念をもとに、まず「単語」を探し出し、次にそれらを「文に組み立てる」という作業、つまり頭の中で「英作文する」ことになるため、とにかく時間がかかってしまいます。この段階でわからないからとか、面倒だからと言ってスピーキングを諦めてしまうケースも少なくありません。文を生成する上で考慮しなければならないのは、言語的な側面だけではありません。コミュニケーションが起こるコンテキストを無視することはできません。社会的な側面として、場面（formal か casual か）と対人関係（相対的立場と親密度）にも注意を払わなければなりません。具体的には、文体や丁寧さなどに現れてきます。

　最後に（3）いよいよそれを表現として音声で産出することになります（調音の段階）。外国語の場合、ここで発音が大きな問題となり、発音が正確でないために伝えたい内容が伝わらなかったり、誤解を招いたりすることも少なくありません。ネイティブ並みでなくとも、国際的に容認される発音が求められます。例えば、日本人学習者の場合、少なくとも[1]と[r]の発音は区別し、[θ]が[s]にならないようにしないと、誤解が生じたり、伝わらなかっ

たりします。そのための効果的な練習が right-light, sink-think というようなミニマル・ペア（minimal pairs）練習です。

　この形式処理の段階と次の調音の段階の橋渡しとして、文の生成が一応出来上がったところで、外国語学習者はそれを実際に発話する前に「メンタル・リハーサル」することがあります。つまり、確認のために心の中で一度言ってみるのです。その結果、さらに時間がかかることになり、出来上がった頃には話題は別のところに移っていたりします。

　同じスピーキングでも、これまで見てきた独白的なスピーキングと、相手の発話に対して自分の反応を組み立て、英語でやり取りする対話的なスピーキングとは同じではありません。そのため、後者のスピーキングを CEFR（Common European Frame of Reference：ヨーロッパ共通参照枠）では別立てし、4技能に加えて5つ目の技能として「Interaction（やり取り）」としています。自分の言いたいことを勝手に述べれば良い独白的なスピーキングと違って、相手とのやり取りでは談話としての内容的な一貫性あるいは対応がないといけないし、相手との社会的関係が表現に影響してきます。ただ文法的に正しい（correct）だけでなく、社会的に適切（appropriate）であることが求められます。その一つに丁寧さがあります。同じことを頼むのにも、相手によって Open the window. と Would you mind opening the window? をうまく使い分けなければなりません。また、パーティーに誘われて、断るのにぶしつけに"No, I can't."と言ったのでは、今後もう誘ってくれなくなります。"I'd like to very much, but 〜"とやや婉曲に言いたい。Interaction では相手とのキャッチボールを繰り返しながら、情報の量と質を調整するなどの「意味の交渉」（negotiation of meaning）を経て、相互理解をめざすのです。

4-2.2 日本人のスピーキングの特徴
　これまで述べてきたスピーキングのプロセスはすべての人に共通するものですが、日本人の英語でのスピーキングを考える時、無視できない特徴が

2点あります。一つには（1）外国語であるという点、そして（2）日本人特有の要因として、日本文化の持つ特徴、です。これらの要因が日本人のスピーキングに少なからず影響を与えてくると考えられるので、次に、これらに焦点を当てて考察していきます。すると、なぜ日本人は英語でのスピーキングが苦手なのか、明らかになってくるのではないかと期待できます。

（A）母語の介在

　なぜ日本人は英語が話せないのか、を追求していくと、まず、先に述べたようにスピーキングのプロセス自体からその複雑さがわかります。そして、普通の日本人はその操作をすべて優勢言語である日本語を介して行うので、問題はややこしくなるのです。時間はかかるし、母語からの干渉はあるし、というわけです。

　そのような日本人の英語でのスピーキングのプロセスを図式化すると、次のようになります。母語（L1）と目標言語（L2）がどのように作用し合っているかに注目ください。

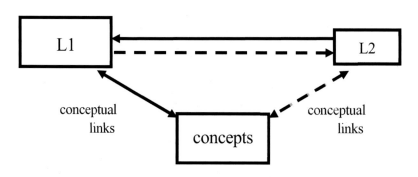

図4　改訂階層モデル（Kroll & Stewart 1994:158 をもとに）

　この図では、二つの言語の関係だけでなく、線の太さとボックスの大きさによって結びつきや影響力の強さを表しています。根本的な特徴として、母語の介入があります。L2の力が十分でない段階では、まずL1で考え

（concepts から左上 L1 への実線）、それを L2 でどのように表現すれば
いいのかを試行錯誤しながら日本語から英語に翻訳する（L1 から L2 へ
の破線：結びつきが弱いことを表す。また、L1 のボックスが L2 よりも
大きいことにも注目）。とりわけ、難しい内容になると L2 では思考が進
まず深まらないので、まず L1 で考えて、それを L2 に訳していくしか術
がありません。但し、初心者レベルでも L1 を介せずに直接に出てくる L
2 表現（concepts から右上 L2 への破線）もあります。この破線で直接結
ばれるのは、決まりきった挨拶などの定型表現です（例えば、I'm fine,
thank you. など）。しかし、そのような条件反射的な表現を、思考を要す
る言語の表出と同列に扱うことはできません。いわゆる BICS（生活言語）
と CALP（学習言語）の違いになります。

　このように第二言語の操作に母語が介入するため、干渉が起こり、時間
がかかるのです。このような二つの言語の関わり方は、同じ二言語使用で
も「従属型バイリンガル」と分類されます。それゆえ、ここでの一番の課
題は「自動化」（automatization）になってきます。自動化に関して、
Andersen（1983）は「宣言的知識」を「手続的知識」に変えることを提唱
しました。つまり、知っていることを使えるようにすれば良いのですが、
それは一体いかに達成できるのでしょうか。

　自動化をめざして、英語教授法の歴史においてもいくつかの指導法が提
案されてきました。典型的には、行動主義の学習理論が唱えた S-R（刺激
-反応）式の習慣形成という考え方です。Mim-mem や pattern practice
のような模倣・反復練習や置き換えドリルなどの文型練習を通して暗記し、
新しい第二言語の習慣を形成し、無意識に産出できるようにすることが強
調されました。このような行動主義理論にもとづいた Audio-lingual
Approach は、自動化をめざして機械的な練習による習慣形成を強調しま
した。ところが、対象となるのは挨拶や定型表現などにとどまるのです。
そのような日常会話表現ならば S-R 式に習慣形成し自動化することは可
能ですが、思考が求められるような論理的・抽象的内容の場合にはいかに

対処すればよいのか、そこに課題が残ります。

（B）トレード・オフ現象

　L2 スピーキングで見逃してならないのは、そこで起こっている「トレード・オフ現象」です。つまり、われわれの処理能力には限界があり、形態と内容の間にはいわゆる「トレード・オフ」という現象が存在します。とりわけ L2 の力が十分でない段階では、それを避けることができません。どう表現したらいいのか、語彙や文法レベルの操作に気を取られすぎると、メッセージがおろそかになり、思考が深まりません。逆に、内容に注意を払いすぎると形態面がおろそかになり、文構造がめちゃくちゃになってしまいます。その結果、L2 スピーキングにおいては正確さ（accuracy）と流暢さ（fluency）のバランスをとるのが難しくなってきます。さらに、文法構造の複雑さ（complexity）も、正確さ・流暢さとトレード・オフの関係にあることに気づきます。難しい表現や構文を使おうとすると滑らかでなくなり、正確さも欠けてしまう傾向があります。

　このような現象を Takano & Noda（1995）は「外国語副作用」と呼びました。つまり、第二言語学習者はその言語を用いるとき、処理資源を第二言語の処理にとられるため、知的レベルが全般的に低下するのです。それゆえ、形態面がある程度自動化された段階に達していないと、内容面に注意を向ける余裕はありません。ゆえに、英語教育の課題は、第二言語の処理過程をできるだけ自動化することになります。素早く L2 へ、さらにはほぼ無意識的に L2 で思考し表現できるようにしなければなりません。そのように考えていくと、英語教育は"Thinking in English"をめざすことになるのでしょうか。

4-2.3　日本文化の特徴

　日本人のスピーキングのもう一つの特徴は固有の文化的な側面にあり、これが英語のスピーキングに大きな影を落としているように思われます。日本的なコミュニケーション・パターンはアメリカと比較して、「高コンテキス

ト（High context）文化 vs. 低コンテキスト（Low context）文化」と対比されます。高コンテキスト文化では人々が深い人間関係で結ばれ、情報は広くメンバー間で共有され、単純なメッセージでも深い意味を持ってきます。そこでは行動規範が伝統的に確立され、コミュニケーション形式も明確に規定されています。それに対して、低コンテキスト文化では、メンバー間で共有される前提が限られているため、個人は明確なメッセージを構築して、自らの意図を他者に押し出さねばなりません。つまり、言葉で説明し、自己主張する必要があるのです。前者が日本、後者がさまざまな文化的背景を持った人種で構成されたアメリカに当たります。

　このような違いのため、日本では「察し」や「以心伝心」が働くことになりますが、アメリカではそれは期待できません。言葉で言わなければ、"You didn't say it."と言って相手にされません。逆に、日本では「こんなこと言ってもいいのかな？相手が気を悪くするのでは？」と考え、発言を控えたりします。最近、流行語になっている「空気を読む」と「忖度」は、ともに"read between the lines"と英訳され、典型的に日本的コミュニケーションを表しています。

　異文化コミュニケーションを検討するにあたり、私は日米間のコミュニケーションの差異を、（A）発想（B）論理構成（C）価値観に分けました（岡2017b）。

（A）発想

　発想の違いは、単語 brother で例示することができます。兄弟を紹介するとき、「英語」ではよほど区別する必要がない限り brother でしかありませんが、それでは日本人にはどうもしっくりきません。普通、兄か弟か区別しますから。つまり、「日本語」と「英語」でどのように範疇化するかが違うのです（このことは子どもの言語発達の3-2．2参照）。ある意味で、これは日本のタテ社会を反映したもので、学生が先輩か後輩か、常に上下を意識する心理にも表れています。横並びのアメリカでは、父親や

大学の先生までをも first name で呼んだりします。そのような異文化表現に接すると、どうも心理的に落ち着かないのは筆者だけでしょうか。

　良く知られている例は、プレゼントを渡すときの発想の違いです。日本ではお土産を渡すときなど、「つまらないものですが…」と謙譲表現を用います。ところが、これを直訳して" This is nothing good." ではおかしい。アメリカの文化的に対応するのは、もっとポジティブな表現 "This is something for you. I hope you like it."あたりになりましょう。

　この問題が深刻化するのは、会社の人間関係においてです。例えば、会社で日本人の上司がアメリカ人女子社員につっけんどんに"I don't think so."とか"Why?" と言われた時、上司は気分を害し、穏やかな気持ちでいることができません。彼女にとっては自然であっても、彼にとっては不遜に映るからです。

（B）論理構成

　論理構成についてよくあげられるのは、英語のスピーチは "I like...for three reasons. First,..."と結論を先に提示して、それからその理由を述べる、という例です。それに対して、日本語ではまわりの状況説明から入り、結論は最後になります。そのため、アメリカ人は、日本人が何を言いたいのかはっきりしないためイライラすることになります。

　次の会話は、文部省の教員海外視察団に同行する通訳を選考する面接の一場面です。特に注目したいのは、括弧内に示されたアメリカ人面接官 Q と日本人教員Aの思考パターンの違いで、このようにしてコミュニケーション・ギャップが起こるのです（Sakamoto & Sakamoto 2004: 46-47）。

　Q：What is the major discipline problem in your school ?

　A：Our school is about fifty years old...

　Q：(*What is he talking about? I didn't ask how old his school was. He didn't understand the question. I'll repeat it.*) What is the major discipline problem in your school?

A：（*Why did she interrupt me?　Why can't she wait for me to finish answering the question? I'll start over.*）Our school is about fifty years old...

　このような形で異文化間コミュニケーションのズレが生ずるのは、とりもなおさず、それぞれが自分の文化の価値判断、思考形式に縛られているからに他なりません。このような壁を乗り越えるのには、互いに相手の文化を尊重し、寛容な態度で相手を理解するよう努めることが必要となりましょう。

（C）価値観

　価値観の違いは、「沈黙」と"silence"の意味合いが大きく異なることに表れています。日本では「沈黙は金なり」と言われ、黙っている人を奥ゆかしいととらえたりするのに対して、アメリカでは意見のないつまらない人と見なします。一例として、教室でほとんど発言しなかった日本人学生の印象を尋ねたところ、日本人学生は6割が好意的に評価したのに対し、アメリカ人学生は9割が否定的に評価したのです。

　少し以前に流行語になった造語 workaholic（work + alcoholic）とか work overtime に関して、日本人はそれほど悪い印象は持たないのに、英語文化ではかなり否定的にとらえられ、"Why do you have to work so much?" というような疑問が投げかけられます。

　以上のような文化的な違いが、国際的なビジネスにおける異文化間コミュニケーションにも影を落としてきます。TOEIC で高得点をとる日本人ビジネスパーソンでさえも、仕事の交渉になると困難を感じることが実証されています（小池・寺内 2010）。仕事の交渉ごとでは、相手とのやり取りにおいてキャッチボール式に受け取り、投げ返し、それを通して自分の論点をきちんと主張し、相手に納得してもらい、最終的に互いの合意点を見つけねばなりません。ところが、日本文化の中で育つと、無意識のうちに日本的なコミュ

ニケーション・パターンが身につくのは避けがたく、どうしてもディベート等は苦手です。

　今や異文化は我々のすぐ身近にあります。同じ団地に住む外国人に自治会に入るよう勧める場合、どのように説明し、説得しますか。日本人同士だったら説明不要なことも言葉で伝えなければなりません。"It's too Japanese." と言ってしまっては、異文化間コミュニケーションを放棄したことになり、相互理解は生まれません。

　これまでいろいろ見てきたように、世界の人々と意思疎通するには文化の差異を認識した上で、違いに対して寛容な態度で相手を理解するよう努める必要があります。そう考えると、今や国際舞台では言語の切り替えだけでなく、「文化文法」の切り替えも求められると言っても過言ではありません。

５．英語教育への示唆

　さて、それではこれまでの実証研究の結果およびそれをもとにした議論と考察から、英語教育への示唆を導き出していきたいと思います。大体５点ぐらいにまとめることができるのではないかと思います。

（1）リスニング、英会話について

　最初に検討したリスニングから明らかになってくるのは、最近流行の「聞き流し」教材で聴けるようになることは大人の場合期待できません。聞いて意味理解に至るまでには、decoding（解読）のための積極的な取り組みがなければなりません。もし単語でつまずいたとしたら、やるべきは語彙力を増強することです。知らない単語は何度聞いても雑音でしかありませんから。ただし、一つだけ、話題への馴染みや前後関係から意味を推論するというストラテジーが残されています。しかし、この手法はその場しのぎにはなっても、英語力自体のかさ上げにはなりません。

私の高校生時代、英語の先生が週末にイタリア映画を見て、「ソフィア・ローレンも[v]の発音はちゃんと下唇をかんでいたよ」と得意げに話してくれました。が、当時の私には一体何のことなのかさっぱり理解できませんでした。[v]の発音も「ブ」でしかなく、「ヴ」は存在しなかったのです。大学生になると、リスニング強化のため、映画を２回続けて見たりしました（当時は入れ替え制ではなかった）。１回目は日本語の字幕を見てストーリーを理解し、２回目は英語のリスニングに集中するというやり方で耳を鍛えましたが、早い発話など細かいところまでわからないままでした。最近は、ＤＶＤでちょっと巻き戻して、聞き返せばいいですよね。

　リスニングと同様に、スピーキングも単純ではありません。世の中では「英会話」ブームが続いていますが、残念ながら、挨拶や道を尋ねるという日常会話への関心でしかありません。また、対話のロールプレイ練習や暗記したことを recite する活動をスピーキングだと誤解してはいけません。さらに、BICSレベルの定型表現ができてもまだ不十分で、本当のスピーキングは CALP レベルで自分の考えを素早く頭の中で「英語」に組み立て、発表することなのですから。

　限られたインプットをただ受け身的に聞いているだけでは、産出できることにはつながりません。話せるようになるためには、やはり話すための練習が不可欠です。そのためには、まずインプットを意識にあげ（noticing）、それを自分のものとして取り込まなければなりません（intake）。さらに、それが使えるようになるためには、「アウトプット仮説」が提唱するように、十分に産出する練習を積む必要があります。

　そのためには、教室活動を形態（form）中心から意味（message）中心へと発展段階的に構成する必要があります。そこで効果的になるのが、インタラクションを重視したタスク活動です。「タスク」（task）とは特定の目的を持った、意味中心の言語活動をさします。実際に英語を使ってやり取りし、目的を達成するのです。

（2）訳、母語の介在

　英語運用能力を育てる上で、一番邪魔になるのが「訳す」という作業です。依然として日本の教室では広く訳読の授業が行われている現状があります。私は4月には新入生に「英文を訳して終わりと思うな。そこから英語の活動が始まるのだ」と宣言しました。多くの学生は、それまでの経験から、英語学習は訳すことが目的だと勘違いしていますから。そして、リスニングでもリーディングでも英語でそのまま聞こえてくる順に（またはそのまま左から右へ）意味をとっていくことが大事であることを強調しました。そのためには、chunkingの手法が求められます。それを通して、本当の英語力とは4技能を積極的に使えることなのだという新しい意識を植えつけたかったのです。英文を読む時も、いちいち日本語に訳していたら時間がかかりすぎ、現実のリーディングのニーズに対応できません。左から右へそのまま意味を取って、直読直解方式でどんどん読み進むことが必要なのです。

　「英語の授業は英語で」と言っても、ただ教授言語として英語を採用すれば良いというものでもありません。単なる「教室英語」レベルであったり、読んだ内容に関して表面的な問答を行うだけでは、生徒の思考を刺激するレベルに達しません。そのためには、教師が発問を工夫することにより、徐々に質問の知的レベルを上げ、CALPの育成につながるように導いていくことが重要です。ただ本文に書かれている断片的な情報を尋ねるようなfact-finding Q.（事実を尋ねる問い）から、考えさせるinferential Q.（推論を促す問い）へと発展させなければなりません。具体的に言うと、Yes/Noで答えられるような質問や本文に書いてある年号を尋ねるような質問から、徐々にHow/Whyで方法や理由を尋ねたり、さらにはCompare/Summarize/What do you thinkへと進んで、比較・分析させたり、自分の考えや意見を発表させるのです（岡 2017a：17-18）。

　ところが、外国語で考えることは多大な困難をきたすため、難しい内容になると日本語にスイッチしてしまう傾向があります。それでは一体いつになったら英語で考えることができるようになるのでしょうか。

（3）What to say、中身の問題

　スピーキングを論ずる時、"how to"ばかりに注目が集まる傾向があります。ところが、知らなければ話せないし、話についていけないことを考えると、何を話すかという内容面（what to say）がそれ以上に大切なことがわかります。そのためには、いわゆる教養、幅広い世界に関する知識が求められます。

　例えば、Queen Victoria が出てきたとき、学生が「自分は世界史をとらなかったから知りません」というような言い訳をしたりします。大学の教養課程のさまざまな科目を通して、また自分で幅広く読書したり、いろいろな経験を積むことによって、世界の常識を身につけたいものです。そのために CLIL（Content and Language Integrated Learning：内容言語統合型学習）的な活動で、他教科の内容を取り込んで調べたり、発表するのも効果的でしょう。

　また、異文化コミュニケーションとの関連で、アメリカでホームステイして帰ってきた学生が、「日本のことをいかに知らないのか思い知らされた」というようなことをよく言います。そのような culture shock 体験はとても貴重なもので、それを通して視野が広がり、より大きな人間に成長すればしめたものです。

（4）コミュニケーションに対する態度

　国際コミュニケーションで重要な点として、上で述べた話す中身と同時に、コミュニケーションに対する態度があります。普通、言語的な側面にばかり注意が奪われがちになりますが、いわゆる「積極的にコミュニケーションを図る態度」の重要性は見逃せません。話すことがないとか、話したくないとしたら、何も始まりません。また、日本の学生は受身的な勉強態度が身についているため、なかなか積極的になれません。相手の話を聞いて "I see." の繰り返しばかりではとても退屈なやり取りになって、相手に飽きられてしまいます。大人のコミュニケーションはキャッチボール式に自分の方からも積極的に質問を投げかけたり、自分の考えや意見を言うことが求められます。

　これと関連した一つの事例として、東大の1年生と2年生を比較してみると面白いことに気がつきます。1年生は入試勉強の成果がまだ残っているのか、単語・文法などの知識面では優勢ですが、グループでのディスカッションになるとあまり発言がなく、2年生の方が優勢になります。受身的にテスト勉強をやってきただけの者に対して、2年生は入学以来いろいろと社会経験をしてきたからでしょうか、その成果がコミュニケーションに対する態度にも表れているようです。と言うことは、大人のコミュニケーションには、ある程度人間的な成長が求められるようです。

　日本企業で人材を東南アジアに派遣する場合、よく TOEIC の結果を参考にします。ところが、得点の高い人が必ずしも現地でうまくいくとは限りません。現地の工場長というような役職に求められる資質を考えると、テストではカバーしきれない要素が多々あることがわかります。リーダーシップ、経営・管理能力の他、現地の人への理解や現地の言語・文化への関心など、さまざまな要素がからんできます。その人の人間性、人格や人柄の問題になってきます。このように考えていくと、言語テストで測れるものには限界があることが明らかになり、態度や人格は言語テストでは測れないのです。つまり、現実場面での異文化コミュニケーション力は、テストの点と必ずしも相関しません。

（5）"Plurilingual"(複言語の)、Global 人材

　これまでの英語教育には native speaker を目標とする「ネイティブ神話」がありました。ところが、今や英語は国際共通語となり非常に多くの non-native speakers（NNS）によって使われ、その数は native をはるかに上回り、世界の英語使用者の7割が NNS という現実があります。使われる英語も多様で、" World Engli<u>sh</u>es"と言われるくらいです。しかし、それにもかかわらず英語は ELF（English as a lingua franca：リンガ・フランカとしての英語）としてちゃんと機能し、相互理解は維持されているのです。

　このような現実を鑑みるとき、第二言語能力をとらえるのに、ネイティブ神話を脱却しなければなりません。そのための新しい視点を与えてくれるのが、

CEFR に盛られた "plurilingualism"（複言語主義）の理念になります。この概念の注目すべき点は、「部分的能力」（partial competence）を肯定的にとらえた点です。つまり、必ずしも母語話者のレベルでなくても、目的と場面に応じて必要なレベルで使えれば良く、また４技能が均等でなくても良いとするのがその特徴です。ただし、しっかりした母語による認知と知識がその基礎にあるべきことを忘れてはなりません。このように考えていくと、日本の英語教育の目標は「しっかりとした母語能力と教養に支えられながら、国際人として必要に応じて英語を運用できる日本人」、言いかえれば「plurilingual な日本人」と言えるでしょう。

６． おわりに

　幼い時には元気に手を挙げて生き生きと発言していた子どもたちが、高校を卒業する頃までには、自分の意見を言わない人間になっていきます。これはとても残念で寂しいことです。日本の社会と教育の影響でしょうか。そうだとしたら、まず英語の授業でそれを打破すべく、子どもたちをもっと健全な方向に育てなければなりません。そのためにも、英語を通して子どもたちに夢を持たせることが大切になってきます。

　私は、東大当時、学生新聞から「新入生に送る言葉」を求められて、毎年同じことを書いていました。それは、「異文化に接して大きな人間に育ってください」というような文言でした。彼らのほとんどはそれまで受験勉強中心の人生を送ってきて、幅広い社会経験が乏しいというのが私の印象でした。異文化に接した体験など、まずありません。私自身、1960 年代、外国は映画の中にしかありませんでした。外国は夢であり、憧れでした。大学生で初めてイギリスに行ったときの culture shock（文化の衝撃）はとても大きかったけど、前向きにとらえ結構楽しいものでした。そして、それが私の人生の大きな転機になったのも事実です。そのような経験から、学生にもまだ若くて柔軟性のある

間に異文化に接して、視野を広げ全人的に成長してもらいたいと考えたのです。

　海外へ行くと、水がタダでないことに驚き、トイレがなかなか見つからないので困るだけでなく、入るのにお金を取られたりします。また、列車に乗ろうとしても、出発直前までどのプラットフォームかわからないのでイライラします。また、しょっちゅう遅れるので、新幹線に慣れている日本人にとっては頭痛の種です。しかし、そのような衝撃にも、若いと「へー、そうなのかー」と柔軟に対応し、すぐに慣れていきます。ところが、年をとると「なんでこうなんだ！」と批判的な態度になり、ストレスがつのるばかりです。だから、明らかに若いときに異文化を体験する意義があるのです。

　そのような未だ柔軟性をもった子どもや学生に、英語を通して異文化を学び、culture shock 体験を通して、より大きな人間に育ってほしいと思います。なぜイギリスの空が広いのか、日本に帰って街の中を見渡すとあらゆる所に電線が張り巡らされていることにハッと気づきます。若者に人気の竹下通りなどは、上を見ると最悪です。また、ヨーロッパの街には古い街並みや建物が綺麗に保存されているのに、道路にはゴミが落ちていたり、壁には落書き（graffitti）があったりします。逆に、日本は、道路は綺麗でも古い街並みの保存なんてほとんどありません。なぜなのでしょうか、異文化に接すると考えさせられます。

　というように、異文化に接すると視野が広がります。それまで当たり前だと思い take for granted していたことに対して疑問が投げかけられ、考えさせられます。比較考量することにより理解が深まり、批判力が生まれます。つまり、"critical thinking"です。日本語では「批判的思考」と訳されますが、「非難」や「否定」をさすのではありません。物事を無批判に受け入れるのではなく、多様な角度から検討し、客観的にとらえることを意味します。そのようなプロセスを経て、より大きな人間に育っていくのです。日本のぬるま湯的な文化の中にずっと浸かっていると「井の中の蛙」になってしまい、何事も当たり前に映り、何の疑問も起こらず、進歩がありません。だから、異文化に接して視野を広げる必要があるのです。

　「英語」の学習がそのための絶好の機会になります。先生方が子どもたちの

role model となり、「英語」が子どもたちに夢を与え、さらに異文化に接し視野が広がるに伴い、夢も広がっていくことでしょう。そして、その夢に向かって彼らが大きく成長し、より大きな世界に羽ばたくよう願っています。

【参考文献】

・岡秀夫（2019）「英語のスピーキング力を考える —日本人学習者の実態をもとに—」（『金沢学院大学紀要』第 17 号、pp. 66-81.）

・岡秀夫（2017a）「英語教育学研究：残された課題」（『JACET 関東支部紀要』Vol. 4、pp. 4-21.）

・岡秀夫（2017b）「異文化理解のための英語コミュニケーション」（『神奈川県立国際言語文化アカデミア紀要』第 6 号、pp.69-78.）

・岡秀夫 (2013)「子供の言語発達：ハナの場合」（『目白大学人文学研究』第 9 号、pp. 102-128.）

・岡秀夫、高山一郎（1993）「学習者の多様化—英語力と先行学習経験の関係」（『言語文化センター紀要』13、東京大学教養学部、pp. 45-61.）

・小池生夫〔監〕、寺内一〔編〕（2010）『企業が求める英語力』朝日出版社.

・ベーカー, C.〔著〕岡秀夫〔訳・編〕（1996）『バイリンガル教育と第二言語習得』大修館書店.

・Andersen, J.(1983) *The Architecture of Cognition.* Cambridge, MA: Harvard University Press.

・Bachman, L.(1990) *Fundamental Considerations in Language Testing.* New York: Oxford University Press.

・Canale, M.(1983) From Communicative Competence to Communicative Language Pedagogy. In Richards, J.C. and R.W. Schmidt (eds.), *Language and Communication* (pp. 2-27). London: Longman.

・Hymes, D.(1972) On Communicative Competence. In Pride, J. B. and J. Holmes (eds.), *Sociolinguistics* (pp. 269-293). Harmondsworth, Middlesex: Penguin Books.

・Krashen, S (1982) *Principles and Practice in Second Language Acquisition.* Oxford: Pergamon.

・Kroll, J. and E. Stewart (1994) Category interference in translation and picture naming: Evidence for asymmetric connections between bilingual memory representations. *Journal of Memory and Language*, 33, 149-174.

・Oka, H. (1981) Decoding Strategies in Listening Comprehension. (『言語科学』15、九州大学教養部言語研究会、6-28.)

・Oka, H. (1980) Language Development of a Japanese and German Speaking Child—With Special Emphasis on Complex Sentences. (『言語科学』16、九州大学教養部言語研究会、1-29.)

・Sakamoto, N. & S. Sakamoto (2004) *Polite fictions in collision: Why Japanese and Americans seem rude to each other.* Tokyo: Kinseido.

・Takano, Y and A. Noda (1995) Interlanguage dissimilarity enhances the decline of thinking ability during foreign language processing. *Language Learning*, 45, 635-681.

第Ⅱ部　多様な教育現場に対応する「対話的思考」の伝薪

多田孝志

第1章　教育における「実践の智」

第1節　なぜ教育の道を志したのか
（劣等感から生まれた信念）

はじめに

　これまで、小学校・中学校・高等学校の大学・大学院で教師を務めてきました。在外教育施設の教員、またカナダ・バンクーバーの高校にも勤務する機会を得ました。教員生活50余年をすぎ、教職は天職であったと心の底から思っています。いままで、担当するのが嫌だと思った教え子は皆無と言えます。それどころか、数々の出会いの至福、些細な行為からも生起する小さな感動を日々味わってきたように思えます。辛い日々も確かにありました。しかし、総じて、幸運な人生を歩んできたと回想します。その折節を記してみます。

1．教職への道程

　高校一年生（東京都立墨田川高校）のとき、些細なことが原因で学校に行けなくなりました。自転車で家を出ては、江戸川の河原や図書館、ときには盛り場で時間を過ごしていました。担任から電話があり、亡き母の涙ながらの説得に数か月ぶりに登校しました。2時間目の化学の授業、教室に入った私をみる級友たちの好奇にみちた視線は忘れられません。

　その日から、劣等生の日々が始まりました。自分に自信を失うと、教師の好意ある指名にも怯えてしまうのです。友達はできず孤独でした。そうした日々の中で「教師になろう、教室の隅で劣等感に苛まれている子供の気持ちが分かる教師になろう」と決意していました。

　高校卒業後、荒川区役所勤務の傍ら必死で勉学に励み、東京学芸大学に入学

し、自分の心身を鍛えるために柔道部に所属しました。卒業後、赴任したのは東京の下町の給食費も払えぬ子供たちがいる小学校でした。両親が借金に追われて失踪し、5年生の女児が弟たちの面倒をみるような家庭もありました。この教師生活で「教育は辛い立場の子供たちのための営み」との信念を培いました。

2．教師としての視野を広げる

やがて、在外教育施設教員に応募し、クウェートの日本人学校に派遣され、帰国後1年間の国内勤務を経て、ブラジルのベロオリゾンテ補習授業校に再派遣されました。クウェートでは、イスラムの若者たちと柔道を通じて交流し、ブラジルでは複式二部制、教師2名の小さな学校で異文化の中での学校づくりに取り組みました。

こうした二度の海外体験により教育の国際化の必要を痛烈に感得させられ、「国際理解教育」の実践的研究者として歩むこととなり、その道程に上越教育大学大学院への派遣がありました。修士論文のテーマは「国際理解教育の基礎研究」でした。

40代前半、校長の勧めにより管理職試験を受けて教頭となり、その4年後には校長試験に合格——ここでまたも人生の岐路に立ちました。結論として校長赴任を辞退したのです。「一教師として、子供の前に立ちたい」との思いが払拭できなかったのです。思えば我儘であり、周囲の人々に大きな迷惑をかけました。

この時、けじめをつけるため公立学校の教職を辞職。その私に、「海外子女教育研究」の先輩であった目白学園の佐藤弘毅理事長が手を差し伸べてくれました。この御厚意にすがり、目白学園の中学・高校で教師として8年間勤務。その間、バンクーバーの高校に交換教員として派遣されました。このカナダでの教師体験が、「対話」の重要性を認識させてくれました。日常生活の中に「対話」が常にありました。授業中に積極的に発言し、論議するカナダの高校生た

ちの姿を見聞し、日本の若者の対話力を高める必要を痛感しました。

　帰国後、数年を経て目白大学短大助教授となり、さらに人間学部児童教育学科の教授に就任。この頃から先輩や友人の推薦により、青山学院大学女子短期大学、立教大学大学院、東京大学、学習院大学の兼任・非常勤講師をつとめるようになりました。また、国際理解教育学会、日本学校教育学会異文化間教育学会、グローバル教育学会などの学会活動にも参加し、日本代表としてユネスコの世界大会をはじめ、さまざまな国際学術会議に派遣されるとともに、東南アジア、オセアニア、北米の教育調査団を引率するなど世界 45 か国を訪問し、多様な文化的背景をもつ人々と交流してきました。

3. 教育の理論と実践の融合を目指して

　畏友 西村公孝先生（鳴門教育大学：当時）の勧めにより、博士論文に取り組み、梅野正信先生（上越教育大学：当時）の指導、多くの研究・実践仲間たちの支援を得て、研究課題「グローバル時代の対話型授業の研究」で学位を授与されました。齢 70 を数える時のことです。

　学位論文執筆の日々は、厳しいものでした。自己の非才さや、体力の衰えに溜め息をつき、諦めかけた時も一度ならずありました。そうした中でフツフツと沸き上がってきたのは「荒ぶる魂」でした。教育の実践・理論研究の仲間たちに、多くの教え子たちに誇れる自分の生き方をしたい、その思いが前に進む活力を蘇らせてくれました。また、よき師に出会えたことも僥倖でした。適切な教示に進むべき方向を知り、折々の励ましに勇気づけられました。

　師の温かなご指導なくして博士論文を書き上げることはできませんでした。

　博士論文の執筆の日々は、予想外の多くの知見を得る機会ともなりました。博士論文は、学的世界に新たな地平を開拓する意味がなければならず、新たな思考を生み出す要件は、あくまで「独創」であるとの考えに至りました。他の追随でない、自分独自の着想を納得してもらうためには、先行研究の考察・分析が必要です。それにより自己の論文の意義・位置づけが明確にされます。ま

た、先行研究の精緻な分析と整理により、「独創」はやせた線のようなもので
なくなり、ふっくらした幹になることに気づきました。爾来、浮遊型思索を繰
り返しながら自分なりの理論構築を志向しました。

　実践と理論の往還・統合は博士論文「グローバル時代の対話型授業の研究」
の基本テーマでした。執筆までの期間、できる限り、全国各地の学校を訪問し、
先生方と語り合ってきました。多くの学校では、授業の構想段階の討議、授業
参観、事後の検討会に加わりました。観察・分析者としてではなく、「共創者」
として参加してきました。

　教育実践現場で教師たちと実践研究をともにしていると、何気ない、些細な
活動に深い意味を見出すことがあります。思いもかけない気づき、発見があり
ます。同じ学校の実践研究に数年にわたり参加してくると、汗のにおいのする
地道な実践が、豊かな果実を実らせていくことに気がつきます。それは子供た
ちの成長であり、教師たちの驚くような実践力の向上に具現化されていくので
す。

　その成長・向上の大きな契機は「理論研究」と「実践研究」との往還・融合に
あることにも気づきました。対話論や学習論などの理論研究の成果を活用する
ことは教師の認識を深め、学習者の多様な意見・発想を受けとめる教育活動を
創造させます。他方、実践現場から生起する多彩な「実践知」を受け入れるこ
とにより、理論研究は地について新たな知的世界を拓いていけるのです。

　教育実践者が、分析・考察が不十分な学術用語に依拠して実践を創ることに
は、皮相的・形式的な実践に陥る危惧があります。理論の限定的性格を理解し、
理論をうまく活用する力を育むことが望まれます。他方、教育分野の理論研究
が時として形式・作法重視、模倣的であり、真に創造的でないと批判されるの
は、現実の教育現場の実相との隔離に原因があるのではないでしょうか。

　いま必要なのは、実践から生起する事実を編み直し理論化し、他方、理論研
究が提示する言説や用語について、考察・分析・翻訳し実践研究に資する、理
論と実践を橋渡しする研究ではないでしょうか。これが、博士論文の執筆から
得た考えであり、事後も自己の課題と自覚していることなのです。

おわりに

　私の誇りは、全国各地に教育実践研究の仲間たちがいることです。まさに手弁当で集まり、教育実践を語り合う集いを 20 余年も継続してきました。

　この仲間たちと、出入り自由、会費なしの「共創型対話学習研究所」を立ち上げました。毎年、研究会を開催し、教育実践の方向について熱い論議をなし、また質の高い論集を刊行しています。

　権威や虚飾などの枠に取り込まれることへの危惧を乗り越え、教育実践の高みを目指す、このためには、狭義な専門的世界に閉じこもってはならない、開かれた柔軟な思想・思考を持ち続けることだと考えています。そうでなければ、物事の本質を見極めることはできないと思うからです。この思いが「教育における実践の智」を構想する基盤となりました。

　小さな好意・感動に、心揺さぶられる自己でありたい ——と願っています。

　このために、机に向かっているだけでは得られない情報、現場に息づいている事実を、常に身体感覚で感得し、また多様な分野への知的好奇心をもち続けたい、と今も思っています。

第2節　世界を旅して出会った人々

はじめに

　故郷を離れて、他国に赴き、学術・技芸を学ぶことを「遊学」といいます。古今東西、多くの学び手が自己の知的世界の広がりを希求し続々と遊学をしてきました。

　人類史を辿れば、時代の変換期に人々は文明の先進国に赴き、当地の人々と交流して知識を獲得し、多様な価値観に啓発され、新たな文化の創造に寄与し、人間的な成長を遂げていきました。

　交通手段が未発達な時代、見知らぬ地域への旅は、決して安穏ではなかったはずです。波浪を越え、熱砂を横断し、峻厳な山脈を越えていく。こうした厳しさを乗り越え、異国への旅をする人々の心情には、未知への探究心、多様な人々と触れ合う体験の喜びがあったに違いありません。

　筆者も世界各地を旅して、さまざまな人々と交流し、心で感じること、人を育てる意味について考える機会を得てきました。その経験と感得から、これまで未知の世界を旅して出会ってきた人々について記してみます。

１．世界を旅して出会った人々

　研究・実践に行き詰まり、また、自分の思考の浅さ、視野の狭さに気付いたとき、私は意識的に未知の土地への旅に出かけました。「旅は精神の若返り」ともいわれますが、世界各地での人々との出会いやさまざまな事象との遭遇から、地球時代の教育の今後の方向や人生の生き方について、気付かされ、考えさせられることが多々あり、現場に出向くことの重要性を実感してきました。

1-1　植村直己の足跡を追う

　冒険家 植村直己の生き方と人柄に憧れ、その植村が通った道を自分も歩

んでみたいと長年思い続けていました。1998年12月その夢が実現し、ネパールのエベレスト街道を辿ることができました。12名の参加者は山のベテラン揃いで、山岳ガイドに8000mを越えるヒマラヤの巨峰3座に登頂した若き登山家の松原尚之氏を迎えた道程は、テント宿泊を主とする13泊14日。シェルパの人々、そして我々の荷物を運ぶ13頭のヤクとロバの支援を受けた本格的な山行でした。

　天候に恵まれ、幸運にもエベレストを眼前に望む地まで辿り着くことができましたが、その旅程において、シェルパの人々の働きぶりと思いやりに心打たれました。職務とはいえ、疲れた人々の荷物をすべてもち、疲労で歩けなくなった人に対しては、その前に立ち、勇気づけるようにゆっくりと一歩ずつ歩みを進める。時折振り返っては、笑顔を見せ、また、そっと手をかす。そんな何気ない所作を通じて、遠来の客に対するシェルパたちの心優しい気使いが感得できたのです。そして、こうした人々に、植村直己は仲間として迎え入れられたことを実感しました。

　4000mの高地に、植村が長期間ホームステイしたクムジュン村があります。よく晴れた日、エベレストが遠望できるその丘の上で、植村のホームステイ宅の主人であり、高名なシェルパでもあるペンバ・テンジンさんに出会うことができました。植村について、その人柄を問うと、テンジンさんは「直己は、みんなから好かれていた。あんないいヤツはいない、あんないいヤツはいないよ」と繰り返し語りました。

　植村は、なぜここまで現地の人々に敬愛されたのか――そのことを詳しく知りたくなり、帰国後、明治大学山岳部で活躍された平野真市氏（炉辺の会）にお会いしました。平野氏は植村の先輩であり、ザイルをつないだ仲で、彼の人柄について尋ねると、次のように語ってくれました。

　　「植村は、シェルパの人たちと同じように働き、同じものを食べるのです。どんなに疲れていてもテントの設営や食事の用意まで一緒にするのです。こだわりがなく、差別の気持ちは全くありませんでした」
　また、植村のこんなエピソードも話してくれました。

　「1965 年、当時欧州のスキー場で登山の資金稼ぎのため働いていた
植村は、明治大学山岳部のゴジュンバ・カン（チョ・オユーⅡ峰、標高 7,646m）
登山隊に招聘され、途中参加しました。登頂を目指す隊員を支援するた
め、荷揚げ作業を黙々とこなしていましたが、アタックチームが次々と
失敗したため、隊長から植村に登頂の指令が出ました。当初固辞してい
ましたが、植村は再度の指令に意を決してアタックチームに参加し、苦
難のすえ、シェルパのペンバ・テンジンとともに初登頂を果たしました。

　しかし、遠征の計画や準備段階での苦労もしていない自分が登頂し、
また帰路のエベレストのベースキャンプで日本の新聞に自分だけが大
きく掲載されたのを見て、他の隊員に対して申し訳ないという気持ちに
なったそうです。ですから、隊長の高橋氏から『一緒に日本へ帰国しよ
う』と言われましたが、それを断り、腐ったようなリンゴなどの食料の
残りをもらい、リュックサックに詰め、バスを乗り継ぎ、欧州への帰路
に着いたといっていました」

　余談ですが、平野氏は対話の最後に、私の顔を見て「多田さん、あなたは、
植村によく似ていますね」と言ってくださり、望外の喜びを感じました。

≪筆者の主な登山歴≫
・北アルプス槍ヶ岳（3180m）登頂　1972 年 10 月 3 日
・ネパールエベレスト街道走破（13 泊 14 日）1998 年 12 月～1999 年 1 月
・東南アジア独立峰の最高峰キナバル山（4095m）登頂　2012 年 8 月 31 日
・富士山（3776m）登頂　2016 年 9 月 2 日
・白山（2702m）登頂　2020 年 10 月 5 日

1-2　ナイロビのＳＣＣを訪ねて

　アフリカのケニアで 18 年間にわたり、貧民層の子どもたちの自立のため
にＳＣＣ（Save the Children Center, Nairobi, Kenya）の活動を継続してきた
菊本照子先生との出会い（2002 年 8 月）は、「国際ボランティア」についての
私の浅はかな認識を変えてくれました。

ＳＣＣは、「東アフリカの子どもたちに希望の灯を」との思いで1984年に設立されたケニアのNGOです。ＳＣＣの活動目的は孤児やストリートチルドレンを対象に数々の自立活動を援助することにあります。

　例えば、ニューズレター『MATUMAINI (スワヒリ語で希望の意味)』には、「極貧のスラムの女の子は6才から8才で、性的虐待、レイプ、強制売春などの危険に身をさらされて生きています。14・15才で子どもを産むストリートガールもたくさんいます。その誰もが当然ながら不幸な運命を背負って生きています。ＳＣＣはこの"ストリートチルドレンがストリートチルドレンを生み出す"悪循環を断ち切り、まだ若い彼女たちが少しでも収入を得ることができると共に、母としての心得と自覚を持つための活動に取り組んでいます」と記されています。発足当初、食事の配布や物品の支給といった細やかな援助活動から出発したＳＣＣは、やがて活動を拡大し、現在では孤児院、職業訓練所、農場経営などを行うまでに至っています。

　当時、菊本先生とは、施設や農場の案内を受けながら3時間余にわたり話し合うことができました。数々の印象的な話の中で、次の言葉が心に残りました。

　　「子どもたちも親たちも疲れ果て、自分たちの生活が変えられない。それしかないと思い込んでいる。そうではなく、少し考え、活動すれば、なんとか抜け出せる。そう思えるように、その後押しをする、それが（私たちの）役割だ」

　　「意識が変わるとチャンスを与えれば飛び付いてくるようになる。どの子にも力があり、生活をよくしたいと願っている」

　　「子どもたちを自立させるためには、親たちを自立させなければならない。だから親を力づけ、小さな屋台ができるようにしたり、技術を伝えたりした」

　そうした体験談を聞いて、この活動の幅広さと困難さを感じました。

　そして最後に「さまざまな活動のすべてが教育であると気が付いた。労働への取り組み方、生活設計等々、ある意味ではケニアの人々の生き方を変えることにもつながると思う」と述べられた言葉が、国際ボランティアの本来

的な意味を示唆された思いがしました。

　菊本先生は気品に満ち、凛とした気概を感じさせる方でした。そこに 18 年間にわたり、アフリカの大地で国際ボランティア活動を継続されてきた方の芯の強さと、本当の優しさを感じました。

1-3　柔道の教え子 イマッド

　もしも「これまでの人生で再会したい人はいるか？」と問われたら、その一人としてクウェートでの柔道の教え子のイマッドを挙げます。1976 年から 2 年間、灼熱の砂漠に浮かぶ国クウェートで、私は在外教育施設勤務の傍ら、アラブの若者たちに柔道を指導していました。場所は、石油の積み出し港のあるアハマディのシャバーブ（若者）クラブでした。このクラブの敷地の一角に輸入した畳 100 枚を敷き詰めた立派な道場が造られていました。教え子はクウェート人、エジプト人、イラク人など多彩な若者たちであり、その中にパレスチナ人のイマッドがいました。

　当時、イマッドは 17 歳。痩身で身長は 180 ㎝近くあり、足腰の強い素質豊かな生徒でした。何よりも練習熱心で、私と稽古をすると、何回投げられても「オネガイシマス」といってはかかってきました。多くのアラブの若者たちが、40℃を越える猛暑の中の稽古に顎を出すときでも、イマッドは真摯に練習に取り組む子でした。長身を生かした大外刈りや内股にはキレがあり、やがて同じクラスの中では抜群の強さを得る存在になりました。練習中、初めて私が彼の内股で畳に叩き付けられたとき、イマッドはびっくりした様子でしたが、私は嬉しくてたまらず、二人で握手したことを思い出します。

　その秋、クウェート柔道選手権大会が開催され、体重別の各クラスから 7 名が代表選手として選抜されました。しかし、アハマディシャバーブクラブの選手の中に、実力 No.1 のイマッドは入らなかったのです。大会の規則で、パレスチナ人は参加できなかったのです。私は何回も大会事務局に参加の許可を申し入れたのですが、許可を得ることはできませんでした。大会当日、

仲間を応援するイマッドの心中を推察すると、胸中やりきれない思いがした
ことを今も鮮明に覚えています。

　その後、イマッドの家に招かれたことがありました。羊肉をメインとした
アラブ料理を供されながら様々な対話をしましたが、その話の終わりに初老
の父親が言った次の言葉が忘れられません。

　　「私自身だって生きられれば世界中のどこにでも行く、日本にだって行
　　きますよ」

　この発言で凡庸な私はやっと気がつきました。パレスチナの人々が世界中
に出て行く――それは現代の日本人の感覚でいう海外雄飛ではなく、「生き
ることのできる土地を求めて」のことだという厳しい現実を、彼は述べてい
たのです。

　この地クウェートでは、多くのアラブの人々と交流してきました。中でも
柔道指導を通して厚誼を深めた若者たちとの日々は忘れがたい思い出です。
練習後、よく車座になって将来の夢について語り合いました。

　そうした交流の折節に、「アラブの人は『コーランと剣』を信奉し、紛争
を好む荒々しい人々」という日本人の大半が持つ固定観念が打破され、彼ら
の多くは「家族思いでロマンチストであり、平和を願う人々」であることを
実感させられました。いま、世界各地がテロ行為による緊迫状況にあります
が、そうした状況下で、イスラームやアラブ人への偏見や誤解が高まってい
ることに、私は危惧を感じます。

　帰国の時、イマッドはクウェート空港まで見送りにきてくれました。後日、
私がカナダ滞在中にイマッドから手紙が届きました。しかし当時は忙しさに
紛れて、私は彼への返事を書く機会を逸し、やがて大切にしていた手紙さえ
なくしてしまいました。それ以来、彼の住所が分かりません。以後、湾岸戦
争が勃発し、テロが連続発生し、米軍のイラク侵攻が開始……こうした悲し
むべき歴史の流れの折節に、イマッドを、そしてクウェートで共に汗を流し
た柔道の教え子たちのことを思い出します。

長い旅の途上で

　思えば長い旅の途上で多くの人々と巡り合い、語り合い多くのことを啓発されました。

　ガラパゴスでは、人生の目的をさがし、ギリシア・エジプトに滞在し、やがて当地で「生きがい」をみつけ、ガイドとなったスイス人の若い女性から環境保護の大切さを知らされました。

　ローマでは、日本での保証された大手宝飾会社の社員の地位を捨て、以後この地に20余年滞在し、イタリア文化と日本の文化の融合を目指す宝飾職人と出会えました。彼からはイタリアの文化の「多層性」と「技」を重視する社会について聴きました。

　家族で、アジア、北米、欧州、南米と長期間の旅をしてきました。その旅程で、道に迷い、忘れ物をし、子どもが病気になる等多くのトラブルが発生——そんなとき、現地の人々の親切に何回となく救われ、勇気づけられました。

　一人旅では、豪州タスマニアへ。この地では、タスマニアデビル、ハリモグラ、カモノハシなどの貴重動物の保護に献身する人々の活動に心打たれました。

　アデレード、そしてブリスベンのユネスコの世界大会に文科省から連続派遣されたこともあります。この大会への参加は、「伝える」「感じる」「推察する」対話力の重要性を再認識させられました。

　米国、東南アジア、ニュージーランドには、教育視察団のまとめ役として参加し、世界の教育の現状を知り、我が国の教育の改革をする必要を強く感得しました。

　旅、そして人々との出会いは、確かに、視野を広げ、物事の本質を考える機会を私に与えてくれました。

2．学会の国際交流で

　グローバリゼーションとは、交通・通信・情報処理手段の高速化と低価格化によって起こってきた、人、モノ、情報、資本などの国境を越えた交流の増大がもたらす、政治・経済・文化や社会構造の再編成過程といえます。人類社会にとっての問題は、急速な交流の拡大により起こる負の変容にあります。その負の変容を克服する方途を探求し、具体的な教育措置を実施していくことがグローバル時代の学校教育に求められます。

　こうした時代の状況に対応した学校教育の方向を模索するためには、日本国内にとどまらず、周辺諸国の教育関係者と情報を交換し、叡智を結集する必要があります。

2-1　日韓の学術交流

　筆者が所属している学校教育学会は、グローバル時代の到来を視野に、学校教育の目的・内容・方法などの改革の必要性を認識し、2011 年 8 月に学校教育のグローバル化に対応するため、理事会の議を経て、国際委員会（釜田聡委員長）を設置しました。

　2011 年 12 月に実施された韓国へのスタディツアーはそのための具体的な活動であり、韓国の大学教員や教育実践者とグローバル時代の学校教育の在り方について論議することができました。東北亜歴史財団理事長の鄭在貞先生、教育大学院長のチェ・イドン先生、韓南大学校の許信恵先生、東明女子高校の崔勇先生など、韓国側の方々からご厚意溢れる対応をいただきました。鄭在貞先生による「東アジアにおける韓日関係に歴史和解」をテーマにした講話、崔勇先生による「共同歴史教材の開発『東アジア史』の誕生」の報告などを拝聴し、また、さまざまな立場の方々と論議でき、スタディツアー実施の意義を深めることができました。

2-2　日中の学術交流

　2012 年 8 月には中国を訪問しました。このスタディツアーでは、中国人民教育出版社を訪問しました。韋志榕総編集主任、富兵編集主任をはじめとするスタッフの方々が出迎え、歓迎してくださいました。代表して李柳編集副主任から「中国における教科書編集および教科書研究の歴史」に関する報告をいただきました。

　北京師範大学では、石中英教育学部長、楊寧一、姜星海、姜英敏の諸先生と国際交流研究会を行いました。日本側から、二谷貞夫「2012 年、北京に来た歴史的意義を考えたい―3 つの歴史に思いを馳せる―」、山崎保寿「教員養成の高度化に関する学校管理職の意識調査に関する研究」、和井田清司「総合学習の誕生――その可能性を中心に――」の 3 つの報告、中国側からは牛志奎・高暁宇「中国における『国家中長期教育改革・発展計画綱要 (2010～2020) 概要』」が報告され、各テーマについて真摯・活発な研究交流が行われました。

　二谷貞夫先生が学会に復帰し、韓国側・中国側の知人を紹介くださり、また韓国の教育博物館、安東・河回伝統村、中国では、盧溝橋、北京原人遺跡などの各所で解説してくださったことが研修内容の質を高めたことは参加者の共通の思いでした。訪問先の韓国・中国の要人たちが、二谷先生を迎え、慈父のように、駆けより、語りかける姿を身近に見て、国際関係における人間同士の真摯な交流の重要性を実感しました。

　この国際交流委員会の活動は、引き継がれ、シンガポール、台湾の学会との交流に発展。さらに、中山博夫委員長を中心にマレーシア、タイとの国際交流も行われるようになりました。その成果は、日本学校教育学会国際交流委員会編『学校教育と国際交流』(2021) にまとめられ刊行されました。

3．多様な人々と出会う意味

　これまで全国各地で、多くの先生方と出会ってきました。授業づくりに共に取り組み、研修会で、また会食しつつ、ときには駅のベンチでも、どうしたら、一人ひとりの子どもたちを成長させる授業ができるかを語り合ってきました。

　得難く、心に残るのは、小学校・中高校教員、そして大学・大学院での教え子たちとの出会いでした。振り返れば、教え子と思ってきた彼らから、実は私自身が多くを啓発され、人間として教師として成長する機会を与えてもらってきたことに気づかされます。

　そして今も、小さな感動や発見が折々に生起する授業、毎回のゼミで、学生たちが主体となり、課題について、広がり、深まり、次々と新たな叡智が共創された対話の場に寄り添っていられること、彼らと出会えたことを幸運に思っています。

　人と人とが出会うということには、どのような意味があるのでしょうか。

　「人と人との出会い」の意味を考察することは、地球時代に向けて、私たちがどのような人間関係の在り方を希求していったらよいのかを明らかにしていくに違いありません。星野道夫の次の文章は、その手がかりを与えてくれます。

　　　人と人とが出会うということは、限りない不思議さを秘めている。
　　あの時あの人に出会わなかったら、と人生をさかのぼってゆけば、合
　　わせ鏡に映った自分の姿を見るように、限りなく無数の偶然が続いて
　　いくだけである。が、その偶然を一笑に伏するか、何か意味を見出す
　　かで、世界は大きく違って見えてくる。

　　（星野道夫著『アフリカ旅日記—ゴンベの森へ—』メディアファクトリー　1999, 106 頁）

　この一節は、星野がアフリカのタンザニアの奥地のダイイガニーカ湖の湖畔に広がるチンパンジーの棲む森を守る、野性動物研究者ジェーン・グドールを訪ねた日々を記した『アフリカ旅日記』に記されたものです。彼は極北のアラ

スカに魅せられ、そこに住み、大自然の移ろいと、その地に生きる人々と、棲息する動物たちの姿を写し続けた写真家でしたが、1998年8月にカムチャッカ半島でヒグマにより不慮の死を遂げ、この作品が彼の遺作となりました。

星野の文章にある「人と人との出会い」により、「何か意味を見出す」その見出すものとはいったい何なのでしょうか。

それは、「人と人とが支え合って生きている」ということ、「人との出会いが互いの人生を豊かにしていく」ということではないでしょうか。

このような人と人との関わりを「共生観を基調とした人間関係」と呼ぶことにします。

共生観を基調にした人間関係について、「リーダーシップの在り方」と「新たな学びの方法」の2点から、もう少し掘り下げて考えてみましょう。

まずリーダーシップについてです。これまで多くのプロジェクトに参加してきましたが、その中で、参加してよかったと思えるプロジェクトには、「共生観を基調とした人間関係」が構築されていました。

強力なリーダーがいて「上意下達」で物事を運ぶ方法は、効率的であり、速効的な効果があるでしょう。親方が弟子を鍛える徒弟制度には技術の伝授という目的があり、厳しさはその目的があってこそ、相互に納得されるのです。

しかし、多様な人々が参加するプロジェクトでは、強圧的なリーダーシップでは、参加者の「充実感」や「相互の信頼感」はなかなか培われません。プロジェクトにおけるリーダーシップの在り方とは、命令して人を動かすことではなく、リーダーと参加者、参加者相互がパートナーシップを上手に組むように配慮することなのです。いわばリーダーシップはパートナーシップなのです。

よいリーダーとは、参加者を将棋の駒のように動かすのではなく、参加者各人のよさが存分に発揮できるように配慮でき、全体の動きを見守りつつ、そっと、しかも適切に支援できる人です。

よいチームとは、各自が「共同体への参加意識」をもち、自分の力量と得意分野を合わせた持ち場を担当し、ベストをつくす、そして互いがティームエ

ホード（仲間の努力）を認め合うチームなのです。そうしたチームに参加したとき、人々は充実感、達成感をもち、そのチームに参加したことに誇りをもつのです。そして、力を尽くして目的の遂行に協力し合った仲間たちとの信頼を築き、良好な人間関係を培っていくのです。

　こうしたリーダーシップの在り方の基底にあるものは、「人は互いに支え合いながら、お互いを高めていく」という共生観です。そして、共生観を基調にした人間関係の仲立ちをするのが「聴く、話す、対話する」言語表現なのです。

　多くの仲間たちとプロジェクトを推進してきた体験から、人は個々さまざまな能力をもっており、その能力を発揮させる状況をつくれば、各人の潜在能力が存分に発揮されると確信しています。その信頼への確信を心に、参加者相互が意見交換を継続していくと、その対話はアイデアに溢れ、笑いが充満し、良好な人間関係を形成しつつ、共創によるプロジェクトが進行していくのです。

　多様な他者との関わりについて考えるとき、星野の次の文章をいつも思い浮かべます。いまでも、私が箴言としている言葉です。

　　どれだけ違う世界に生まれ育とうと、私たちは、ある共通する一点で同じ土俵に立っている。それは、たった一人の人生をより良く生きたいという願いなのだ。そう思ったとき、異国の人々の風景と自分が初めて重なり合う。

（前掲書　42頁）

第 3 節　教育における「実践の智」の提唱

はじめに

　研究には 2 つの方向があります。『考古学・人類学・言語学との対話』（大野晋著　岩波書店　2007）によると、一つは、研究がすでに学会の承認を得て、その上に、学問を広げ進めていく方向。もう一つは、その研究が、未だ学会の承認を得ていないので、いろいろな角度からその研究にさまざまな批判が加えられ、あるいは、その研究を巡って、別の分野からの知見がよせられる場合です。

　また教育には、「現状維持型」と「革新型」の教育があり、社会の変革期には時代の変化に対応した「革新型」の教育が必要になります。

　本論は、上述した考えを端緒として、変化する時代の教育に必須なのは「未開の地に地図をつくる意識をもち、基盤となる理念を探究していくこと」を考察し、その理念を構築するための有用な手掛かりとして、教育における「実践の智」を提唱していきます。

1．新たな時代の到来

　いま、人々はこれまで当然と思ってきた社会のあり方が変わり、何かが終わろうとしていることに漠たる不安感を抱いています。倫理観や価値観の変革さえ見通せる、先行き不透明な社会の到来を感じながら、その何かの正体は明らかにされていません。はっきりしているのは、私たちの世界が地殻変動にも似た大転換期を迎えていることです。

　新型コロナウイルスの世界的流行は、その対応を巡り、今後の世界が「途絶」に向かうのか、「共生・共創」に向かうのか、その岐路にあることを示しているように思えてなりません。日本の災害地での相互扶助の活動、世界の免疫・ワクチン研究者たちの共同研究の動き等に社会の連帯の動向を見出せます。

他方、ソーシャル・ディスタンスの普及により、人間相互の隔離は、地域・近隣の親和関係づくりの機会を消失させ、学校生活においても、教師たちの必死の努力にもかかわらず、仲間との face to face の関わり、他者との五感を通しての温もりのある交流の機会が激減しています。

　いま急速に進行しているオンライン化は、新たな知的世界の広がりへの期待をもたらしていますが、その利便性のみにとどまり、活用の意義を深察しなければ、やがて人間にとって知性の貧困、人間関係の希薄をもたらすに違いありません。

　新たな時代とは、不透明性（Opacity）、相互依存性（Interdependency）、変動性（Volatility）、不確実性（Uncertainty）、複雑性（Complexity）、多様性（Diversity）、未来志向性（Future-oriented）に、その特色があると考えます（多田孝志・米澤利明編『新時代の教職入門』北國新聞社　2020）。

　こうした社会の複雑性・多様性・不確実性などをむしろ活用して、自己や他者、多様な生命体、事象との関わりを重視し、対話し、熟考し、人間が本来持っている叡智を生起させ、新たな「共生・共創」型の未来社会を創造する人間の育成が求められているのです。

　教育における「実践の智」の提唱は、新たな「共生・共創」型の未来社会を創造する人間の育成のための教育の基本理念を構築する手立てとして構想しました。

２．教育における「実践の智」の背景

　まずは、その背景について若干の考察をしておきます。

　教育は未来を拓く創造的な営みです。先行き不透明で、価値観や生き方が変化していくだろう社会の到来を背景に、教育には、新たな時代・社会に対応した人間の育成が期待されてきているのです。

　それは、地球環境の破壊、難民・紛争の発生、貧富の格差の拡大、絶滅危惧種の急増等の地球的課題が顕在化した今日において、分断・隔離の兆しがみえ

る世界の冷厳な現実への対応ができ、文化や価値観の相違や利害の対立などのアポリア（哲学的難題）へ挑戦し、生命の危機をもたらす新型ウイルスに打ち克ち、人工知能（artificial intelligence：AI）への優位性を発揮でき、「知性」と「行動力」をもつ、今と未来を生きる人間の育成といっても過言ではありません。

　このために、従前型の体系化された「知の伝達」というパラダイムでは対応できず、新たなパラダイムの創造が求められているのです。

　新たな時代の人間形成を推進する教育の基調に置くべき「教育実践哲学」ともいうべき理念を明確にしていくためには、従前の教育の理論・実践の枠を超え、人類の英知・現代文明の先端的知見、多様な学際的分野から提示される未来の教育への提言に手がかりを求める必要があると考えるに至りました。

　教育における「実践の智」の構想は、異分野融合の重要性を基本においています。

　異分野融合の成果の典型的な事例は、「ストリート・メディカル」に見出すことができます。医療というと、「病気」に対して科学と実践をもって、これを治療する行為とされてきました。「ストリート・メディカル」では、医療の価値を治療のみでなく「人間をみる、人を診る」ということに再定義し、「どのように暮らしたいか」「どのような豊かな暮らしを提供できるか」「幸せを提供できるか」ということを重要な視点としています。

　注目されるのは、「ストリート・メディカル」を実現していくために、医学部の中に新しいセンターを立ち上げ、文系の専門家やデータの専門家、芸術やアートの専門家、幅広い業界、多岐にわたる分野の方々と様々な研究を行い、今まで予期しなかった様々な実践を活用しながら人々の「幸せ」と「健康」に貢献する医療を探究していることです。

　自然科学系だけでなく、哲学・政治・経済・文化・医療、外交など様々な分野から、専門領域の枠を超えた、異分野融合が広義な教養を育み、新たな叡智を創出する——このことは、国文学研究と極地研究、生物学と工学などの融合によっても証明されています。

　教育においても、人類の英知・現代文明の先端的知見、多様な学際的分野の

考察から抽出される見解と教育実践が結びつくことにより、新たな時代の教育の方向についての理論的根拠が明確になり、さらに、新たな叡智が創生されるに違いありません。

　「学び」という臨床的実践的な世界を対象にしながら、教育学の境界を越え、自由に発想し、理系、文系の枠を超えた様々な領域の知、深遠な内容を包含する知の世界から、新たな時代の教育の方向への根拠を求めていくことは、冒険であり、批判、反発、疑問をよぶことも覚悟しなければならないでしょう。しかし、人類史を辿るとき、人間は「勇気」と「冒険心」、「創造力」と「対話」により、新たな世界を切り拓いてきました。人類史上の大変革の教育の方向もまた、大胆かつ先駆的試みによってこそ、明らかにされていくのではないでしょうか。

3．教育における「実践の智」とは何か

　今日のように先行き不透明で、ダイナミックに変化していく社会の状況を直視するとき、未来社会の担い手を育成する教育の方向は、「教育学の枠」のみに固執していては検討できません。未来を創る力を高めるには、まず勇気と冒険心をもって、殻を破ることが必要です。

　つまり、新たな時代の教育実践学の創造のためには、それまでの固定観念を打破し、広い視野や柔軟な思考をもって、今日まで探究され続けてきた人類の英智や自然がもたらす大智から学ぶことが不可欠なのです。

　先達が探究してきた教育理論をそのまま智とするだけでなく、さらに広く、世の様々な叡智を加味する――その総体が教育における「実践の智」です。

　教育における実践の智は、基本的に二つの要素により構成されています。

　その一つは、教育学の枠を超え、哲学・文学・美術・科学・生物学・医学・人類学などの諸学の研究成果、さらに人々の生活の知恵、多様な生命体の織りなす営みに生起する意義ある行為の教育への応用。もう一つは、教師たちの実践から生起する事柄です。学習環境への配慮、学習材の開発・分析、補助資料

の工夫、多様な学習プロセスの構想、学習者を勇気づける精神面の支援、一定の結論にとどめず、さらなる思考を深めていくための「ゆさぶり」等の教師スキル・経験値・実践知ともいうべき事項です。

4.　研究成果と教育実践との融合

「実践の智」のイメージを明確にするため、先端的知見、多様な学際的分野の「研究成果」と「教育実践」との融合について、関連する書物や参考資料を基に考察していきます。

4-1　人類学との融合

ここでは、人類学の研究成果から人類の特質を導き出し、それを基調において、今日の教育で育むべき人間力について明らかにし、教育実践への応用を考察します。

最近の人類学の研究は、ホモ・サピエンスとネアンデルタール人との違いを明らかにしています。ネアンデルタール人の脳は、ホモ・サピエンスのものより 1 割も大きく、その腕力は 2 倍もあったといいます。しかし、4 万年前にネアンデルタール人は絶滅し、ホモ・サピエンスは生き残り繁栄しました。それは、ネアンデルタール人が、発掘された石器にみられるように数万年にわたり、昔ながらのやり方を継続していたのに対し、ホモ・サピエンスはさまざまな石器を工夫したように「創造的に生活を改善」していたことによるというのです。

また、偶然の DNA の組み換えにより、言葉を高度に発達させることができ、言語の獲得が伝達による広範囲での狩りを可能にさせ、さらには、生きるための知識を引き継ぐことができるようになったそうです。

やがてホモ・サピエンスは、酷寒のシベリアでの残留、新大陸アメリカへの到達、広大な海を越えての南太平洋への進出等、世界各地に拡散していき

ました。その壮大な旅の途上で、困難・障害に直面したとき、それを乗り越える知恵を生み出し、冒険心や勇気により新たな世界に歩み出していったのです。

『サピエンス全史』の著者、ユヴァル・ノア・ハラリは、「ホモ・サピエンスが世界を征服できたのは、何よりも比類なき言語のお蔭ではなかろうか」（ユヴァル・ノア・ハラリ著　柴田裕之訳『サピエンス全史』上　河出書房新社　2020）と記しています。

一方、私は2021年8月、世界最長の「年縞」をみるため、福井県の若狭海岸にある水月湖を訪ねました。年縞の分析・調査により、地質時代に「何」が起きたか、それが「いつ」か、を世界最高の精度で知ることができることを知ったからです。

水月湖の年縞は、湖底から硬い岩盤に達するまで45メートルもの厚みをもち、7万年以上もの時間をカバー。そのことから世界最長のこの年縞は、何万年もの出来事を1年刻みで記録する年代測定の世界基準になっているそうです。長年にわたりこの年縞を調査した古気候学研究者の中川毅は、氷期・干ばつなどの気候激変が起こった時代を生き抜いた人類の足跡を明らかにし、「アフリカを出てからわずか数万年の間に、世界のほぼすべての気候帯にまで分布を拡大することにできた彼らは、したたかで沈着で順応性に富み、さらに好奇心とバイタリティまで併せ持った偉大な冒険者たちだ」（中川毅著『人類と気候の10万年史』講談社　2021）と記しています。

こうしたホモ・サピエンスの歩みをみると、人間の特質とは、「創造力、勇気と冒険心、順応性さらには言語の習得と活用」にあると受け止めることができるようです。

このことは「学び」において、創造力、勇気と冒険心を喚起し、対話力を向上させ、人間の本来的な特質を伸長させる営みに繋がると考えられるのではないでしょうか。

霊長類・ゴリラの研究者として知られる山極壽一は、次のように述べています。

　人間がゴリラやチンパンジーの生息地を離れて新たな土地に旅立とうとしたのは、ゴリラやチンパンジーが持ち得ない、好奇心が芽生えたことによる、弱い動物としての人間の進化の歴史は、類人猿にはない結束力を育んできたように弱みを強みに変えることにある。

　人間の持っている大きな力が想像力、常識を破るところに、人間の面白さがある。人間の赤ちゃんは、周囲の世界をまず、触覚で捉える。次は何でも口に入れる、味覚、そして嗅覚、だんだんと、自分の身体と離れたモノを理解の対象としていく。その過程を十分に行わないと総合的な判断を身体ができなくなる。聴覚がきて、最後に視覚がくる。人間の身体の信頼性というのは、触覚、味覚、嗅覚、聴覚、視覚の順で薄れていく。子ども時代とは、そういうものをつくりあげていく時代、その感覚を、発揮させないでいると、その子どもは、自分の中できちんと納得しながら、世界を理解していくことができなくなる。

　ゴリラの集団は、いつも身体のどこかで「接触」している。この身体でつながっているとの感覚が人間の生活でもとても重要である。人間には、脳でなく、身体でつながるということが、もともと根源的に刻み込まれていた。

　　　　（養老孟司・山極寿一著『虫とゴリラ』毎日新聞出版　2020）

　山極の見解からもまた、人間の特質としての「好奇心、想像力、冒険心」が指摘され、さらに身体感覚を練磨する大切さが示唆されています。

　最近の人類学の研究手法は、学びの方法に示唆を与えています。「ヒトとは何か」を問う学問である人類学には、社会・文化的側面から探求する「文化人類学」と、生物としての人間の特徴を明らかにしていく「自然人類学」があり、長らく、主に化石証拠に頼って進められてきました。しかし、20世紀後半、ＤＮＡ（デオキシリボ核酸）の解析などを利用した生化学的な研究が登場し、現代では化石と並ぶ人類史研究の軸となったというのです。

人類史研究者の篠田謙一は、「ＤＮＡ解析は科学研究や石器をもとにした研究より特別に優れているわけではない」とし、「一つの問題を複数の視点から見ることで、新たな知見や発見がもたらされる」(篠田謙一監修『ホモ・サピエンスの誕生と拡散！』NHK ブックス　2015) と記しています。このことは「学び」における多様な視点からの探究の意義にも通底しています。

4-2　哲学との融合

　新たな時代の教育の方向の探究には、人類の「哲学」を学ぶことが重要になります。とはいえ深遠な哲学の叡智の世界をすべて探究することは簡単ではありませんので、ここでは、教育実践者として感銘を受けた二人の哲学者について記します。

　一人は、17 世紀のオランダの哲学者ベネディクトゥス・デ・スピノザ (Benedictus de Spinoza) です。彼は、「人間存在とは、喜び、悲しみ、欲望によって変状（刺激を受けて変化）することにある。同じ、刺激を与えても個々によって、変状は異なる」と述べています。さらに、「自由」や「意志」の本来の意味を探究し、「完全な自由な意志はありえないのだ」と指摘し、「自由な意思によるとされる行動も、その背景には、周囲の状況等、外部の要因が決定に影響を与え、行為をする」といい、また「受動による、さまざまな心的厳しさは、それを理解・分析することにより、完全には、払しょくはできないが、軽くすることができる」(国分巧一郎『エチカ』NHK テキスト 2019) と記しています。難解とされる彼の思想を十全に理解することは到底できませんが、教育実践の視点からスピノザの言説を考察すると、学習者の個々に応じた学びの必要、環境設定の大切さを示唆されます。また、自己肯定感がもてず、内向き志向になりがちな青少年に、自己内対話により、自己の状況を客観的にみとる姿勢を修得させることが自己復元（レジリエンス）につながることに気づかされました。

　もう一人は、『善の研究』の著者である西田幾多郎です。西洋哲学が、全

体と個人を区別し、ときには外の世界と自分とを対立させ、さらに個人と個人、自分と自分の精神まで区別視する傾向があるのに対し、すべてのものは差別なく平等と考え、「万物我と一体」の東洋的思想から哲学を探究しました。石川県河北市の丘陵地の一角に西田幾多郎記念哲学館があります。実際に、この記念館を訪ねて、学芸員の方の解説や助言を聞いて、その思想に触れてみると、その哲学に響感し、啓発されました。西田の著述には難解な哲学用語ばかりでなく、親しみやすく、分かりやすい言葉も残されており、特に心に残ったのが次の文言です。

- 我々の最も平凡な日常の生活が何であるかを、最も深く掴むことによって、最も深い哲学がうまれるのである。
- ごまかしてはいけない。棄ててはいけない。そこを突破することによって、意外な思想の飛躍を遂げることができるのだから。
- 哲学の動機は「驚き」ではなくして、深い人生の悲哀でなければならない。

西田哲学の深遠な内容を理解することは難しいことですが、厳しい現実世界の生活の中で思索を深めた西田の言葉に教育実践者の一人として何度も深く頷きました。また「学び」の場における、日常の些細な行為・変化に大きな意味を見出す実践研究を推進することへの励ましとして受けとめることができました。

一方、金沢にある鈴木大拙館をたびたび訪れ、ひとり静謐の中で過ごす機会をもちました。鈴木大拙と西田幾多郎はともに、明治3年（1870）生まれで、相知り合い親しんで以来、生涯深い交わりを続けたことで知られています。互いに尊敬し合った二人は、東洋と西洋とが結びついた新たな世界を開き、人間存在のより深い可能性を生涯、探求し続けたといわれ、大拙は次の言葉を残しています。

この有限の世界にいて、無限を見るだけの創造的想像力を持つようにしなければならぬ

この言葉から「学び」の世界を広げ、深めていく大切さを示唆されました。

4-3 生物学との融合

　「生命中心主義 (life-centrism)」の視点から、自然科学や宗教、哲学、文芸、美術、日本の武芸までを含む世界思想史の流れを取り上げ、「生命の根源」を探究した鈴木貞美の以下の見解は、学びの在り方の提示に富んでいます。

　鈴木は、あまりに細分化し、複雑に絡み合う現代諸科学をノーベル賞受賞者級の研究者を集めて新たに統合しようと試み、1984年に「新しき統合」という名を掲げてアメリカのニュー・メキシコ州にあるサンタ・フェ研究所（ＳＦＩ）でスタートしたことを、自著『生命観の研究』(作品社　2007) の中で次のように紹介しています。

　　　諸分野を横断して存在する共通の課題をさぐるところから出発し、秩序とも無秩序とも規定できないカオス（混沌）の現象などに着目して、『複雑系』と呼びうる領域を設定する研究を立ちあげた。宇宙をコスモスとして考えるベルタランフィとは別の道を歩むものであることは明確だろう。複雑系とは、開放性（システムの外部とエネルギーのやりとりがあること）、非線形性（システムを構成する各要素の足し算をした以上の、いわゆる相乗効果が生じること）、自己組織性（外部に適応するように、自分自身を自律的に制御しながら多様に変化しつつ、組織化してゆくこと）の３つの性質によって特徴づけられる現象を名づけたものである。これによって、物質、生物、社会、情報など広い領域にわたる学際的な研究が発展している。

　これは、まさに異分野の統合の実現といえるでしょう。

　新たな時代の教育実践学を探究する立場から注目するのは、「ひとつの原理に固執しないことは、相対主義ないしは多元主義に立ち、一元主義を捨てよ、ということではない。一元主義を拒否する多元主義は背理におちいる。一神教を撲滅し、多神教で世界制覇しようと唱えるのと同様、それは多元主

義の一原論化、ないしは一元主義化におちいってしまうからである。それに対して、あらゆる原理主義に立たないことを原理とすることは背理ではない」と述べられていることです。

　柔軟な発想で、自己の思考の殻を破り、多様な分野の研究成果を統合することによってこそ、新たな教育実践学が創生されることへの顕示を得た思いがしました。

　生物学者 福岡伸一は、生命の本質について次のような見解を示しています。

　　「実はそれ（生命）はつながっていて、一つの体として機能を持っている『全体』でもあるのです。したがって『生命には部分がない』と考えることができるのです。機械論的に見ると生命には部品があるように見えますが、動的平衡の考え方からいうと、すべての部品は相補的に関係しながら広がっているので、どこか一部は切り出してくることはできないのです」

　　「生命は動的平衡として相補的な関係にありますから、部品、部品という考え方はなじまないのです」

　　「命の動きを止めて機械論的に物を見てばかりいてはいけません。動的平衡の流れとして時間の中で、生命の本当の姿は見えてこないのです」

　この福岡のいう「動的平衡」の考え方を教育に融合させてみると、学び手を「部分」でなく、さまざまな可能性を内在する「人間」としてみる教師としての見方に通底していることが分かります。また、探究の学びは多様な他者との協同によって成り立つことの論拠ともなるでしょう。

　さらに福岡は、自然について次のように記しています。

　　「自然は本来、無秩序で、常に変化し、毎回異なるもの。それをモデル化し、数式に置き換え、再現性の法則とするのが、物理であり、生物学でもあります。けれどもそれは、自然を無理やりそう見なしているにすぎません」。

こうした生命のとらえ方や自然観も、「学び」についての考え方に通底します。学習課題を細分化してその部分・部分を学習することから、学習課題全体を視野に「学ぶ」ことの必要、子供をある視点から見るのではなく、全体像として認めること、部分的な思考に陥らず、さまざまな学習課題を関係づけていく「総合知」を重視する大切さを示唆された思いがしました。

　福岡は、さらに「生物学者から見たらシンギュラリティは絶対きません。ＡＩが人間の知性を超えることは絶対あり得ません…略…ビッグデータの中で起こっている経験値から法則なりを生み出すのがＡＩの作用です」と述べ、生命の本質である動的平衡の「相反することを同時に行い、バランスをとることは決してＡＩにはできません。そう簡単に人間の知性や生命を機械が凌駕する日なんて来ないと私は思います」と記しています。この考え方は、豊かな人間性を育む学びの基盤に置くべき考え方として受け止めました。

　また『最後の講義 ―どうして生命にはそんな価値があるのか―』(主婦の友社　2022)で、「害虫とされがちな蚊を例に、人間にとって不快に見える生命体の存在が、実は生命系全体の関り、相互補助において重要な位置を占めている」と福岡は記しています。この見解に、学級において、どの子供も大切なことを生物学の視点から確認する思いがしました。

4-4　複雑系の科学との融合

　『自己組織化と進化の論理』(スチュアート. カウフマン著、米沢富美子訳, 日本経済新聞社, 2000)を通して、複雑系の科学による自己再組織化についての理論研究の成果を知り、学びにおける多様性の活用や次々と深い思考を生起させるための自己再組織力の重要性についての示唆を受けました。

　Ｓ. カウフマンは、21世紀の科学を拓くとして注目されている「自己組織化理論」の旗手で、この理論を教育に融合させると、「学び」における混沌や混乱を通して新たな叡智が再組織化されてくることへの理論的根拠を与

えてくれます。例えば、次のような言葉もそれを示唆しています。

　　「われわれは、さまざまな要素が驚くほどに複雑に絡み合った生物
　　学的複雑系に生きている。あらゆる種類の分子が集まって物質代謝
　　というダンスを踊り、細胞を作っている。その細胞は他の細胞とた
　　がいに作用し合い、多様な組織を形成する。そして組織はいろいろ
　　な組織と相互作用し、生態系、経済、社会などを形作っている」

　近現代の「学び」は、論理性や効率と集中を重視し、ひたすら無駄をなく
す方向で展開する傾向にありました。しかし、先行き不透明でダイナミック
に変化する時代の人間形成は、正解を効率よく求めたり、スタート時にゴー
ルを定め、順序よく迫っていったりする学習だけでは希求できません。

　複雑系の科学の研究の進展により注目されたのはカオス理論ですが、「カ
オス」とは、一般的にはさまざまなものが入り混じる「混沌」とした状態を
示します。しかし、これは単なる混沌とは異なり、やがて、ある「秩序」を
生起させていくのです。注目すべき点はカオスを研究する複雑系の科学は、
例外や無駄、役に立たないようにみえる事柄の中に、システム全体に大きな
影響を与える可能性があることを示唆していることです。

　このカオス理論の実践化と関連する思考法に「デザイン思考」(ティム・ブ
ラウン著、千葉敏生訳　『デザイン思考が世界を変える』,早川書房　2019) があり
ます。学際的ですべてを包含しつつ、そこから新たな発想をもたらす思考法
で、大まかな方向を定め、着想・発案・実現の行程を経て、細かいところは
試行錯誤を繰り返し、決めていくという考え方です。

　また、スケールフリーネットワークの発見を含む複雑系の科学の進展によ
り、カオスには「自己再組織化」という秩序があることが明らかにされ、『自
己組織化とは何か』(都甲潔・江崎秀・林健司共著, 講談社, 1999) の中で次のよ
うに記されています。

　　「自己組織化とは ランダム＝でたらめから、秩序＝整然 とした状
　　態へと自分で組み上がっていく現象である。このように自分で作り
　　上がってしまう現象が自己組織化である。自分で組織化する (作り

上げる）という意味である」

　複雑系の科学・自己組織化論は、カオス論が明示するように、多様が混在する混沌から秩序がうまれ新たな知見が創生し、その繰り返しが更なる知見を生み出していくことを解明しました。

　教育実践の視点から、この複雑系の科学の研究を考察すると、次の示唆を受けることができるでしょう。

　　　○ダイナミックに展開する学びにおいては、その流れの折々に、「再び」自己の見解・主張等を組織し直すはたらきが必要である。

　　　○例外や無駄、役に立たないようにみえることがらも含む多様性の活用が深い思考を促す。

　　　○混沌・混乱は創発の母胎であり、その活用こそ、新たな知的世界を展開させる。

　　　○無駄、役に立たないようにみえる事柄も、視点や発想をかえる契機となる。

　複雑系の科学・自己組織化論は、混沌から新たな知見が創生し、その繰り返しが更なる知見を生み出していくことを明示しています。このことは、「学び」において一定の結論にとどまらず、次々と論議の深まりを追求していくことへの、理論的な根拠と受けとめられます。また、自己再組織化、混沌・混乱の活用のためには、省察・振り返りのための「とき」の担保が必要であり、その具体的方途を模索していくことが、教育実践にも求められていることを示唆されました。

4-5　脳科学との融合

　『脳を鍛える茂木式マインドフルネス』（茂木健一郎著、世界文化社、2017）によると、最近の脳科学の研究で注目されているのは、デフォルト・モード・ネットワーク（default mode network：DMN）です。何もせず、ぼんやりしている時間にこそ、活動している脳の回路のことで、このネットワークにより

無為に見える時間に、心の整理ができたり、新たな発想に気づいたり、ストレスを解消したりすることができると述べられています。

　教育実践の視点からみると、この脳内ネットワークの発見は、「学び」の過程における「漂うように自由に浮遊し思索していくこと（こうした思考の状態を筆者は「浮遊型思索の時間」と名付けている）」の大切さを明らかにしたと受けとめられます（「共創型対話と浮遊型思索」多田孝志著『目白大学人文学研究』2011）。

　思索の原点である問いには、「知識・情報を求める問い」と「内省的な問い」があります。前者により、自分の知識・情報を「拡大」することができ、自己の知的世界を「拡張」するという可能性を獲得します。また後者により、自己を振り返り、思考を深め、視野を広め、自己を「変革・成長」させることができるのです。この「知識・情報を求める問い」を、他者への問いにすることで「対話」へと導き、さらに「対話」が次なる「問い」を生み出すという循環が生じる。こうした循環が継続されることにより「学び」の新たな地平は切り拓かれてゆくのです。

　一方、「内省の問い」は「孤独と省察」を余儀なくします。自由な思索の時空の中で、常に自己に問い続け、そのプロセスを経て、本当の自分の思いが明らかにされていくからです。

　浮遊型思索とは「内省の問い」ともいえるもので、思索時間の現象としては、「沈黙」「瞑想」「孤独」、場合によっては「書く」などがあります。その思索時間に心の内で葛藤、苦悩、戸惑いが生起し、「混沌」としますが、やがて自分なりの考えや感想がまとまっていき、やがて「創発」へと至ります。このように漂うように思考・感情が揺れ動き、思索が浮遊する時間を保障することによって、深い考察、多様な視野からの熟慮ができ、「納得できる自分の見解」をまとめることができるのです。

　脳科学研究によるデフォルト・モード・ネットワーク研究の成果は、「学び」における効率性やスピードの強制でなく、ぼんやり、ゆったりする思索の時間の担保の大切さを示しています。

最近の脳科学の研究の進展は「脳は、未知のことに出会い、どう対応したらいいか分からない状況のときにこそ、フル稼働する」ことも明らかにしています。実際に授業で、この未知との出会いについての脳科学の研究成果を援用することにより、協同学習における、意図的に多様な見解・体験をもつ学習者をチームに構成させることができました。また、それまで容易に解決できず、多元的な視点からの探究が必須のハードルの高い学習課題の設定が学習効果を高めるという理論的根拠も得ることができました。さらに、ズレや異見の活用、推論や類推・直感などに関わる様々な分野の学術研究の成果は、深い学びを生起させる学習方法に示唆を与えてくれました。

4-6　冒険論との融合

　『新・冒険論』（角幡唯介著 集英社 2018 ）は、冒険の本質について本格的に探究した論考で、自身がチベットで人類未踏の峡谷を踏破し、太陽が全く昇らない冬の北極圏で闇の中を長期にわたって放浪するなど、独創的な挑戦を続けてきた冒険家 角幡唯介の思考が論じられています。

　角幡はこの著書の中で、人類が太古から抱いてきた冒険のイメージを明確にするため、神話における英雄の冒険譚が概ね、召命 → 助言者の登場 → 境界を越える → 試練 → 勝利 → 帰還と展開するという比較神話学者ジョーゼフ・キャンベルの言説を分析し、「境界を越える」ことの重要性を指摘しています。そして、境界線を越えると、その外側はシステム内部の常識では予測のつかない混沌や闇に支配された領域に変わり、その領域への旅立ちにこそ、「冒険の神髄」があるというのです。

　一方、現代における冒険の困難さ、脱システムの難しさにも言及しています。システムとは「人間の行動を管理し、制御する無形の体系」と捉え、現代社会におけるシステムが「いくつもの構成要素が複雑に絡み合い、渾然一体となって構成されている」ため、脱システムを困難にしていると喝破。さらに、現代人の「脳のシステム化」、すなわち「答えが簡単に得られる環境

に慣れきってしまったこと」が、脱システムをより困難にしていると指摘しています。

　角幡は、冒険論を書き記した理由について、次のように述べています。

　　「世間と乖離して自分の倫理を獲得し、独自の言葉の意味を見つけて自立すること……略……システムの外に飛び出して外側からの異なる視点を獲得することで、常識を見直し、自明とされてきた既成概念や価値を見直すきっかけが得られる。それがシステム内部にいたら決して見えてこない社会の矛盾や偽善をあぶり出すことになるかもしれない」

　日本を代表する冒険家 植村直己は、教育実践の視点から見ても引用すべき、冒険論に基いた多くの名言を遺しています。豊岡市の植村直己冒険館に保存されている文献の中から、そのいくつかを抜粋しておきます。

　　○探検家になるために必要な資質は、臆病者であることです。

　　○必ず壁はあるんです。それを乗り越えたとき、パッとまた新しい世界がある。だから厳しく自分を鞭打ってやってきたときは、振り返ってみると実にさわやかです。

　　○人の生きる本当の価値は、お金や肩書きなどではなく、夢を追い求め一瞬一瞬を精一杯生きることにあります。

　　○いくら私が冒険が好きだからといっても、経験と技術もなくて、また生還の可能性もない冒険に挑むことは、それは冒険でも、勇敢でもないのだ。無謀というべきものなのだ。

　　○それがどんなに素晴らしい挑戦であったにしても、生命を犠牲にしては意味がないこと、どんなときでも決してあきらめないこと。

　世界初の五大陸最高峰登頂者（1970 年）となり、植村は世界的に注目されました。1978 年に犬ぞりでの単独行で北極点到達に成功。1984 年、世界初のマッキンリー（デナリ）冬季単独登頂を果たしますが、同年２月 13 日を最後に音信不通となり、消息不明に。そのため、この日が彼の命日となっています。

教育に探検志向を持ち込む必要を提唱したことで知られるのが、菊池徹です。彼は、西堀栄三郎を隊長とする第一次南極越冬隊員であり、犬ぞり隊を担当しました。映画『南極物語』の高倉健が演じた主人公のモデルで、その人生の道程は、大学教員、通産省役人、開発途上国での産業開発助言者等を経て、新たな人生を求めて、カナダに移住した方です。

　自身の世界各地で活動してきた体験から、教育に「探検志向」を持ち込む必要を提唱し、その要諦と「自立性」「危険性」「探究性」「貢献性」にあると主張しました。

　また、第一次南極越冬隊の成功は、西堀栄三郎隊長の「異質との協力、すなわち、同じものにならなくてもよいが違ったもの同士が協力し合うこと」にあったと語っていました。

　教育実践の推進の立場からは、角幡の提唱する「脱システム」の思想は、時空を超えた見方・考え方、多様な立場からの視点の必要を示唆されます。植村の生き方からは、困難さを超えていく、難しい課題に挑戦する意義と、それを超えるための知識や技能の修得の大切さを示唆されました。菊池の教育に「探検的志向」を持ち込む主張や、恩師 西堀の「異質との協力」の思想は、大胆な勇気と繊細な準備による課題解決力を育む教育の展開への啓示を与えられました。

　異質との協力について付記すれば、造形作家 岡崎乾二郎の見解も示唆に富みます。批判的視点から、近代芸術を展開してきた諸作家の活動を大胆に解析したのが岡崎です。『抽象の力』(岡崎乾二郎著 亜紀元書房 2019) では、膨大な資料を率直かつ大胆に分析し、異質な情報を衝突させ、その衝突点から新たな知の世界を生起させています。岡崎のきわめて刺激的な論理の展開から、批判的思考の在り方、脱システムの思想の大切さ、異質の活用の意義を啓発されました。岡崎は冒険家ではありませんが、その見解は冒険論に通底するといえるでしょう。

　現代文明の先端的知見、多様な学際的分野の考察から抽出される見解と教育実践とが融合し、教育における「実践の智」となったとき、新たな時代の人間形成に対応した教育の基本理念が形成されていく――私はそう考えています。

　諸学の本質を学び取ることは難しい。

　しかし、実践研究者が実践展開の手がかりを求めて、諸学の「学び」と真摯に取り組むとき、実践現場だけでは得られない新たな視点を獲得する契機となり、さらに自己の教育実践の方向に確信をもつことにつながります。また今後、諸学の研究者たちが、新たな時代の人間形成に関心をもち、専門の立場から教育実践への提言をすることも期待しています。

5．教育における「実践の智」を共創する教師の志

　教育における「実践の智」を事実としての学び手の成長に結びつける、その要諦は教師の志にあります。実践者である教師たちが、さまざまな分野の先駆的な研究に関心をもち、文献を読み、自身が心を揺るがす体験をし、多様な人々と真摯な対話をするとき、視野が広まり、思索が深まるのです。

　そうした知的冒険心により得た知見が「荒ぶる魂を」を奮い立たせ、自己の教育実践に結びつけたとき、新たな学びの地平が拓かれていくのです。

　これまで全国各地の学校の実践研究に参加し、ほとんどの学校で3～5年間以上にわたり継続して関わってきました。実践研究の基盤は、学校での研究授業にあります。研究授業の企画段階では、同僚教師たちが子供たちの実態を念頭にいれつつ、真摯に、また自由闊達に研究授業について語り合い、ねらいを分析し、学習材を選択・吟味し、学習プロセスをさまざまに工夫していました。

　注目したのは、実践の背景となる「諸学の研鑽」です。多くの学校で、教師たちは真摯に、対話論のみならず、動物行動学や芸術論さらに最新の科学論を独自に「学び」、そこから得た知見を子供たちの「学び」に活用しようとしていました。その光景を初めて目の当たりにしたとき、創造性に溢れた愉悦の漂う時空を感じました。

実践された授業の質の高さは無論ですが、思わず目を見張ったのは、先生方の教育実践力の向上でした。若い先生が優れた実践者へいつの間にか成長していったのです。

　そして、その大いなる成長が、研究協議会での活発かつ探究蓄積型の論議を継続し、学校全体の「学び」をさらに質の高いものにしていきました。

　この実践研究により「事実として子供たちの成長につながる実践」を創造していくこと、それは教師たちが「誇りと自信」を復権していく道でもあることを確信しました。

　2021年に刊行された『世界歴史10』(岩波書店)の巻末に掲載された「新しい世界史教育としての歴史総合を創る」は、長年にわたり交流し、人格と学識を敬してきた教育実践者 勝山元照先生の論考で、次の一説を記しています。

　　　教科の学力と資質・能力を架橋する「見方・考え方」を培うことは、
　　「自分の頭で考え自分のことばで表現する」歴史にとって極めて重要
　　である。……略……高校生の場合は「社会観」「歴史観」の形成が視野
　　に入ると思われる。「観」は人格形成と共に培われる主体性や価値観を
　　含む体系的な概念で、生徒が自ら培うものであり、市民的資質として
　　の「観」の形成を視野に「見方・考え方」をとらえるべきと考える。

　勝山先生は、長く神戸大学の附属中等学校で、副校長としてグローバル時代の人間形成の研究を推進された教育者で、優れた歴史学者でもありました。「観」の形成の提唱は、歴史学の知見と教育実践者としての体験が融合した成果であり、教育における「実践の智」の具現化だと思いました。

　教師たちの新たな教育を創る主担者としての志によってこそ、事実として学び手を成長させるさまざまな「実践の智」が生起され、持続可能で希望ある未来を構築するための新たな「学び」が共創できます。子どもたちの成長を願い、試行錯誤しつつ、高みを目指し、知見を広げ、新たな「学び」を仲間と共に創り実践していく、その体験が教師としての「自信」と「誇り」を復権させるのです。

　自分を意図的に高みに向かわせることも大切です。たとえば、図書館や書店に行き、全く興味のなかった分野の本を入手し読んでみる、小さな旅をしてみる、多様な技芸をもつ人々と語り合ってみる、こうした些細な活動が柔軟かつ重層的な見方・考え方を培う契機になります。

　余談ですが、筆者の妹は、夫と別離し、学童擁護員をしつつ3人の子をひとりで育て上げました。筆者が小学校教員の時、たまたま同じ地域の学校に勤務していたときがあり、その際に緑のおばさんとして働く妹から横断歩道を渡るときの子供たちの様子をよく聴かされました。たとえば、問題行動児とされがちな6年生の男の子が、小さな子をいたわる様子を知らされ、彼を見直したことがありました。人は一般に先入観や固定観念に囚われがちで、その視点はいつの間にか偏狭し、そこから偏見や差別を生み出すことがあります。教師は自らの視点を繊細かつ重層的に広げなければいけないのです。

　教育実践の場に共創者として参加していると、教師がいかに多忙か、また、さまざまな問題を抱え、その対応に心身をすり減らしているかを身近に知ることができます。

　教師がさらなる高みを目指す、そのためには、教師自身が「心身のゆとり」をもつことが必須の要件であることを、ここで改めて強調しておきます。

まとめにかえて

　壮大な人類の叡智の全体を把握することは不可能です。しかし、さまざまな分野の先駆的な研究に関心をもち、文献を購読し、論理性だけでなく感性・感受性・霊性を錬磨するさまざまな体験をなし、多様な人々との真摯な対話を継続していくとき、視野が広まり、思索が深まっていきます。そうした「知的冒険心」により得た「知見」を実践研究と結びつけたとき、新たな時代の教育の地平を拓く手がかりを得ることができるのです。

　教育における「実践の智」の試行・探究・省察は、やがて、学校教育に関わる多様・多彩な叡智を結晶化させるでしょう。その整理・分析、系統化・構造

化により、事実として学習者を成長させる新たな時代の「教育実践学」が構想できると信じます。

　教育における「実践の智」は、押し寄せる改革に振り回されない、専門職としての教師の自立的で手堅い実践の基盤となり、教育実践現場での創意・工夫への努力と融合されることにより、高次な実践を共創させていく源泉になると確信します。「教育における実践の智」を生成するために、教師たちには、知的世界の冒険者・先駆者となることが期待されます。

【参考文献】
・『学校における国際理解教育』(東洋館出版　1997)
・『地球時代の教育とは』(岩波書店　2000)
・『地球時代の言語表現』(東洋館出版　2003)
・『対話力を育てる』(教育出版　2006)
・『未来をつくる教育　ESDのすすめ』(日本標準　2008)
・『共に創る対話力』(教育出版　2009)
・『授業で育てる対話力』(教育出版　2011)
・『東日本大震災と学校教育』(かもがわ出版　2012）
・『子どもの対話力』(合同出版　2012)
・『現代国際理解教育辞典』(明石書店　2013)
・『グローバル時代の学校教育』(三恵社　2013)
・『持続可能性の教育』(教育出版　2015)
・『未来を拓く児童教育―現場性・共生・感性―』(三恵社　2015)
・『教育のこれからを読み解く57の視点』(教育出版　2017)
・『グルーバル時代の対話型授業の研究』(東信堂　2017)
・『対話型授業の理論と実践―深い思考を生起させる12の要件―』(教育出版　2018)
・『学校3.0×SDGs』(キーステージ21　2020)
・『新時代の教職入門』(北國新聞社　2020)

第2章 学びの変革、その考え方と具体的方法

論考「学びの変革、その考え方と具体的方法」の初出は、日本学校教育学会国際交流委員会（編）『国際交流と学校教育』(2021) に監修者として寄稿した一文です。

本論考では、さらに新たな見解を加筆しています。本章では、「学び」について考察する前提として、まず、新たな時代の学校教育の基層を問い直します（第1節）。

次に、地球生命体の維持のために学校教育の視野を拡大し、人間中心主義から生命中心主義に転換すべきとの主張を述べます（第2節）。

この2つの論考を基調におき、新たな時代に向けての人間形成を希求する「学び」についての基本的な考え方と具体的な方法を記していきます。

第1節　新たな時代の学校教育の基層を問い直す

本論のテーマである新たな時代に対応した学校教育の基層を問いなおす研究には、広い視野、多様な視点からの分析・考察が必要です。そこで本節では、未来社会の担い手の要件を提示し、人間性の基盤としての「相互扶助の精神・響感力」と、社会の基本的在り方としての「間の問い直し」に焦点化し論述していきます。

はじめに

筆者は、作家であり、動物研究家でもある畑正憲が著したすべての『動物記』を読み、その生き方に啓発され、北海道や那須の「動物王国」を家族とともに訪ねもしました。

数多くの彼の著述の中で、もっとも心に響いた言葉がその集大成としてまとめられた『命に恋して』の次の一文です。

生きている。

　なんという、愛くるしい、切ない、あやふやな、しっかりした、もろい、堅牢な、ひとつしかない、恐ろしい状態であろうか、これは。

　私は命あるものに恋をし、出会いを求めて旅をし続けている。いつも思うのは会うからには抱きしめたい。同じ平面で感情を共有したいということである。そう思って荒野に立ち、生涯忘れられない感銘をうけた時のことを振り返ると、私は裸になっている。弱点をさらけ出している。完ぺきな人間などいようわけがなく、いかがわしいところがたくさんあってこそ人間だともいえる。

　旅は、より人間的であること、落日の美しさをより深く心に刻むことを私に教えてくれた。

　命と命は共感しながら存在している。響き合ってこそ、その明日はより調和が取れたものになることは、拳を握りしめて断言しなければならない真実だ。

（畑正憲『命に恋して』，フジテレビ出版，2001）

　20世紀型の教育は「21世紀の変化する社会に対応した人間形成はできない」とされ、今日は、新たな教育が声高に提唱されています。1970年代から国際理解教育の実践・理論研究に取り組んできた筆者はこのことに同意しつつ、長い教育実践探究の経験から「変化の時代であるからこそ、流行の教育用語にあたふたと振り回されてはならない」と自戒しています。

　変化する時代であるからこそ、時代の変化を念頭におきつつ、事実として希望ある未来社会の担い手を育むための「学び」を実現するためには、人間が社会生活を営む意義や教育の使命や役割など、学校教育の基層を改めて問い直す研究を進める必要があると考えます。先述した畑正憲が『命に恋して』に記した一文は、そうした人間が社会を営む意義や教育の方向を示していると受け止めているのです。

1．希望ある未来社会の担い手の育成

1-1　未来社会の担い手

　教育は未来社会の担い手を育成する創造的な営みです。学校教育はその中核に位置づけられます。新たな時代を展望したとき、学校教育には社会の複雑性・多様性・不確実性などをむしろ活用して、自己や他者、多様な生命体、事象との関わりを重視し、対話し、熟考し、人間が本来持っている叡智を生起させ、新たな共生・共創型の未来社会を創造する人間の育成が求められるのです。

希望ある未来社会の担い手の育成には、次の事項が重要と考えています。

　　○本質の洞察力、未知への探究心・冒険心、挫折からの回復力、推察・イメージ力など豊かな人間性の基盤の陶冶

　　○不条理や想定外の状況におかれたときに臨機応変に対応できる柔軟な発想力や行動力の育成

　　○多様な知識・体験・AIの活用を含む技術や技能・歴史の教訓など、さまざまなものを活用し、新たな叡智を共創できる統合・総合力を高め、その過程で類推・汎用力を育むこと

　　○生命中心主義の立場から、多様な生命体との共生のマインドをもち、現実の課題の解決のみでなく、未来をみすえる思想の涵養

　　○多様性を活用し、新たな解決策や叡智を共創する対話力の習得

1-2　本質を見抜く批判的思考 （Critical thinking）

　未来社会の担い手が育むべき資質・能力、技能は多々ありますが、ここでは日本の学校教育で希薄な批判的思考について記しておきます。

　学生たちと語り合い、また行動の様子をみていると、いろいろなことに気づかされますが、残念に思うのは、利那的行動、皮相的見方をする傾向

が強いことです。長期的な見通しをもつ、多様な要素を関連づける総合的な見方・考え方をする力、真実を探究して物事の本質を見抜く力など、総じて今日の学生は知性が不足しているように思えてしかたありません。

このことは、実は社会全体の傾向ともいえます。その要因は、これまでの日本の学校教育では、「批判的思考法」の育成が十分できていなかったことにあるのではないでしょうか。

批判的思考における「批判」とは、単に相手を非難することではありません。鈴木健は、『クリティカル・シンキングと教育』（鈴木健・大井恭子・竹前文夫共著 世界思想社 2006）の中で、批判的思考を「探究的，懐疑的，合理的，論理的，広い視野を持った，公平な，知的で柔軟な思考法」と定義しています。

また、楠本孝は自著に「その（批判的思考の）本質は、証拠に基づいて、論理的に考えたり、自分の考えが正しいかどうかを振り返り、立ち止まって考えたりすることにあります。ここでは、相手の意見に耳を傾けることが出発点であり、協働としてより良い決定や問題解決をすることを目的としています」（楠本孝・道田康司編『批判的思考 ― 21世紀を生き抜くリテラシーの基盤』 新曜社 2015）と記しています。

鈴木は、「方法論（method）としてのクリティカル・シンキングと態度（attitude）としてのクリティカル・シンキングを区別する必要がある」と述べた上で、「クリティカル・シンキングのゴールは，その方法論を学生に習得させるだけでは十分でなく，同時に，人の意見や知識を鵜呑みにせず自分の意見を主張する態度の育成を目指すべきである」と論じています（鈴木健，前掲書）。

筆者は、「批判的思考」を学校教育を通じて習得させるためには、次のことが効果的であると考えます。

　〇批判的思考とはどのようなことか説明する

　〇批判は、誹謗・中傷とは異なる。相手の伝えたいことを真摯に聴
　　き取り、相手が伝えたいことをできる限り引き出す行為であり、

さまざまな視点から物事の本質に迫るための行為でもある。思考を深めるためには批判的思考を活用し、言いにくいことも互いに率直に言い合うことが必須である

○批判的思考により、深い思考が生起する事例を提示する

○表面的な情報を鵜呑みにしないことにより、しっかり本質を見抜けた例

○疑問や反論を提示することにより論議に広がりと深まりがもたらされた例

○メディアやテキストを通して発信された情報を、先入観にとらわれず、多面的かつ批判的に分析し、文脈に隠された偏りや差別を読み取った例等

○模倣の学習法の活用

○批判的思考により、論議が深まっていく映像資料を視聴させる

○授業中、臆せず質問したり、自己見解を述べたりした子を取り上げ、その勇気を称賛し、またその事例をもとに、批判的思考について意義や方法を解説する

○疑問に思ったこと、もっと知りたいことを問う訓練をする

　　例）5名程度で順番にテーマ（最近出会った印象的なこと、心に残る教師など）について順番に語り、他の人は必ず質問する。このことを日常的に繰り返す

○論拠となるロジックや情報について、おかしさやデータの範囲や根拠を問う

○自分が単純な体験則や先入観、世間的信用や知名度、権威などから判断していないかを疑う

○自分が誤った判断をしているかもしれない。別の立場から考えようとする

○信頼のおける情報源を複数持ち、十分に反論証拠を集める

カナダ・バンクーバーの公立高校に１年間勤務していたことがありました。ここでのスタッフ・ミーティングで驚き、かつ感心させられたのは、教師たちの批判的思考力の高さでした。自分の見解や・要求をさまざまな資料や事例を用いて主張していきます。その発言に対し、多様な視点から、次々と質問がでます。質問された人は、ある場面で自己見解を論破されたように見えても、少し考え込み、やがて反論していきます。

　生徒と教師との関係をみても、生徒たちは、疑問があると臆せず質問し、教師は質問されると自説をさらに解説できる機会を得たと喜び、生徒は質問に対し的確かつ論理的に説明してくれる教師を尊敬する風潮がみられました。また、軽妙な会話ができる教師は人気がありました。こうした体験から批判的思考は、論議を深め、真理を探究するために有用であることを実感し、また、日本の学校教育においても意図的に批判的思考力を高める必要を感じてきました。

　長期的な見通しをもつ、多様な要素を関連づける総合的な見方・考え方をする、真実を探究し、物事の本質を見抜く力といった多文化共生社会に生きる力を育むためにも、批判的思考力を高めておくことは必須の要件と考えています。

２．東日本大震災に学ぶ相互扶助の精神と響感力

　筆者は、以前、文科省国際統括官からの要請を受けて「持続可能な開発のための教育の 10 年」における「ジャパンレポート」の作成に参画しました。

　その折、指摘したのが、レポートに日本の特色を加味すること、殊に東日本大震災からの教訓を提示することでした。学校教育の基層を問う視点から、その意味について論述していきます。

2-1　相互扶助の精神

　東日本大震災で世界に感銘を与えたのは、被災後の災害地の人々の言動でした。私自身、テレビや新聞の報道で、行政の支援が届かない期間、住民が助け合って水や食料を分け合い、高齢者を助け、負傷者の手当てをしていた等々、自身が厳しい状況下にもかかわらず、こうした活動がなされているのを知りました。

　また、ご自身の家族の消息がまだ分からない過酷な心理状況でも献身的に救済活動に取り組む人々が多数いることを、現地に住む知人たちから知らされました。

　こうした姿に、日本人のもっている相互扶助の精神のすばらしさを改めて知る思いがしました。3．11の東日本大震災の被災地の避難所（いわき市立勿来第二中学校）の校長だった澤井史郎さん、そして澤井さんの運営する避難所の支援を続けた山本幸子さんは得難い友人たちです。そのお二人に聴いた事実を紹介します。

　　　澤井さんは、水も出なかった学校（避難所）に72日間も泊まりこみ、運営を続けました。その運営は、一人暮らしのお年寄りをも積極的に受け入れるなど、つらい立場の人に寄り添うものでした。その澤井さんを献身的に支援したのは、山本幸子さん（当時、那須塩原市の教育委員会指導主事）でした。

　　　被災地の厳しい状況を知った山本さんは、澤井さんと連絡をとり合い、那須塩原地域の人々の協力を得て、避難所の困難な生活でもっとも「必要な品々」を吟味して運び続けました。個人としても山本さんは毎週170 kmの道を自家用車で新鮮な野菜を運んだというのです。やがて支援の内容はさらに拡大し、被災地の子供たちの学習を支援するため那須塩原市の教育委員会指導主事たちによる現地の先生方への教育実践研修まで実施されたのでした。

全国各地を旅すると、こうした相互扶助の精神を持つ人々の行為に出会います。

　与論島は鹿児島県奄美群島の最南端に位置する、周囲約 23km、人口5,500 人ほどの小さな自然いっぱいの珊瑚礁の島です。この島を訪れたとき、人里離れた一軒家に住む一人暮らしの老婦人と語り合ったことがありました。「一人暮らしは大変ではないですか」と問うと、「近所の人々が、魚や野菜を届けてくれる、困ったらいつでも助けてくれるので安心して暮らしている」と語ってくれました。

　沖縄県の宮古島には、毎年のように卒業旅行でゼミの学生を連れて行っていました。この島には、第二次世界大戦時に、飢餓で亡くなった兵士や住民、従軍慰安婦など多くの悲惨な出来事があり、それを学生に知らせること、また宮古島の先生方と学校教育の使命や役割について語り合わせたいと思ったからです。

　三度目にこの島を訪問したとき、現地の小学校の先生から、宮古島にはご老人だけが漁をすることができる磯があることを知らされました。魚介類が、豊富にとれるその磯は、老人たちが楽しみつつ、採取する場所と決められていたのです。

2-2　命と命の響感力

　人間の歴史を振り返ると、人間は「知性」や「理性」を発達させて、困難な課題を克服してきました。他方、集団化し群衆となった人間は、時として知性や理性を喪失し、独裁者やアジテーターの発する分かりやすさや強い主張に隷属し、その意のままに行動してしまう危うさを内包しています。

　こうした人間の危うさを回避させるもの、それは「命と命は共感しながら存在している。響き合ってこそ、その明日はより調和が取れたものになる」ことを事実とする活動を日々継続していくことだと考えます。

　日本に起こった悲惨な大震災は、はからずも競争原理の蔓延の社会的風潮の中で、失われつつあった他者の立場や心情に響き、「人の痛み」を感ずる心の大切さを復権させました。大震災の地での心にしみいる活動や出来事を知ることで、豊かな人間性とは、「響き合い、感じ合う心」から生じるとの思いも強くしました。

　仙台を訪れたとき、実践研究仲間の山田和行さん（元仙台市立高砂中校長）から聴いた避難所でのエピソードです。津波に襲われ、自分は家族をすべて亡くしたと思い込んでいた漁師さんがいました。ところが数日たったとき、なんとたった一人生き残った中学生の息子さんが父親を探し出し、喜びの声をあげながら遠くから駆け寄ってきたのです。そのとき、漁師さんは喜びを表さず、子供を抱きしめもしなかったというのです。山田さんが、なぜかと問うと「この避難所には、身寄りをすべて亡くした人がたくさんいる。俺より辛い思いをしている人がいるんだ」といったというのです。

　阪神淡路大震災直後、神戸市の避難所となった小学校を訪ねました。神戸には恩師の故川端末人先生（神戸大学教授、当時）が住んでおられ、その安否を確かめにいったのです。その折、川端先生から「こうした大災害のときの学校の様子からしっかり学んできなさい」との教えを受け、避難所となった学校を訪問したのでした。訪問先の学校の体育館では、女子中学生たちが、首からつるした大きな箱に食料を詰めては歩き回り、被災者の方々に配っていました。か細い手足の中学生たちにはいかにも重そうでした。彼女たちに近づいて「重くて大変でしょう」と聴くと、「こんなに楽しいことはありません。自分たちもお腹がすいて辛いときがあったので、避難所で役に立つことは、やりがいがあります」と爽やかに答えてくれました。

「愛」という文字は「愛しい（かなしい）」とも読みます。とても悲しいことを味わった人は、「悲しみ」が「愛」につながることに「響感」していくのかもしれません。

アフリカの世界でも最貧国に派遣されていた知人の青年海外協力隊員は、自身が飢餓に苦しんでいた若い母親が、大切にしていた一握りの豆を「きっと食べ物がなく苦しんでいる人がいるに違いありません」と語り、日本に送るように申し出たとのエピソードを知らせてきました。この「他者の痛みを気遣う」という心情に心揺さぶられ、また世界の人々がつながっていることを実感しました。

相互扶助の精神・響感力を高めることは21世紀の社会づくりの担い手を育成する学校教育の基調におくべきと考えます。

2-3 相互扶助と響感力の深層

大災害時には、相互扶助の精神や響感力による崇高な行為がうまれます。しかし、現地に入り、一つ一つの事象の背景を詳しく聴き取り、当事者の方々に心の内にひめた思いを語っていただくと、ある行為を部分だけ取り上げ、美談としてしまうことには問題も多々あるようです。

その実例として、先述の山田さんが筆者の求めに応じて記してくれた文章を紹介します。

> 被災した中学校には、津波が襲った地域に住んでいた生徒たちとまったく被害に遭わなかった地域に住んでいた生徒たちがいます。津波に襲われた地域にいたかどうかで、後に被災地を見ての思い、心に刻む深さが違うのではないかと思います。
>
> 災害を体験した生徒の一人が、書いてくれた文章の中に、次のような言葉がありました。「一番恐怖を感じたできごとは何ですか」という問いに対して、「私の近所に住んでいた方々が津波か

ら走って逃げようとしていました。その方々が真っ黒い津波に一瞬で飲み込まれた光景は、今でもしっかり脳裏に残っています。勿論その方々は亡くなってしまいました。」「また、恐怖とは違うかもしれませんが、震災発生4〜5日後の夜の七時くらいに、友人と避難所の小学校の屋上に興味本位で上がってみた際、仙台の街中方面は灯りがもの凄くついているのを見ました。私たちの地域は勿論、灯りなど無く、周りは津波のヘドロまみれ。同じ仙台市でもこんなにまで違うのかと物凄い絶望感を味わったのを覚えています。」と。

　ここには、被災の当事者性と外から見て同情している人々との違いが表現されていると思います。この心の差異をどのようにしていくかが、防災教育にとって大きな課題でもあると思います。そういう意味で、生徒たちの記した「被災体験記」は、生きることの強さ、祖母と再会した場面等、どの立場の人でも共感できる体験をふまえて記している分、すぐれた伝承資料となりえる要素を持っています。

　筆者は、これまで数編の生徒たち（当時中学生）の体験記を読んできました。するとそこには、的確な判断による献身的な行動によって多くの子供たちの生命を救ったにもかかわらず、その行為から美談の主人公にされたことへの戸惑い、疑問、葛藤、違和感が記されていました。

　「本当は、もっとちがったことがあった」「私より頑張り人々を助けた人たちがいた」「先生たちだって必死で残っている生徒を捜し回っていた」等々、記述があり、また、そのことが原因で長い期間、「自分だけ、誉められてよかったのか…」と心の悩みを抱えていたことも記されています。

　山田さんの文章や生徒たちの体験記は、よく報道記事にみられる美談としての扱いへの警鐘と思えます。見事な避難施設の運営をし

た澤井さんは「被災についての番組は見ない」とよく言います。さまざまな要素が絡み合って生起した出来事を切り取って提示することへの疑問からの言葉でした。

　行為の崇高さの背景にある、当事者たちのさまざまな葛藤、苦悩……。それを乗り越えることができた要因、きっかけとは何か、事実をできる限り知り、推察し、その上で、どんな言動が崇高な行為を生起させたのか。何よりも、まず事実を知る姿勢が大切だと思います。

2-4　つながり・支え合い

　大震災時の人々の言動から学ぶこと、それはいったい何だったのでしょうか。その深層を考察したとき、筆者は、ソーシャルキャピタル（社会資本）のひとつである「つながる」ことの大切さであったのではないかと考えます。

　2010年代以降の日本の社会には人々のきずなを断ち切る「無縁社会」が蔓延してきたと指摘されています。確かに、貧富の格差による分断、正社員と派遣社員の処遇の違い、都市と地方の分離、青少年の内向き志向などが顕著となり、社会全体に「分断・隔離」が進行しました。最近の、コロナ禍の蔓延はこの「分断・隔離」を増幅させる大きな要因となっています。

　この「分断・隔離」に抗して人々がつながり、助け合う社会を築くものは、つながりの具体化としての「相互扶助」の精神や「響感力」なのです。大震災は、その大切さを人々に改めて自覚させる機会となったのではないかと考えます。

　私たち教育実践者は、東日本大震災の被災者の言動から、未来の教育への手がかりを学ぶべきです。民主主義の基本である「つながり、支え合う」社会の形成者を育成する、その基盤は相互扶助の精神・響感力

を育むことなのです。

　最後に、東日本大震災被災後の心境の変化を記した学生の一文を紹介します。

　　　私は、あの大震災を留学していた英国の報道で知った。メディアのトップニュースは日本の震災で、様々な惨劇がありのまま映し出され、言葉では言い表すことのできない恐怖を感じた。東北地方出身の自分にとって、家族や友人の状況が分からず、連絡も取れない不安は大きかった。周囲の英国の人々は、日本を大変に心配し声をかけてくれ、翌日には街頭で募金活動を行っていたことに、行動力の素早さと国を越えた人の温かさを感じた。

　　　やっとの思いで帰国し、英国で学んだことを私も行動に移そうと、友人たちと募金活動などのボランティアをすることにした。何か少しでも役に立ちたいと思ったからだ。避難所設営のための用材運び、清掃作業、支援物質の仕分けや配布など様々な活動を通し、人のために何かする喜びや人との繋がりの大切さ、人の心の温かさ、そして時には自分の非力さを感じた。このときほど、人の強さや温かさを感じたことはなかったように思う。

　世界中で繰り返される紛争やテロ行為の報道を目にすると、その無残・無慈悲な人間の行為やその本性に懐疑的になります。しかし目前の事実として、こうした大災害に直面した人々の言動を知ると、人間には「苦境の中でこそ、崇高な精神を生み出す力」ももっていることを信じられるようになります。

３．「間」の問い直し

新たな時代の学校教育の根本思想、それは「同調偏重」から「異質との共存・共生」へと転換することにあり、その具体的な方向は、学びにおけ

る「間」を問い直すことにより明示されていくと考えます。間とは、「ま」「あいだ」「はざま」と読み、時空・場のみならず、さまざまな関わりなど、深遠な内容を包含した言葉です。この「間」についての先達の研究の成果を考察しつつ、本論における「間」のとらえ方を明らかにしていきます。

3-1　バフチンのポリフォニー（多声音楽）論

本論における「間」のとらえ方は、ロシアの思想家、哲学者であったバフチン（Mikhail Mikhailovich Bakhtin）のポリフォニー（多声音楽）論（桑野隆著「対話的流動性と創造的社会—バフチン的社会学の今日的意味—」『思想』940 岩波書店 2002）に示唆を受けています。

バフチンは、「文化はもう一つの文化のまなざしに照らされてはじめて、より完全に、より深く自らを明らかにする。一つの意味は、別の＜他者の＞意味と出会い、触れ合うことで、深みを増す。両者の間でいわば対話がはじまるのであり、対話はこれらの意味や文化の閉鎖性と一面性を克服するのである」と述べ、さらに「対話を交わす両者の究極的な一致をめざすものではない。それは、差異を認め合い、差異を喜ぶだけでなく、場合によっては、論争、闘争を交わすもの」と記しています。

バフチンの提示するポリフォニック（多声音楽）・ポリフォニー、すなわち、多様な声を聴き、自己の声を響き合わせ、相互の響き合いによる新たな文化の創造、またポリフォニーを奏でられる主体の育成は、協同の学びにおける「間」の基本的あり方と捉えています。

3-2　共生の論理

間とは、共生の時空でもあります。この点については清水博の「共生論理」（清水博『場　新思想』東京大学出版会 2003）に啓発されました。生

命学の権威であり、哲学者でもあった清水は、生命システムには、多様な複雑性と自己組織される秩序があるという相互の関係性を重視した「共生の論理」を展開し、この論理にもとづく文化、それは「違いを認める文化」であるとし、「場の文化」とよんでいます。

清水は、共生の論理を「自己の卵モデル」により次のように説明しています。

> 「自己は卵のように局在的性質を持つ『黄身』（局在的自己）と遍在的性質を持つ『白身』（遍在的自己）の二領域的構造を持っている。ちなみに、黄身の働きは意思的頭脳（大脳新皮質）の活き（はたらき）に、そして白身の働きは身体の活きに相当するとし、黄身には中核があり、そこには自己表現のルールが存在している。もって生れた性格に加えて、人生のなかで獲得した体験がルール化されている」

さらに、「黄身と白身はけっして混ざらないが、両者の相互誘導合致によって、黄身の活きが白身に移る。またこの逆に、白身が黄身に映り、やがて黄身を変える。場所における人間は、『器』に割って入れられた卵に相当する。白身はできる限り空間的に広がろうとする。器に広がった白身が『場』に相当する。他方、黄身は場のどこか適切な位置に広がらずに局在しようとする」と述べています。

人間の集まりの状態については、「一つの『器』に多くの卵の割って入れた状態に相当する。器のなかでは、黄身は互いに分かれて局在するが、白身は空間的に広がって互いに接触する。そして互いに交じり合って、一つの全体的な秩序状態（コヒーレント状態）を生成（自己組織）する、このコヒーレント状態の生成によって、複雑の黄身のあいだでの場の共有（空間的な間の共有も含む）がおきる、そして集団には、多くの『我』（独立した卵）という意識に代わって、『われわれ』（白身を共有した卵）という意識が生れる」と説明しています。

3-3 「間」についての論考の広がり

評論家 加藤周一は、時の感覚の多様性について、「時は、始めと終わりがある」とするユダヤ教的時間、「時は、円周上を無限に循環する」とする近代ギリシアの時間 (ヘレニズム)、また「直線的な時間意識」をもつ古代中国的時間があるとしています。さらに日本には、これに類似する 3 つの時間が存在するとして、「始めなく終わりのない直線的＝歴史的時間」、「始めなく終わりのない円周上の循環」、「始めがあり終わりがある人生の普遍的な時間」を指摘し、「間」についても世界の民族の時空の感覚の多様性を指摘しています。

哲学者 中井正一の「『間』を固定したものではなく『広がりのある時空』ととらえる」という見解にも多くの示唆を受けました。

筆者は「間」を考察するとき、他者との関わり方を重要と考えます。

「間」における他者との関わりは、「自分の考えはこうだ」「あいつは○○だ」といった壁や直線で明確に分離されるものであってはなりません。他者との境界線が直線であることは、ラベルを貼り決めつけ、囲い込みなどが起こりやすく、それらが差別につながる要因となるからです。

「間」における個と個との関わりとは、相互浸透を可能とする点線により、仕切られてはいますが、互いに啓発し合うことにより、自分の考えや感じ方に影響をもたらす、相互浸透を可能にするものです。また点線自体も相互の影響により移動するとも考えています。

相互浸透の場としての「間」では、さまざまな見解が、相互に受けとめられ、浸透し、影響し合って相互理解を深め、新たな解決策や叡智の共創に向かうことができるのです。

この点についての河野哲也と山西優二の見解は示唆にとみます。

河野はコスモポリタニズムについて論じ、「道徳性とは、境界の頭越しに、境界を浸透して、遠方の他者と他者を直接に結びつけるものでなければならない」(河野哲也著『境界の現象学』筑摩書房 2014) と記して

います。

　一方、共生の場と空間を動的な状態と捉える山西は、「現在の社会において、『人の間』に『人の中』に、文化間の対立・緊張関係が顕在化する中にあって、それぞれの人間が、その対立・緊張関係の様相や原因を、歴史的空間的関係の中で読み解き、より公正で共生可能な文化の表現・選択・創造に、参加しようとしている動的な状態として捉えることができる」（山西優二著「エンパワーメントの視点からみた日本語教育―多文化共生に向けて―」異文化理解教育学会『日本語教育』155号 2013）と述べています。

　「間」における個と個との関わりとは、相互浸透を可能とする点線により、仕切られてはいますが、互いに啓発し合うことにより、自分の考えや感じ方に影響をもたらす、相互浸透を可能にするものです。また点線自体も相互の影響により移動するとも考えています。

　相互浸透の空間・場としての「間」では、さまざまな見解が、相互に受けとめられ、浸透し、影響し合って相互理解を深め、新たな解決策や叡智の共創に向かうことができるのです。

　バフチンの示した独立した音が響き合う「ポリフォニー（多声音楽）論」、清水博の個の確立と多様な他と影響し合う相互の関係を重視した「共生論理」、さらに、加藤の提示する「多様性」、中井の示す「広がりのある時空」、また「動的な点線による相互浸透ある関わり」は、本論における「間」のとらえ方の基調となっています。

　対話論の先達ボルノウは、「空間と時間とは、人間の現存在の根本規定である。空間と時間のなかでわれわれの生活は営まれている」（ボルノウ著『人間と空間』 せりか書房 1983）と述べています。

　異質との共生のための「間」のとらえ方により、豊かな人間性、変化への対応力、新たな叡智の共創力が育まれていくのです。

おわりに

　新たな学校教育の役割としての文化の創造について触れておきます。

　文化とは、複数以上の人々によって構成される社会の中で、共有される考え方や価値基準の体系のことです。文化は、芸術作品や哲学・文学などに見られるような「精神性の至高を表現する上位文化」と衣食住・思惟方式・行動様式などの「生活生業文化」に大別されます。

　筆者は、学校教育においては、異文化理解の基本を習得するために「生活生業文化」の重視が大切ととらえています。

　2021年現在、ＩＣＴ教育が急速に普及しています。確かに、ＩＣＴは多様な人々とつながり、また新たな情報を収集し、さらに膨大な資料・情報を分析・分類・整理するのに有効な方法です。この活用には学校教育における新たな「知」の創造、学習方法の改革への期待ができます。

　こうした利便性の一方、情報機器の普及は、ネット上の掲示板などに「キモい」「死ね」「消えろ」など他者を傷つける文言を書く子どもたちを増加させるという、悲しむべき現実を新たに生じさせるなど、人間関係の構築の上での問題点も顕在化しています。

　ＩＣＴに比しての人間の優位性とは何でしょうか。

　ＩＣＴは、膨大な情報から事項のパターンを抽出させることは得意です。ビッグデータの中で起こっている経験値から法則を生み出すのはＡＩの利便性に富んだ作用です。

　しかし、人は、自分自身にとって切実な課題について、他者と触れ合い、関わり、さまざまな行為に啓発され、同調し、また反発しつつ、新たな価値や方法を創出させていきます。人口知能（ＡＩ）には、切実感や相反するものの融合、理屈に合わないが共感できる感情などは、発見できないのではないでしょうか。

　人は、切実感をもち、悩み、戸惑いつつ、人々の間に、共有できる、思惟方式や行動様式、価値観などを創り上げていく――それこそ人間の特質、

すなわち「文化の創造」なのです。

　本稿で記した新たな時代の学校教育の基層を問うとは、同質集団における所属集団への「帰属意識」や「場の一体感」を重視する社会のあり方から、「異質との共存・共生への転換」の方向を示唆するものです。

　　　　日本人は、自分の属する社会、すなわち《場》のどこか、あるいはだれかを、「模範的中心」と見極めて、それに倣って、自分たちに日常的マナー、はては思惟様式や価値観などに至るまで型にはめようとする。　　　　　　　（矢野暢著『劇場国家日本』TBS ブリタニカ 1982）

　矢野が述べるように、日本人にはそうした傾向が確かにあります。

　しかし、多様・異質との共生の社会が現実化しているのも、また確かなことです。

　これから未来を築く日本人に必要なことは、多様・異質との共生社会の「間」で、つながり、関係性を重視し、人間しかなしえない持続可能で希望ある社会を構築できる「新たな文化」を創造していくこと。新たな学校教育の使命とは、その担い手を育成することにあると考えます。

　新たな時代の学校教育の基層とは、集団としての人間が本来もっていた「他者への響感力」を復権させ、多様・異質との共存・共生の間を生きていく「人間力」を高め、人と人とをつなぎ、そのつながり自体を強固にしていける「対話力」を習得させることにあると考えます。

第2節　人間中心主義から生命中心主義へ

はじめに

　新たな時代の人間形成を希求する「学び」の変革を目指す。そのためには、広い視野や柔軟な見方が不可欠です。

　人類の長い教育史の過程で、希薄だったのは「人間以外の生命体」への眼差しではないでしょうか。本節では、転換期の教育の重要な課題として、生命中心主義の立場から、学びに生物多様性の視点を導入することの重要性について論述します。

　生物多様性（Biodiversity）とは、生きるものたちの豊かな個性とのつながりのことです。

　地球上の生き物は、長い歴史の途上でさまざまな環境に適応し進化してきました。現在、地球上には3000万種類の生き物が生息していると言われますが、動物、植物、微生物などのあらゆる生命は互いにつながり、支え合って生きているのです。

　人間の生命を支える水や食料、エネルギーなどは、生物多様性がもたらす自然の恵みですが、その生物多様性が、いま、危機的状況に陥っています。

　地球社会の危機的状況を、人類経済史的な長期の視点から分析したミシェル・ボーは、3つの危機〔①社会内部の危機、②社会と社会との関係の危機、③人間と地球との関係の危機〕（ミシェル・ボー著『大反転する世界』藤原書店　2002）を指摘しました。

　長い年月にわたる人類中心の思想による多様な生命体の軽視は、森林の消滅、砂漠化の拡大などの深刻な自然破壊をもたらし、絶滅危惧種の増加、地球温暖化による新たなウイルスが深海や氷原の下から出現する可能性など、地球上に生息する多様な生命体を絶滅の危機に追い込んでいます。これは、ミシェル・ボーが指摘する「人間と地球との関係」の危機が現実化しているといっても過言ではないでしょう。

「未来社会の担い手」を育成する教育の重要な方向は、人間と地球生命系との関係を歪めている人間中心主義偏重から、多様な生命に対する畏敬の念を基調におく生命中心主義へと転換することなのです。

1．生命とは

まず、生物多様性の原点である「生命」とは何かを考察していきましょう。

1-1　生物多様性の原点である「生命」

生命とは何か、ということについての論や見解を生命論や生命観といいます。自然哲学には自然哲学の生命観があり、宗教には宗教的な生命観があります。現代の生物学では、自己の維持、増殖、自己と外界との隔離など、様々な現象の連続性をもって「生命」とすることが多いようです。

1-1.1　相補的ネットワーク

生命とは何かについて、生物学者　福岡伸一は、「生命は単に機械論的に解明できるものではなく、分子と分子、細胞と細胞の相補的ネットワークによりダイナミックに存在するものだ」（福岡伸一著『生物の無生物のあいだ』講談社現代新書　2007）と述べ、さらに生命の可変性について「『柔らかな』相補性、つまり弱い相互作用を示すタンパク質が、ついたり離れたりして成立する相補性にはどのような特性があるのだろうか。それは外界（環境）の変化に応答して自ら変えられるという生命の特徴、つまり可変性と柔軟性を担保する、メカニズムとなりうる点にある」「生命は、相補的ネットワークの存在であり、その特徴は可変性と柔軟性にある」と記しています。

また、生命の本質については、「生命は、実は、時間の流れとともに、絶え間ない消長、交換、変化を繰り返しつつ、それでいて、一定の平

衡が保たれているものとしてある。生命は、恒常的に見えて、いずれ
も一回性の現象である。それゆえにこそ価値がある」（「生命とは何か」中
学3年生国語教書 教育出版 2021）と説明しています。さらに、「研究とは、
非常に多くの落胆とほんのわずかな喜びとがあやなす営みである」
「研究成果を一般化するための言葉さえ研き続けていれば、この先も
研究者が科学の本質や社会的意義を見失うことはないはずだ」（『生命科
学の静かなる革命』 インターナショナル新書 2016）とも記しています。

　この見解を教育実践研究者としての立場から、「学び」の世界における
教師の役割に通底するものとして共感をもちました。

1-1.2　共存在原理

　『場の思想』の著者であり、生命学の先達である清水博の論考に目を開
かされ多くの啓示を受けてきました。清水は、地球の温暖化、生命系の消
滅、弱者切り捨ての経済などの現状を直視しつつ、共生の論理に基づく生
命観を提示し、次のように記しています。

　　人間の生き方のどこに問題があったのでしょうか。それは『狭
　　い地球』という居場所で、人間を含めた生きものが互いに依存し
　　あいながら、そして共に存在していくために、最も重要な『共存
　　在の原理』に反する考え方を、人間がこれまでしてきたことにあ
　　るのです。そのため『知の革命』の時代が来たのです。

　　いま求められるのは、地球における共存在の原理を実現するよ
　　うに、自分自身の考え方を変えていくことですと。さらに「（いの
　　ち）とは、存在し続けようとする能動的活き」と述べ、「その能動
　　的活きとは自己組織によってなされ、その自己組織は、内的世界
　　とともに、外的世界との関わり、共存在の原理よってもたらされ
　　る」と説明しています。

（『〈いのち〉の自己組織—共に生きていく

原理に向かて』東京大学出版会　2016）

清水の「持続可能性を実現するためには、所有を目的とする一重生命論による競争原理から、存在を目的とする二重生命論による共存在原理へと、文明の原理を転向させることが必要となるのです」との主張は、生命中心主義と軌を一にし、新たな教育創造の方向性を示唆するものでもあると受け止めました。

1-1.3　生命観の広がり

生命学の対象とする範囲は、急速な広がりを見せています。ウイルスの研究者である山内一也は、「ウイルス学の進展は、生命をどう定義するかさまざまな議論を引き起こしてきた。この議論にコンセンサスが得られる見通しはないが、少なくとも『ウイルス粒子は無生物と同様の存在であるが、細胞内では生きている』という見解は受け入れられてきたとみなせるだろう」(山内一也著『ウイルスの意味論』みすず書房 2020)と論じ、さらに「ウイルスの生態を知れば知るほど、生と死の、生物と無生物の、共生と敵対の境界が曖昧になっていく」と述べ、生命論の奥行きの深さを提示しています。

細胞を若返らせる機能で注目される「オートファジー」の研究を続ける生命科学者 吉森保は、生命における多様性の重要性を示す見解を提示しています。自著『最先端の生命科学を私たちは何も知らない』(日経BP 2021)の中で、「多様性こそ、生命存続の鉄則」、さらに「多様性がないと死に絶えるのが生命の本質」と記しています。この吉森の見解も、新たな「学び」における多様性への認識を深めること、その活用によってこそ、「協同の学び」による深い思考がなされることと通底しています。

ここまで生物多様性の原点である「生命」について考察してきました。次に生物多様性を「教育」に生かす意義について検討していきます。

1-2 いのちの尊厳と教育

　いのちの尊厳を基調におく、生命中心主義の考え方が「教育」の在り方を広げていくことについて考察していきましょう。

　哲学者 河野哲也の次の見解は、生命中心主義の基本である生物多様性の意義を示しています。

　　　　生物の多様性とは、現時点において存在している種や遺伝子、生態系を単に保持することではない。そうではなく、生物と環境との相互作用、および生物どうしの相互作用が豊かに展開され、自然な進化が創出され続けるプロセスを保持することである。この考えは、あらゆるものに固定的な本質とアイデンティティを求めるプラトン－アリストテレス的な伝統に対する挑戦だと言ってよいだろう。

　　　　　　　　（『いつかはみんな野生にもどる　環境の現象学』　水声社 2016）

　この河野の示す「相互作用の豊かさ」、「創出のプロセスの保持」こそ、生物多様性の意義と捉える見解に、「多様性を活用した深い学び」の創出の理論的背景を得た思いがしました。

　教育哲学者 増渕幸男の「いのちの尊厳と教育」についての論考は、教育における、人間中心主義から生命中心主義への転換の意味を明確に示しています。

　増渕は、「現代の教育学が取り組むべきもっとも重要な課題の一つは、人間の尊厳回復と新たな生命観を取り込んだ、教育実践のための基本的方向性を指示することにある。これには生かされる生命と生きる生命との間に横たわる諸困難を直視して、生命価値へのより深い理解と実体験を促す『いのちの尊厳』教育、そしてその方向づけを試みる生命教育学が必要である」（『いのちの尊厳の教育とヒューマニズムの精神』 上智大学出版 2010）と主張しています。

　また、「遺伝子を次世代に伝達するという生物学的課題を担った人間の存在意義とは別の視点から、自由意志に基づいて生きることの意義を追求し創造し続けている人間の生命活動についての理解が導き出される必要がありはしないか。難しい哲学を持ち出さなくても、人間が一回かぎりの生をかけがいのないものとして『生きている』その現実を、遺伝子の組み合わせを超えた全体としての人間、非生物学的に存在する精神的な生命体としての人格へのまなざしが、生命科学的思考には不可欠なのではないか。ＤＮＡでは言い尽くせない人間理解にこそ、生物学的次元を越えて『いのち』を創造していくことへの援助である教育の営みがあるとすれば、そうした人間理解を共有することにこそ生命科学と教育学の対話の可能性が開かれてくると言えるであろう」と記し、今後の教育における生命中心主義に基づく教育の必要を示唆しています。

　増渕はさらに、「教育学にとって『いのちの尊厳』を人間自身に取り戻すための理性の啓蒙に責任を引き受けるという教育を実現するという課題は、生命科学との対話の道を探ることによって手がかりが見えてくるであろう。その道の一つが、人間らしさの取戻しを唱えるヒューマニズムの思想と結びついていくことも確かである」と述べ、生命中心主義への転換の基調となる思想を明示しています。

　確かに、人間のための科学としての教育学においても、人間の尊厳と生命の尊厳との統一原理を構築する立場、つまり「いのちの尊厳」の立場からの「教育」を推進していく必要があります。

　前述したように、生命についての研究者・思想家の見解から、地球社会・地球生命系に持続可能性をもたらす「教育」とは生命中心主義の思想に立ち、森羅万象がつながり合う自然観、生物多様性すなわち、地球生命系が維持してきた相互作用関係のあり方に学ぶ教育、多様な生命との関わりと共創を重視する学びを推進することと考えることができます。

２．自然界における生物多様性と人間の役割

　生命学の先達の見解の考察から、「学び」に生物多様性の視点を導入することの有用性は以下の３点ととらえることができます。

　第一にバイオミメテックス（生体模倣技術）研究にみられるように、多様な生物の生きる知恵に学ぶこと。

　第二に多様な生命体と共に生きることが人間の生活を豊かにすることへの認識を深めること。

　第三に生物多様性の活用が学びの世界の広がり、思考の深化をもたらすこと。

　以上の３つの視点から考察を進める前提として、まず、多様な生命をつなぐ自然の豊かさについて記しておきます。

２-１　多様な生命をつなぐ自然の豊かさ

　生物多様性に思いを馳せるとき啓示を受けるのは、自然界における生物の多様性です。筆者は、これまでさまざまな辺境の地を訪ねてきました。中近東の砂漠地帯、南米パンタナルの大湿原、アフリカの草原、アラスカのツンドラ地帯、エベレスト街道、ニュージーランド南島のマウントクックの山麓など、各地でさまざまな生物の多様性を実体験し、また、その必要性を考察してきました。

２-１.１　自然界の相互依存関係

　2012年秋、ボルネオ島のキナバル山（標高 4,095.2m）に登頂しました。この巨大な山の山麓のジャングルには、世界最大の花とも言われるラフレシアや食虫植物として有名なウツボカズラが原生し、森林限界を超える高山帯まで、特異な動植物が数多く生息しており、まさに生物は多様であることを実感させられました。

　こうした偉大な自然の中に身を置くとき、気づかされるのは、生きとし

生ける物が「つながっている」という事実です。多様な生物たちは、「相互関係」の中で生きているのです。

多様な生命体に関する種々の研究が明らかにしているように、動植物たちは地域の無数の生物体の生命維持のための環境保全に欠かせぬ役割を担っています。

青森に住む友人の写真家 服部喜美は、八甲田山を 50 有余年撮影し続けてきました。彼に数度にわたり八甲田山に連行してもらいましたが、山岳地の奥に分け入ると、鬱蒼とした落葉樹広葉樹の森が広がり、巨樹の枝が空を覆っていましたが、森の大気は精神を活性化してくれました。雪の重みで倒れた木にはキノコ、コケや地衣類がまとわりつき、その隙間から小さな双葉が芽吹いています。コケ、粘菌、キノコが地表を覆い、それを栄養にしつつ大きな動植物が育ちます。八甲田山の自然がさまざまな生命体のつながりによりつくられていることに気づかされました。

2-1.2 人類の役割

人類もまた地球上に生きる多様な生命体とともに、関わり、つながって生存しています。多様な生命体とともにあることは、人類が持続可能な発展をしていくために不可欠なのです。

それでは、未曾有の繁栄を享受している人間は、そうした生命体の一員として、どのような役割を担わなければならないのでしょうか。

生命 40 億年の壮大な歴史を論述したリチャード・フォーティは、「私が生命の一代記を語るなかで紹介した沢山の出来事のどれとも異なる点は、人間には影響を予測することができるということだ」(リチャード・フォーティ著『生命 40 億年全史』 草思社 2003) と述べています。

確かに人間は動物の一種であるのだが、他の動物に比して優れているのは、まだ起きていないことを想像し、未来をある程度予測できるという点ではないでしょうか。とすれば見通しをもち、地球上に生息する動物が生きられる環境を保持するための活動をしていくことは人類の責務である

と考えます。

　しかるに人間は、経済的発展を優先するあまり、長い年月をかけて地球生命体が保持した自然環境を破壊しています。名著『極北の動物誌』(新潮社 2004)を著したウィリアム・ブルーイットは、「ハリネズミ、野ウサギ、オオヤマネコなどの動物は、数千年にわたってタイガで巧みに生きてきた。生きている共同体の互いに依存しあう構成要素そして進化してきたからである」「極北の生態系は、比較的わずかな乱れで容易に崩壊する。北では、植物の成長が遅いため、ひとたびバランスが崩れると、回復には長い長い時間がかかる」と警鐘しています。

　琉球大学理学部の久保田康裕は、自然資本の思想の立場から「生物多様性は、私たち人間社会の基盤をなしている自然資本です。一方人間の経済活動は自然環境を改変し、野生生物の生息環境を消失させ、数多くの生物種を絶滅の危機に追い込んでいます。今、私たちが直面している新型コロナウイルスも、元をたどると人間社会と生物多様性の関係のあり方に行き着きます」(成蹊学園サステナビリティ教育研究センター'オンライン講演会「生物多様性の恵みと報い：生物多様性の保全を科学的に考える」講演資料 2020)と述べ、さらに「生物多様性の保全は、私たちの暮らしに密接に関係しており、社会的に推進する急務の課題である」と指摘しました。

　未来を展望し、生命中心主義の立場にたち、生物多様性を維持していくことが人間の使命であることをしっかり自覚する必要があります。以下に、生命中心主義の立場から、生物多様性を学び、活用する意義について順次考察していきます。

2-2　生物の多様性から創られるバイオミメテックス (生体模倣技術)

　多様な生物の生きる知恵は、人間の生活を便利かつ安全にしてくれています。最近のバイオミメテックス (生体模倣技術) 研究の進歩は、動物・植物・

微生物などの構造や機能から着想を得て、物づくりや、新しい技術の開発に役立てられています。バイオミメテックスの事例として、ハスの揮発性を活用した汚れのつかない蓋、鯨の尾ひれを再現した風力発電タービンの開発、水の抵抗の少ないサメの肌にヒントを得た競技水泳の水着、水で流しただけで汚れや油を流れ落とせるカタツムリの殻の構造に学んだ汚れにくい壁、さらに、集合住宅の構造を蟻の巣から、マジックテープがオナモミからヒントを得ているようにバイオミメテックスは、多様な生命体の生きる工夫を援用し、私たちの生活を便利にしているのです。

2-2.1　新幹線の先頭車両

　バイオミメテックス研究で有名なのは、鳥が風を受け流す構造に学んだ、新幹線の車両づくりでしょう。「最高速度300キロを目指す新型新幹線500系」の開発を目指し、高速走行実験を繰り返す中で、空気との衝突が原因で起こる騒音が問題になりました。騒音の原因の一つは、電線から電気を供給するために車体から出っ張っている「パンタグラフ」でした。この出っ張りが高速になるほど空気抵抗を増し、騒音の原因となっていたのです。

　開発の中心であったJR西日本試験実施部長（当時）仲津英治は、野鳥の会の会員であったことから、ある鳥がノコギリ状のギザギザの羽根で空気を拡散し、静かな飛行を実現することに目をつけました。そして、新幹線のパンタグラフに風切り羽根をまねたギザギザをつけ、30%の騒音削減に成功したのです。

　しかし騒音に関する問題はもう一つありました。新幹線が高速でトンネルに入る際に、トンネル出口付近で大きな音が発生する「トンネルドン現象」です。ここでも仲津は、騒音削減のヒントを鳥から得ました。カワセミは餌を捕るために高速で水中に飛び込みますが、水しぶきがとても小さい。プロジェクトチームは、この小さな水しぶきの秘密を求めて研究を続け、カワセミの嘴は最も空気抵抗を小さくする形をしていることがわかっ

たのです。1996年3月、カワセミの嘴そっくりな先端をもつ新幹線が開発され「トンネル現象」は見事に克服されました。

　この経験から仲津は、「生物は、自ら生きるために、そして、命を繋いでいく過程で、それに相応しい姿、形、大きさ、機能を獲得し、伝えて来たのであろう。進化して適者生存の存在となり、我々人類も含めて、最良の教科書であり、教師であるのは自然なのであろう」(「カワセミと500系新幹線車両」　日本野鳥の会『BIRD FAN』1995) と記しています。

2-3　人間の生命に関わる研究

　人間の生命に関わることで注目される研究は、医療分野への貢献です。

　関西大学システム理工学部の青柳誠司は、蚊の吸血針をヒントにした痛くない注射針「マイクロニードル」を開発しました。微小な針により、角質層に孔をあけることで、物質を皮膚内に送達する手法で、長さ1mm以下の微小針であるため、皮膚に穿刺しても神経終末(侵害受容器)を損傷しにくい注射針で、その特徴から痛みを伴わないワクチン接種を可能にしました。マイクロニードルは、ワクチン接種を、安全、安心、安価にすることができ、ワクチンの世界的普及を強力に推進し、感染症に対して安全・安心な世界に貢献できる可能性を有するといわれます。

　京都農工大学では、「蚕のシルクを用いた人工血管」の研究開発が行われています。蚕の繭は、サナギから成虫になるまでに、天敵や風雨から身を守る強力なシェルターの働きをしています。人間の血管には強い圧力がかかることから、人工血管にはそれに耐える強度が必要なため、鉄にも匹敵する強度のある強力なシェルターをつくる蚕の糸を人工血管に代用するという研究が進められているのです。

　多様な生命体と共に生きることの原点は、極端な清潔主義・排除主義に陥らないことです。最近のウイルスの研究は、多くのウイルスが、宿主の守護

者となり、宿主を献身的に育て上げ、また新たな能力を与えていることを明らかにしています。また、ほんの一部のウイルスのみが発病をもたらすことも解明しています。ウイルスは、人間が毛嫌いするものではなく、実は生きるために必要なものなのです。

別所輝彦の次の見解は、自然界に生きる微生物との関わりの重要性について気づかせてくれます。

　　わたしたちの暮らしと微生物のかかわりが、ますます広く深くなっていることです。微生物はバイオテクノロジーの先端を切って、人間の役に立つ新しいものをつくり出し続けています。インフルエンザやエボラなどの病原体が次々に引き起こす感染症は、改めて世界の人たちの健康を脅かしています。そして今、地球規模の環境問題と微生物の切っても切れない関係がわかり始めました。私たちと強い利害関係で結ばれている相手を知ることがいま一段と必要になっているのです。　　　　　　　（『見えない微生物』　ベレ出版 2015）

本来人間は「穢れ」と「清潔さ」をともにもちます。行き過ぎた「消毒主義」は生きている生命体に対して「害をもたらす」のではないでしょうか。細菌をすべて抹殺する、奇妙な身体の生物や人間の生活を害する生物を絶滅に追いやる、果てはジェノサイド、すなわち自分と異なる思想をもつ人間を、理解できない、無駄・邪魔として排斥、抹殺する排他主義の思想につながるように思えます。

重要なのは多様な生命体の「生きる知恵」に学びつつ、共存・共生することなのです。自然界に生きる生物には、様々な技術やアイデアが山のように眠っており、先述した「バイオミメテックス」の研究には、無限の可能性が秘められているのです。

そのバイオミメテックス研究を可能にしているのが「生物学」と「工学」の融合であり、仲立ちをしているのが「情報科学」による膨大な情報の分析による技術移転であるといわれます。こうした異分野の連携は、時代の要請

であり、新たな叡智を生起させているのです。

　多様な生命体が人々の生活を豊かにする知恵を教えてくれていることに気づかせることは、多様な生命体への畏敬の念をもち、その保持の大切さを認識する「教育」の重要な使命なのです。

2-4　共存・共生が豊かさをもたらす

　多様な生命体と共に生きることが人間の生活を豊かにすることについて考察していきます。

2-4.1　動物観の変遷

　西洋の動物観を歴史的に振り返ると、「動物はどう扱ってもよいのだ」とするアリストテレス、カント、デカルトに対し、ピタゴラス、ルソー、ベッサムは「動物は大切にすべき」という考えをもっていたようです。

　フランスの哲学者 デカルト（1596〜1650）は、「動物には精神（魂）がないから単なる機械である。人間には精神があるから単なる機械ではない。人間だけが精神（理性）をもっている証拠は人間のみが言葉を話すからである。したがって人間は動物を道具として利用することができる」と記しています。

　他方、イギリスの哲学者 ベッサム（1748〜1832）は「道徳的に正しい行為とはこの世の中にできるだけ多くの幸福をもたらすことである。苦痛は道徳の最大の敵である。動物も感覚があり、苦痛を感じることができるので、道徳的に扱われる権利がある。したがって、その権利を法律で守ってやらなければならない」と述べています。

　現在の欧米諸国には動物との共存の精神が根付いています。10余年前、ドッグセラピーの専門職を目指している娘とともに、動物と人間との共存社会の実態を知るため英国を訪ねました。当地の広い公園に行くと、様々な犬種の犬が、自由に楽しそうに主人とともに散歩していました。当地で

の案内役を引き受けてくれた、エジンバラ大学で博士の学位をとるため現地に長く滞在していた年若い友人は、英国には犬を虐待から守るためのドッグポリスがいることを教えてくれました。

　日本との違いを感じ、最も感銘を受けたのは、犬の保護施設を訪問した時でした。さまざまな事情で飼えなくなった犬を保護しているその施設には、逆に犬を飼いたい希望をもった家族もやってきます。ちょうど私たちが施設訪問していたとき、父親と10歳くらいの息子さんが訪ねてきていました。しばし施設内の犬たちを見て回った後、なんと大型の老犬を二頭も引き取ることを決めたのです。思わずその理由を父親にたずねると、「この犬たちは、息子にとってよい友達になるでしょう。しかし、やがて死をむかえます。愛していた犬たちが厳粛な死を迎えてしまう。犬を愛すること、その犬たちとの別れがくる、そのときの心情を、私は息子たちに体験してもらいたいのです」と語りました。

2-4.2　犬と共に生きる

　前述した老犬と父子の話は、人間の社会における動物との共生の意味を、改めて考察するきっかけになりました。動物の中でも、犬が人間との共存でもたらしてきたものは数多く、その始まりは、フランス南部マルセーユの郊外のジューヴ洞窟で発見された、3万6千年前の動物を描いた壁画にあるといわれています。注目すべきは、壁画とは別に、その洞窟でオオカミと少年の足跡がみつかったことです。検証の結果、この足跡は、犬の祖先であるオオカミと人間との共生の証左とされました。以降、犬の祖先と人間は3万年の時をかけて、かけがえのない信頼関係を築いてきたのです。

2-4.3　人間の生活を支えるパートナー

　人間の進化の歴史を支えてきたのは、かけがえのないパートナーとしての「犬」でした。害獣から農産物を守ることはもちろん、羊や山羊などの家畜化は、害獣から守ってくれる犬の存在なしでは成されなかったでしょ

う。現代においては、災害時に被災者を探し出す救助犬、そして訓練された介助犬・セラピー犬は、身体的障害を持つ人々の生活を支え、心的外傷ストレス傷害に悩む人々の苦痛を癒しているのです。

　麻布大学の動物行動学者　菊水健史らによる研究は、犬と人間には強い絆が結ばれることを科学の眼で証明しています。具体的には、犬と人間が見つめ合うと、生のループとして愛情を増幅する「オキシトシン」の分泌が増幅する実験（菊水健史【Trends in Endocrinology and Metabolism】Endocrine regulations in human-dog coexistence through domestication　2015）を行い、その実験結果により証したのです。

2-4.4　犬との生活が人間にもたらすもの

　犬の飼育が、健康な身体や心の安らぎを与えてくれることに思いを馳せれば、我々が管理しているはずの動物によって、実は人自身が生かされていることに気づかされます。筆者が 17 年間にわたり柴犬の愛犬 龍之介と過ごした生活は、このことを日々実感させてくれました。

　子犬の頃、元気いっぱいに海岸を、河原を、山道を駆け回っていた龍之介は、やがて年老いると、散歩に出てもヨロヨロと歩き、ときには倒れ、やがて、ほとんど寝たきりになりました。

　しかし、老いて寝たきりになっても、なんとか生きようと、立ち上がろうとする姿に筆者は改めて心を打たれました。誇りが高く、容易に身体に触らせない犬でした。衰えて歩けなくなると、達観したように横たわり、身体を拭いてくれる家内の介護に身をまかせました。眼はほとんど見えず、耳も聞えないであろうに、残った機能を使い、なんとか前向きに生きようとしてきました。その一つひとつの行動に啓発させられる日々をおくりました。そして、龍之介は2021 年2 月 28 日の早朝、旅立っていきました。

　動物との触れ合いにより感得できる重要なことは、我々の中にある、人類は他の生物よりも優れた存在であるという「驕り」に気づかせてくれることにあります。

　児玉小枝さんの著書『動物たちにありがとう』（日本出版社 2006）は、阪神淡路大震災で家をなくし、公園で過酷なテントで暮らした一人のおばさんが、犬2頭、猫11匹と共に、避難生活を送った生活のありさまを撮影した写真集です。掲載された数々の心温まる写真には、次の短いキャプションがそえられています。

- ・おばあちゃんとどうぶつたちの周りには、たくさんの笑顔があつまってくる。
- ・そばにはいつも　見守るように　より添うように
- ・ヒゲをふるわせて愛情のお返し、言葉なんかなくても、こんなに伝え合える。
- ・無邪気であどけないしぐさに、心がなごむ
- ・ふと気づくとそこには、やわらかな、ぬくもりがある。

　児玉さんの著書は、他に『いのちのすくいかた』（集英社 2018）、『老犬たちに涙』（角川書店 2019）などがあり、殺処分から救われた子犬とともに、人間の身勝手で、哀れな状況に追いやられた老犬たちの真実が写真と文で掲載されています。犬と共生する意味、そして人間の責任を考えずにはいられません。

　児玉さんとは、東京の三多摩地区の小さな学校で出会い語り合いました。清楚・謙虚な方で、語り合いの中で「動物との共生に対する社会の理解」を進めるべきという言葉に真の強さを感じ、爽やかな感動を覚えました。

2-4.5　人の心を癒す　アニマルセラピー

　日本でも「アニマルセラピー」が注目されてきましたが、先進国ドイツでは、一般診療として、人の病の治療に動物を介在させる病院が増加しています。医療従事者の 90%以上が「アニマルセラピーに効果がある」と認めているのです。

米国・英国においても、アニマルセラピーの治療行為は公的に認められています。

体調が優れず、精神的なものと判断すれば、「犬や猫を迎えなさい」という処方が、医師からまるで薬の処方箋を渡すように告げられるのです。

ところが、日本では科学的な根拠が不十分ということで、現在（2022年）も一般治療として認められていません。

一方、犬や猫の殺処分は年間31万頭、これが日本の現実です。「動物の存在が人間の生活を豊かにする」ことについての研究が進み、人と動物とが共存・共生する社会が進展することを願わずにはいられません。

３．生命中心主義の広がりと思考の深化

以前、生活科の研究大会で柿本人麻呂や雪舟ゆかりの地であり、カルガモを使った自然農法でも知られる島根県益田市を訪ねることがありました。大会終了後、主催者の校長先生の案内で当地の小さな学校を訪問した際に感心させられたのは、廊下や階段の踊り場など校内の各所に、子供たち一人ひとりが自分の一輪挿しを置き、毎日、野の花を活けていたことで、さまざまな一輪の野の花が、学校の雰囲気を明るくしていました。

生活に潤いや精神的安定をもたらす、こうした植物との触れ合いを大切にするという生命中心主義の思想を教育に取り入れることは、「学び」の世界を広く、深くします。

ここからは、その意義について考察していきます。

3-1 「気づき・発見」から「問い」の生起へ

　人間以外の生命体への関心をもつことは、気づき・発見、驚き、疑問など「子どもが生来もっているもの」について、五感を通して発揮させる機会となります。

　形態や色彩などへの単一の気づきだけでなく、いくつかの気づきを紡ぎ合わせて新たな発見をしたり、時の経過を意識したり、環境に目を配ることもできるようになり、気づき・発見をさらに広げ、自らの思考を深めていきます。

　きわめて大切なことは、子どもが「なぜだろう」と疑問をもつこと、「多分こうではないか」と想像を巡らすことで、心で感得したことをもとに、一人ひとりが独自の発見や問いを生起させることです。

　皮相的な見方を超越したとき、動植物の知恵を発見できる例を、植物の世界にみてみましょう。

　植物学の専門家 稲垣栄洋は、自著『たたかう植物—仁義なき生存戦略—』（筑摩書房 2015）の中で、「一見、争いのない平和に見える植物の生きる世界が『まわりはすべて敵』という過酷な生存のためのバトル・フィールドであることに気づかせてくれる。また、それぞれの植物たちが熾烈な世界を生き抜くための工夫をしていることに驚かされる。たとえば雑草には、『強い』というイメージがあるが、本当は、戦いを避けたい弱い植物なのだという。そのために雑草は、強い植物が力を発揮できない場所に生息している。しかし、それは単なる逃避ではなく、より厳しい環境に挑み続けていたのである」と述べています。

　植物をしっかり観察し、数多くの気づき・発見をさせ、疑問を持たせ、その疑問を探究することにより、植物の真の世界がみえてきて、その関心は高まっていきます。

　これは植物に限ったことではなく、多様な生物をしっかり観察することは、すべての動植物への関心を高めるのです。つまり、気づき・発見、疑問など

をもつことは、教育実践に不可欠な固定観念の打破、広い視野や洞察力を育む大切さにもつながっていくのです。

3-2　生物多様性を活用した実践事例

東京の丹沢山系の末端に位置する瑞穂第五小学校の校舎は、三方を山に囲まれ、朝夕は鳥が鳴き、豊かな自然環境にあります。校庭は全面芝生で、周りには種々の木々が植えられてたくさんの動物が棲家とし、野菜や花を育てている学校園の傍らには広い草はらがあり、休み時間になると、児童が自由に出入りをして遊んでいます。

そんな同校では「学び」の構造を念頭に、次の教育目標を設定しています。

① **五感で使って感じる力**：様々な環境の中にあって体ごと触れ合い、その価値を感じ取るという体験を積み重ね、その面白さに気づく。

② **失敗を恐れず、自ら挑戦する力**：先入観や苦手意識をもたずに新しいことに取り組み、自分自身の変容を振り返り、成長に気づく。

③ **物事を正しく理解し考える力**：新しい知識を得たり、知識と知識を結びつけたりして物事を多角的に見つめ、判断し、考える。

④ **多様な価値観を認め、尊重する力**：人や物との交流を通して多様な考え方や価値観に気付き、それを受け入れ、認め合う。

⑤ **気持ちや考えを表現する力**：相手によく分かるように場に応じた表現方法を工夫し、自分の想いを正しく伝える。

⑥ **協力して物事を進める力**：集団の中で自分の言葉や行動に責任をもち、自分の役割の意味を理解して活動に意欲的に参加する。

⑦ **よりよい社会を思い描く力**：様々な立場の人たちの視点に立ち、共に暮らしやすい社会とはどのようなものかを想像し、未来について考える。

この学校の１年担任（当時）の本田理恵子教諭は、自然豊かな学習環境をいかし、虫たちの体のつくりや動く様子を観察し、生命の営みの不思議に気

づいたり、諸感覚を使って自然と触れ合ったりすることで、子どもたちが各々感じたこと、知ったことを互いに絵や文、言葉で伝え合う生活科の学習を構想しました。

その際の単元の指導計画は、次のとおりです。

むしや自然とふれあおう

○環境アカデミーの人々に、面白い虫や草などの匂いについておしえてもらう

○校庭で、身近な自然の様子を、諸感覚を使って楽しむ

○かくれんぼをしている虫の気持ちを考える。虫の擬態を知り、虫をさがす

○気づいたことを話したり、書いたり、描いたりする

むしをさがそう

○虫のいる所を思い出し、捕まえ方を話し合う

○草むらや落ち葉の下など虫のいそうな所をさがし、捕まえる

むしとなかよくなろう

○虫を飼う、飼い方を調べ、飼育環境を整える

○体のつくりや動き方、食べ物など気づいたことを記録する

○虫をこれからどうしたらよいか話し合い、もとの場所に戻す

この本田教諭による生活科の授業は、「諸感覚を使って感じる力、物事を正しく理解し、考える力、気持ちを考え表現する力」を重視して実践しました。研究協力者として、筆者も授業参観しましたが、皮相的な調査ではなく、とにかく身体全体で五感を使って感じ取り、没頭するようにし、そこから湧き上がる気づき・発見を大切にし、次々とわき起こる気になること、また不思議に思うことを解決していく様子が授業全体を通じてみられました。本田教諭は「今後も、狭山丘陵の麓という、恵まれた環境を生かし、豊富な草花や樹木、生き物が相互に関わって生きていることへの関心を、子どもたちが高められるように指導していきたい」と述べていました。

まとめにかえて

　　自然から遊離するバベルの塔は倒れる。人も自然の一部である。それは人間内部にあって生命の営みを律する厳然たる摂理であり、営みである。科学や経済、医学や農業、あらゆる人の営みが、自然と人、人と人の和解を探る以外、我々が生きる道はないであろう。　　　　　（中村哲著『天、共に在り』NHK出版 2020）

　上記のことばは、アフガニスタンで 30 余年にわたり、飢餓に苦しむ人々の救済のため大旱魃と格闘し、井戸を掘り、用水路を拓いた中村哲の言葉です。中村の長きにわたる国際ボランティア活動は、人間として敬すべき人格とは、権力や富をもつことや、華やかな言動ではなく、自然そして弱者に対する態度であることを感知させられます。

　人類史を辿れば、人類は天変地異による気候変動や災害、疾病、紛争などのさまざまな困難を、冒険心、知的好奇心、そして何より協働・連帯によって克服してきました。いま、地球生命体は、地殻変動にも似た変革期を迎えています。この変革を希望ある未来社会に結びつけるのは、生命系全体で考える広い視野での連帯による「叡智の創生」です。

　地球フラスコ論に象徴されるように、世界がつながっていること、一つが揺れれば、すべてが揺れるというのが地球社会・生命系の現実です。

　人類は、これまでと違い、根本的レベルでの「変化」への対応を迫られているのです。

　NHK スペシャル『人類誕生』の監修者で自然人類学者である馬場悠男は、「人類の進化は、サクセスストーリーでなく、何度も絶滅の危機に瀕しながら、仲間と協力し、生き延びてきた」「私たちの先祖様は、人類進化の過程で共感能力と思いやりを発達させてきた」（『人類誕生』Gakken　2018）と述べています。

　人という生物には、未だ起きていないことを想像し、思考する能力、そして思考したことを他者と共有する能力があります。とすれば、今日のような転換期の教育は、「人間中心主義」の偏重から脱し、「生命中心主義」の思想に立ち、多様な生命体の生きる知恵と技能に謙虚に「学ぶ」ことが、地球的課題に対応する有用な方途なのではないでしょうか。

　動物が好きな筆者は数多くの動物と人間の交流の物語を読んできました。本節の最後に、その中でも心に残る一節を紹介します。

　チンパンジーの森に入り、その保護に取り組んだジェーン・グドールが、なかなか近づけなかったボスザルのデーヴィットと、初めて寄り添えた時のことを記した文章です。

　　川辺でデーヴィットと向かいあっている私は、すぐそばに熟れたココヤシの実がころがっていることに気づいた。わたしはそれを手にとり、かれにさし出した。デーヴィットはちらっと私をみると、腕をのばしてヤシの実を受け取った。かれはその実をぽとんと落とし、やさしくわたしの手をとった。

　　そのメッセージを理解するのにことばは不要だった。ヤシの実はほしくなかったが、わたしに善意は理解した。おまえの気持ちはわかったから安心しろ、といっていた。いまもって、わたしはかれの指のやわらかな感触をおぼえている。私はことばよりずっと古いことばで、先史時代の先祖たちが使い、ふたつの世界の橋わたしをすることばでコミュニケートした。深い感動につつまれた。

　　デーヴィットが立ち上がり、歩きだしたが、わたしは後を追わなかった。静かにすわって、渓流のせせらぎをききながら、たったいま経験したことを永遠にこころに刻んでおこうと自分に誓っていた。

（ジェーン・グドール著『森に旅人』角川書店　2000）

第3節 「学び」の変革、その考え方

　「学習」とは、単位時間においての目的とする知識・技能などの習得を到達点として行われる活動です。他方、「学び」とは、人生の生き方や知性を育むための、学習に比べてより広い概念です。本稿では、「学び」は、「学習」を含みつつも、学び手の生き方、自己変革・成長を目的として行われる知的活動とします。

　「学び」は人間形成の直接的な手立てです。第1節「新たな時代の学校教育の基層を問い直す」では、学校教育の基層におくべき理念を考察しました。本節では、新たな時代、文化的背景が異なる人々と共存・共生する社会に対応した人間形成に資する「学び」の在り方について、根本におくべき考え方と具体的な方向を提言していきます。

1．多様との共存、異質との共生社会の現実化

　現代は、人類が辿ってきた狩猟社会、農耕社会、工業社会、情報社会につぐ、ＡＩとロボット、インターネットによる情報の集約化と、ビッグデータにより仮想空間と現実空間を高度に融合させ、Society5.0 に入ったといわれます。また、この社会は多様な文化・価値観が混在する社会でもあります。「近未来社会の担い手」を育成する「学び」の時代的背景について、本論に入る前に若干の考察をしておきます。

1−1　新たな時代の「学び」の創造への期待

　地球社会を俯瞰すると、経済的優位性を求めた競争原理による節操なき開発により地球環境が破壊され、過度の富の追求競争により超格差社会が現出しています。また交通・情報手段の飛躍的発展により、自分たちとは異なっ

た時空を生きてきた人々と共生する多文化社会が現実となってきています。しかも、現代社会においては、世界各地の出来事や発生した問題が、インターネットを通じて地球全体に瞬時に波及し大きな影響を与えています。

さらに、近未来の社会は、人工知能によるロボット、バイオテクノロジーなどの飛躍的発展により、2045年ころには人間の能力と社会を根底から覆す「シンギュラリティ（技術的特異点：Technological Singularity）」が発生する可能性が予測され、その衝撃がいかなるものかを意識せざるを得ません。

こうした先行き不透明でダイナミックに変化する新たな時代・社会の現実化を背景に、ニューノーマル（New Normal：新常態）に対応した人間の育成が「教育」に期待されてきています。環境、格差、難民、紛争などの地球的課題が顕在化する世界の冷厳な現実への対応ができ、文化や価値観の相違や利害の対立などのアポリア（哲学的難題）へ挑戦し、人工知能（artificial intelligence：AI）への優位性を発揮できる人間の育成が希求されているのです。

このためには、従前型の「教師主導」、体系化された「知の伝達」というパラダイムでは対応できず、学びには「タイムリー・ウィズダム」を育むための、新たなパラダイムの創造が求められているのです。

1-2 共生とは

多文化共生社会の基盤となる「共生」とは、いったいどのような概念なのでしょうか。共生には、「同質との共生」と、「多様・異質との共生」があります。

我が国の社会には、同調圧力の強い傾向がありました。しかし、グローバル時代の人間形成の基調としての共生とは、文化や価値観などの異なる人々と共存し、連携しつつ、対立や葛藤を克服し、希望ある未来社会を構築する「多様・異質との共生」なのです。

共生とは、必ずしも合意や一致を必須としません。合意や一致が共生の最終目的でもありませんが、「本質的には分かり合えない部分があっても、共

にある」ことはできます。たとえば、地球環境の保全、疾病の根絶など人類の共通の課題に向かって、歩み寄り、また協力し合うことはできるのです。

　共生に関わって重要なことは、第2節「人間中心主義から生命中心主義へ」でも論じましたが、共生は人間以外の生命体も包含するとの認識です。

　清水博は「共同体の生命と倫理観」について、「共創を、身体を参加させる自他非分離的コミュニケーションとして捉えると、身体性の発見と拡大を経て、やがて生命的共同体という考えに大きく発展していきます。ここで生命的共同体というように、共同体（コミュニティ）の前に生命的という語をつけたのは、人間以外の生物も包含して考える可能性を与えることが大切であると思っているからです。この生命的共同体という考え方をしっかりと定着させていくことこそ、新しい文明の重要な課題になると思います」（『場と共創』ＮＴＴ出版 2000）と記し、多様な生命体とともに、地球環境と調和する文明を創っていく必要を指摘しています。

　本節では、「共生とは自然との共生をも包含する深遠な概念」としつつ、人間社会における共生を「多様な他者が時空を共有することであり、時に、恐れ、戸惑い、葛藤、対立などが生じても、主体性・当事者意識をもちつつ、響感・イメージ力を基調に相互に影響し合い、相互浸透・啓発し、その過程で自他を自己変革・自己成長させ、さらに出会う前には予想しなかった知的世界を共創していく動的状態」を、「共生」とよぶこととします。

1-3　多様性とは

　異質との共生社会とは「多様性」に溢れた社会です。この多様性を大別すると、「個人的多様性」と「社会・文化的多様性」に分けられます。

　個人的多様性とは、感じ方・見方・考え方・生き方等であり、同じ事象も個人により受けとめ方は多様です。また、社会・文化的多様性とは、職種、学歴、社会的地位、生活習慣・制度、思惟方式、対人距離等を含んだものです。

　さらに、こうした多様性に関する物事の本質をみとるための「視点の

多様性」として、歴史的視点、文化的視点、社会制度的視点、教育的視点、生物学的な視点、相互的な視点、脱システムの視点、顕微鏡的視点、望遠鏡的視点、鳥瞰的視点などがあります。

　グローバル時代・多文化共生社会に生きるための必須の要件は「多様性への認識を深める」ことです。たとえば、同じ事象も個人により感じ取り方は多様です、自分にとって不快なことも快感とする他者もいる、世界の民族には、自分たちと思惟方式や行動様式、時間・対人距離等への感覚や価値観が異なる人々がいる、こうしたことへの認識を深めることです。

　重要なことは、多様な文化や価値観を有する人々との「相互理解の難しさ・不可能性」を自覚することです。私たちは心の襞まで分かり合える人間関係を理想としがちです。しかし、筆者自身が中近東、南米、欧米などで生活し、日々異文化をもつ人々と交流した体験から、人間同士として通底する心情は共有しつつ、どうしても理解できない思惟方式や行動様式があることを自覚させられました。

　大切なのは、その「相互理解の難しさ・不可能性」を自覚しつつ、なんとか「相互理解・相互浸透・相互補完」を進めていく姿勢と態度をもち、技能を習得していくことではないでしょうか。

　さまざまな地球的課題は、いずれもその要因が複雑に絡み合っており、解決のためには、人類が相互理解の難しさを克服し、多様性をむしろ生かし、多様な視点から叡智を「共創」していかなければなりません。日々の「学び」を通して、「多様性への認識」を深め、「多様性を活用」する手立てを習得しておくことは、新たな時代の人間形成に必須であり、そのための学びの開発が必要なのです。

2．「学びの改革」の緊要性

　いま地球社会・生命系は存続の危機的時代を迎えています。「学び」の変革の背景として、このことへの認識を深めておく必要があります。

2-1　危機の時代の現実化

　いま、まさに地球社会・生命体は危機の時代を迎えています。例えば、急速な気候変動、海洋プラスチックごみ汚染をはじめとした資源の不適正な管理、富の格差の拡大、食料の不足、多様な生命体の絶滅などがあげられます。これらの問題は、私たちの日常生活や経済・社会活動に多大な影響を与えているものです。

　人々の生活を脅かしている気候変動は、洪水等の気象災害等により人命に関わる影響に加え、食料生産などにも多大の影響を与えています。

　また2020年1月20日、ダボス会議（世界経済フォーラムの年次総会）に合わせて、国際的なNGO（非営利組織）の「オックスファム」（Oxfam International）が発表した最新の報告書には、「世界の富裕層の上位2100人の資産が、世界の総人口の6割にあたる46億人分の資産を上回る」という衝撃的な推計が記されていました。

　30年後に人口が100億になることが予測され、世界の食糧問題は、まさに危機的状況を迎えようとしています。

　緑の革命による耕地への化学肥料の大量投入は一時的には増産をもたらしましたが、肝心の土壌を根本から劣化させてしまいました。地球温暖化は、食料の多くを生産している米国・豪州などの穀倉地の不作をもたらし、やがて世界規模での食料危機が現実化することが予測されています。食料の不足と価格の高騰により、食料を得る人と、得られない人との格差がうまれ、世界各地で暴動がおこることが予見されています。

　これらの地球規模の問題は、いずれも世界の政治・経済・社会システムの在り方と深く関わっているのです。

2-2　教育機器の活用の課題

　2019年末から世界規模で拡散したコロナ禍により、社会生活はさまざま

な変化を強いられていますが、学校教育の分野において特筆すべきは、情報機器の急速な普及です。ここで、情報機器の普及のもたらす危惧について若干の考察をしておきます。

インターネットを通じた「オンライン通信」は、多くの人とつながるという新しい対話の道を開きました。個々が自由に使える時間が増えるなど、「時間」や「コスト」の面で効率化をもたらしていますが、その一方で、情報機器の蔓延が派生させた「負の影響」についての指摘がなされてきています。

教育分野における情報機器の蔓延がもたらす問題点を考察しておきましょう。危惧すべきは、人間が社会生活をおくる上で「大切な能力」が衰え始めていることです。情報機器を介して個々をつなげるオンライン通信は、情報を共有するには便利で効率的ですが、私たち人間が「人と人とが集う」ことによって得てきた、社交、文化的付き合いの機会を失わせているのです。

今日のように、インターネットと情報機器を通じた「データ（画像・文字・音声など）」として繋がる機会ばかりが増加し、実際に「人と人とが自由に集まり、関わり、触れ合い、語り合う」機会が制限・縮小されることは、共通の文化創造の機会を失うことにつながります。

確かに、現在急速に進化しているネット社会からも新たな文化は創造されています。しかし、過度のネット化・オンライン化への偏重は、人がこれまでに体験・経験したことのない、さまざまな不具合も生じさせているのです。

なかでも深刻な問題は「脳の劣化」でしょう。最新の脳医学の研究で、世界を震撼とさせたのは、スウェーデンの精神科医 アンデシュ・ハンセン（Anders Hansen）のスマホ脳に関する研究です。

ハンセンは、携帯情報端末（デジタル通信機器）のスマートフォン（以下、スマホ）への過度の依存が、睡眠障害、鬱病、記憶力や集中力・学力の低下を生じさせること、スマホの便利さに溺れているうちに「脳が確実に蝕まれていくこと」を明らかにしています。（『スマホ脳』新潮選書　2021）

人は、対面で会話・対話をしたとき、前頭前野の内側が互いに「同調」するように働きます。しかし遠隔での会話だと同調はほとんど見られず、前頭

前野の働きも弱まることが科学的に証明されたというのです。

　この研究成果からハンセンは「デジタル機器の利用が加速するいまこそ、集中力の劣化など脳へのリスクを正しく理解すべきである。科学的検証に耳を傾けるべき」と指摘しています。

　医学、理学、生命科学、工学、薬学、心理学、法学、教育学、芸術学などの多彩な研究者が、精力的に研究活動を展開している東北大学加齢医学研究所の川島隆太所長は、「スマホによる連絡は、情報伝達はしているが、相手との心と心を通わせる交流はなく、本来のコミュニケーションになってない」と指摘しています。さらに、「脳へのリスク」の対応策として、すべての情報機器から離れる「オフ（機器の電源を「OFF」にする意）の時間」の確保、記憶を脳に定着させる「睡眠時間」の確保、心拍数が上がると脳の働きが活発化し集中力が上がる「運動の活用」を提示しています。

　こうしたハンセンや川島が実践している「スマホにより生じる脳のリスク（スマホ脳）」の研究は、新たな学びにおいてＩＣＴ教育の有用性に過度に依拠するのではなく、自然・社会体験、対話や共同活動との調和が必要なことをを示唆していると受け止められます。このことは、思考における、瞬間の判断による反射的思考と、自己の内部で、思いを巡らし納得解を生み出し反省的思考の併存の必要とも通底するとも考えます。

　社会の在り方や人間の生活が激変する近未来を予見するとき、人の特性を生かした、自分なりの考えをもちつつ、多様な他者と共存・協調し、変化に対応しつつ、問題・課題を解決していく叡智を共創し、主体的に行動する「学び」の実現は必須なのです。

３．新たな時代に対応した「学び」

ここでは、先述した時代の推移を念頭におきつつ、ダイナミックに変化し、多様・異質との共生社会に対応した人間形成のための「学び」について考察していきます。

3-1 先達の見解

　未来の社会の教育の方向については、さまざまな識者により提言がされています。

　S・ホーキンズは、著書『宇宙へのマインドステップ』において、世界に起きた劇的不可逆な変化「マインドステップ」の観念を明確にしました。彼は、人類史の5つのマインドステップと発生した「新しい世界観」に伴う技術を示し、次のマインドステップは2021年、その後が2053年までにくるとし、「我々は今、想像もできない発見や概念に取り組まざるをえなくなるかもしれないのだ」と述べています。

　米国の教育学者 トニー・ワグナー（Tony Wagner）は、グローバル時代に「生き残るための7つのスキル」（『未来の学校』2017）を示しています。すなわち、論理的思考力と問題解決能力、ネットワークによる協力と影響力によるリーダーシップ、機敏性と適応能力、イニシアティヴと企業家精神、口頭及び文書によるコミュニケーション能力、情報にアクセスし、分析する能力、好奇心と想像力であると述べています。

　ノーベル経済学賞を受賞したT．ヘッセマンは、「ⅠQや学力、記憶力といった計測できる認知力だけでなく、思いやりや意思力、忍耐力、社交性、協調性など、非認知力の土台作り」（『幼児教育の経済学』2016）が必要と主張しています。

　また、米国の計算機科学者で教育者でもあるアラン・ケイは、「未来を予測する最善の方法は、自ら未来をつくることである」と述べ、哲学者で倫理学者でもあるマーサ・C・ヌスバウム（Martha Craven Nussbaum）は、「グローバル化した世界の中で、見えない他者と共によりよく生きていくためには、見えない他者に対する共感と想像力が重要であり、この共感の能力と想像力は共に、そもそも子どもの持っている資質であるが、子ども時代の遊びや物語をとおして育まれる」と記しています。

こうした識者の言説からは、従前の理性偏重から、感性・感受性、多様な体験をも包含した「知の総合化」の必要を示していると受けとめられます。

3-2　育むべき資質・能力・技能

国際理解教育を専門とする筆者は、中近東、中南米、北米に合計6年余にわたり滞在し、ユネスコの世界会議、学会の国際学術交流、米国・オセアニア、東南アジア等への教育調査団に参加してきました。

こうした機会に多様な文化を持つ人々と交流してきた体験から、新たな時代に育むべき資質・能力・技能を次のように捉えています。

　　　○**物事の本質をみとる洞察力**：皮相的な見解、情報操作に惑わされない。

　　　○**主体性と行動力**：自分の頭で考え、心で決めて主体的に行動する。

　　　○**多様性の活用による叡智の共創**：多様性を生かした協同による叡智の共創、多様性を活用するための批判的思考や対話力の習得をする。

　　　○**失敗を恐れずチャレンジする勇気と冒険心、知的爆発力**：挫折・失敗をおそれない。自己回復力をもつ、発想力を高め、知的冒険心をもち意外性を楽しむ、殻を破る勇気、理想を追求する志や信念を培う。

　　　○**統合・総合力の育成**：さまざまな分野の知見・体験などを統合・総合し、その過程で類推力や汎用力を培う。

　　　○**探究心の継続**：未知の世界への好奇心をもち、思考を深め、自己成長のための吸収力を高める。

　　　○**探究への継続力**：遠回りを恐れず、一定の結論に留まらず、納得するまで探究する。

　　　○**変化への対応力、自己変革・成長力、振り返り・省察の活用**：先行き不透明な時代への対応、臨機応変の対応力を持つ。自己変革への勇気、省察・振り返りにより自己再組織化する。

　　　○**感性・感受性の練磨**：想像・イメージ力を育成する。

　　　○**現場性と身体性の重視**：相手の立場や文化的背景への想像力を持つ。

3-3　基本技能としての共創型対話力

　筆者は、新たな時代に対応した人間形成を希求する「学び」を創っていくことを目的としています。その究極は、新たな問題や課題に直面したとき、既習の知識や体験をフルに活用し、自分の人生を自分なりに納得して歩んでいくための「類推・汎用力」を高めていくことではないかと考えています。

　「類推 (analogy)」とは、特定の事物に基づく情報を、他の特定の事物へ、何らかの類似に基づいて適用する認知過程とされています。いわば、新たな情報の知識・体験したことと関連付け、取り込みイメージをもち、先行きを見通せることです。

　一方、「汎用力」とは、既習の学習や体験を通して修得した思惟方式や行動様式を自分のものとし、新たに課題が出現した折に、培ってきた知識・体験、考え方、見方を援用し、解決・対応する力といえます。

　類推・汎用力は、容易には身につきません。しかし、協同の学びの過程で習得した知識・情報・技能などを次の課題に直面したとき、活用し継続していくことによって徐々に育っていきます。

　新たな時代の人間形成には、多面的かつ総合的なものの見方や考え方、感じ方を重視し、多様な見解や感覚を結びつけ、見えていないことまで推論し、組み合わせ、統合し、新たな智を生起させる「深い思考力」が不可欠です。

　類推や汎用力は「深い思考」を生起する協同の「学び」の過程で育まれ、また、思考は既習の「学び」の過程で習得した類推・汎用力を活用することによって深まっていくのです。

４．「学び」の基盤の形成

長年にわたり教育実践に取り組み、また多くの研究授業について企画・構想の段階から参画してきた経験から、強く主張したいのは、「学びの土台づくり」の重要性です。

科学や芸術分野で優れた研究業績を残してきた先人たちが共通して述懐するのは、幼少期において、心の赴くままに自由に遊びまわった体験が、思考・発想の原点にあるとのことです。つまり幼少期から青年期に向かう成長期における「学び」の土台づくりの大切さです。以下に、「学びの土台」とその学びの土台の上に構築していく「学びの構造」について述べていきます。

4-1　「学び」の土台とは

　「学び」の土台は、感性や感覚・感受性・好奇心・遊び性など、子どもが生来もっている好奇心を存分に発揮させることによって培われます。その土台づくりは、子どもの豊かな知的・精神的な土壌を育むことにより、一人ひとりの内発的モチベーション、すなわち興味・関心を喚起させることで、「わくわくした」「驚いた」「おもしろい」と感じた体験が「もっと知りたい」「考えたい」との学びへの意欲を高めていくのです。

　世界は不思議に満ちています。赤ちゃんが次々と新しいものに興味をもち、目で見、触れたり舌で確かめるように、未知との出会いは、探究への意欲を高めていきます。公園で遊んでいた幼児は、不思議なもの、新たな気づきがあると、お母さんのもとに走っていき、目を輝かせて報告します。気づくこと・発見することが「問いの契機」となるのです。

　「学び」の土台は、身の回りの小自然を楽しむ、より道を楽しむなど自由・気ままな遊び性により育まれていきます。その時空の中で、小動物や野辺の草花・草木の美しさや知恵を発見する、それが、気づき・発見の先にあるものへの興味関心を高めていきます。興味あるものを納得するまで追究した体験が、「学びの愉悦」を体感させていくのです。

　また、「学び」の土台づくりには、大人が水先案内をすることも必要です。意識的に顕微鏡的世界、望遠鏡的世界があることを知らせると、ミクロの世界や広大な宇宙に関心をもつようになります。さらに、「学び」の土台は、自然・社会との触れ合いとともに、読書の世界や音楽・美術との出会いによっ

ても育まれていきます。幼少時に多様な音楽を日常的に鑑賞する環境にあった人は、生涯音楽を愛好するといわれます。

　「学び」の土台、それは、現場性と身体性の重視により効果的に育まれていきます。現場に行って五感で感じ取ったことが「ふしぎだ」「なぜだろう」「おもしろい」などの思いを起こさせます。ときには「あれ」「えーと」などの声となり、また考え込み黙り込みにもなります。こうした体験の継続が、自分自身の内部に根ざした表現力や、物事の本質を見通す力、直感を育むことにもつながるのです。

　さらに、現場に行き、多様な人々と出会うことは、共同活動などを通して、思いやりや協調心、忍耐力、自制心などの協同・探究学習における他者との関わりの土台を形成していきます。

　現場性と身体性を重視した活動は、「感性」を練磨していきます。

　「理性」が観念的知識をベースとして言語モードによって自覚的、意識的に働く能力であるのに対し、「感性」は五感からの情報をベースとして、主に非言語モードによって無意識のうちに直感的に働きます。

　両者は互いに影響し合って、思考や行為に対して相乗効果をもたらしていくのです。理性の偏重だけでは、真理の探究、難題の克服はできません。人間の卓越性は、「理性と感性の両輪」を働かせることができる点にこそあるのです。

　五感を覚醒し、また魂を揺さぶるさまざまな知的・身体的な体験により、「学び」の土台を意図的に豊かにしておくことによってこそ、「協同、探究の学び」が高みを拓いていけると考えています。

５．「学びの構造」の提唱

　ここでは、教師がその構造を認識することにより、子どもたちが主体的・意欲的に探究していく質の高い「学び」を生起させることができる「学びの構造」について提唱します。

5-1 学習論の検討

　学習論については、さまざまな見解が提示されてきました。本質主義と構成主義、現状維持型と革新型、さらに、機械論的学習論とエコロジカルな学習論、持続可能性や協同を原理とする学習論などはその代表的な例でしょう。

　「学び」とは、人生の生き方や知性を陶冶するための、「学習」に比べてより広い概念とします。この立場からは、社会関係性を重視し、対話や共同学習によることの多い構成主義、新たな時代に対応した革新型、臨機応変な変化をもたらすエコロジカル、そして持続可能性や協同を原理とする学習論が、新たな時代の「学び」の基底にあると考えています。

　学習論の研究の中で筆者が注目するのは、Ｊ・レイヴとＥ・ウェンガー（Lave & Wenger）が 1990 年代に提唱した「正統的周辺参加論（Legitimate Peripheral Participation：ＬＰＰ 1991）」です。

　正統的周辺参加論では、学習を「共同体への参加」ととらえます。つまり、学習を「外界」や「他者」、さらに「共同体との絶えざる相互交渉」とみなし、学習により変わるのは「一人前になる」というアイデンティティ形成とし、学習を成立させているのは、記憶、思考、課題解決、スキルの反復練習といった脱文脈化した認知的・技能的作業ではなく、「他者とともに行う」協同的で、しかも共同体の中での「手応え」として価値や意義が創発的に返ってくるような、「具体的な実践活動」であるとしています。

　他方、この正統的周辺参加論では、「学び」の定義にことさら知識や技能の獲得は含まれていません。しかし筆者は、「学び」における知識や技能の獲得を重要ととらえています。

5-2 「学びの構造」の認識

　筆者は多くの実践研究に参加してきた経験から、「学び」とは、広義な教養としての「知識・体験」、「学びの技能（スキル）」、さらに「人間性」によっ

て構成されていると考えています。この 3 つの視点から検討することにより、「学び」の変革は始まります。

　たとえば、平和や環境問題について探究していくとき、知識や体験がないと思い付きの論議になってしまいます。「第二次世界大戦のときの人々の苦しい生活」「特攻隊の真実」「平和についての研究者の言説」など、思考のもととなる知識や体験を得ることにより、広い視野から検討でき探究が深まっていきます。地域の自然を守る活動に参加した体験が、小動物の生態や森の豊かさ、人間の生活と自然との関わりの大切さを実感させ、環境問題への関心を高めていくのです。

　また、多様な考えを持つ人たちと論議する技法、一定の結論からさらに深く探究するための思考法、対人関係を共創的にしていく手立てなどの広義な意味でのスキルを習得していくことが「学び」の世界を広げ、深めていきます。さらに、好奇心・発想力、粘り強さなどの人間性の陶冶が、深く広い視野からの探究を次々と継続していくのです。

　「知識・体験」、「学びの技能（スキル）」、「人間性」の３つの構成要素には、上下関係はありません。気づき・発見の感動、次々と探究する愉悦という「学びの本質」に触れるという意味では共通しています。

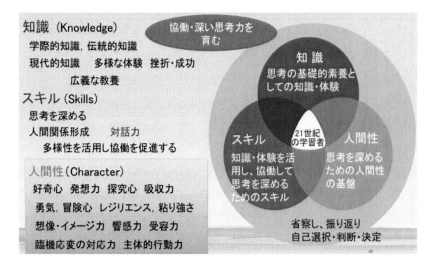

また、３つの構成要素は、相互に関連し合い、かつ循環しています。たとえば、文学作品のテーマを探究する「学び」の過程の折々に、多様な「学びのスキル」が折々に活用され新たな知的世界に入る喜びを体験します。その体験が感性や好奇心などの人間性を育んでいくのです。その「学び」の体験の継続が「学びのスキル」を習熟させていきます。このように３つの学びの構成要素は、相互に関連し合い、かつ循環しているといえます。

　教師が以上のような「学びの構造」を認識することにより、子供たちに提供した「学びの場」を質の高い時空にするための要件を点検することができます。子供たちの思考が深まっていかないとすれば、知識や体験が足りないのか、「学びのスキル」が身についていないのか、知的好奇心や粘り強さ、表現への勇気などの人間性の陶冶が必要なのかという問題点・課題を見出すことができるでしょう。このことは、個々の学び手の成長の契機を発見し、気づき、支援する契機にもつながります。

　「学びの構造」を認識し活用するためには、教師自身が意識的にさまざまな体験をし、「学び」の基盤としての「広義な知的教養」を高めていくことこそ大切なのです。

６．新たな「学び」を創る

　ここでは、新たな時代の人間形成を希求する「学び」の具体的な内容について次の３つの観点から検討していきます。

　一つは、教育の普遍的な目的である「豊かな人間性の育成」。一つは、新たな時代に対応する「変化への対応」。もう一つは、希望ある未来社会の共創への手立てとなる「知恵の共創」です。

　教育学者 佐藤学は、新たな時代の「学び」について「Creativity（創造性）Inquiry（探究）and Collaboration（協同）により構成される」（『学びの共同体』小学館 2021）と述べています。このことに共感しつつ、先に記した３つの観点をもって、全国各地の教育実践仲間との協同研究から抽出した「実践の指針」と

なる、新たな時代の「学び」を具体的な要件を列挙しながら解説していきます。

6-1 豊かな人間性を涵養する

　過度の経済優先、開発・競争原理による社会の進行は、人類史上でも未曾有の経済的発展をもたらしましたが、他方、資源を巡る紛争を頻発させ、貧富の格差が極端に拡大し、貧困、食料不足、難民などの負の国際化を増殖させました。

　その根本的問題は、「精神の劣化」です。利己主義が蔓延し、人間さえも数量化され、人々の間のきずなが弱まり、漠たる不安感が人々の心に忍び寄っています。

　希望ある未来社会の担い手の育成を希求する新たな時代の「学び」は、「人間性の復権」を目指すことへの回帰からスタートしなければなりません。

　そのための要件を次に記します。

自由・共創的雰囲気の醸成

○権力による強圧的な空間の中では、阿り、追従、迎合、指示待ちが蔓延し、自由闊達な対話や創造的な協働活動ができません。かといって緊張感のない馴れ合いは、真剣さや探究心を鈍らせ、深い思考をもたらしません。

○個々人の生き方が尊重されつつ、各自に内在する可能性が十全に伸張され、当事者意識をもち、参加者が共通の課題に向かう、多様な見解・感想などを容認する自由かつ高みを希求する共創的な雰囲気の醸成が豊かな人間性を育みます。

自己を確立する

○多様な他者と関わる共存・共生社会において、自分の意見をもち、行動することは学びの基本です。しかし、自分の意見をもつことはなかなか難しいことです。現時点での自分の考えを明確にするためには、

自己選択・自己決定のプロセスの習得が必要です。

○さまざまな選択肢を比較し、結合させつつ現時点での自己の納得できる考えを決定する。この体験の継続が自己の確立、つまり主体的に生きる力を育みます。「学び」の過程で、現時点での自分の意見を確認する時間を設定することが効果的です。

魂を揺さぶる

○「学び」とは未知の世界に入る愉悦を味わうこと、次々と心揺さぶられる感動に出会うことです。多様な他者と関わる「学び」において、啓発し合い、協同し合って、課題を探究し、「こんなことだったのか」「驚いた」「むねがいっぱいになった」といった驚き、感動などの魂を揺さぶられる体験が、皮相的な知識の習得をこえて、物事を深く探究する意味、他者と協働する愉悦などを感得させ、人間性を豊かにしていきます。「学び」とは折々芸術であり、心揺るがす発見・気づきの連続の世界であるべきなのです。

知的世界への旅の奨励

○豊かな人間性は、読書の世界に浸る、音楽を楽しむ、芸術作品を鑑賞するといった「知の世界」への旅によって育まれていきます。現代の子供は「本を読めない」「映画を最後まで見ていられない」傾向があると指摘されています。高校の図書館には、名作の筋書きをコンパクトにまとめたライトノベルが並べられています。

○カナダの高校に勤務していた折、たとえば、ルネサンス期の彫刻家についての授業では、生徒たちは事前に大量の関連の文献を読まされていました。また、高校生が演ずるミュージカルは、観客の心を揺さぶる質の高さがありました。日本の若者たちにも、さまざまな分野で高度な「知の世界」を旅する体験をさせたい。そこから、好奇心、洞察力、想像・イメージ力、知的好奇心などの「豊かな人間性」が育まれていくからです。

感性・感受性の練磨、想像・イメージ力の重視

○他者の立場や伝えたいことを推察・イメージすることによってこそ、真意を把握できます。また、相手の立場や思いへの響感が、相手からの信頼を得ていきます。こうした想像・イメージ力は、五感の覚醒、身体性の活用により錬磨されていきます。

○また、不可視的または言語にならない、思い付きや直感が、視野を広げ、思考を深める契機になることもあります。

6-2　変化への対応力を育む

　現代社会は複雑な要因が混合し、ダイナミックに変化しています。また、多文化共生社会に生きる人々は、自分とは異質な文化・価値観を持つ人々と、相互理解の難しさ、不可能性を認識しつつ、なんとか共通の課題の解決に取り組むことが求められます。このためには、「現時点の自分の考え」をもつとともに時代の変化への対応、「学び」の中で他者の意見に納得できたら、柔軟に自己の考えを変容させる「変化への対応力」を育むことが必要です。

「時」の活用

○思索とは、自分に向かって問いかけること。自分の内部にあるものを掘り起こし、自分の中の貴重なもの、美しいものを掘りあてることです。また、他者が伝えてくるものを受け止め、消化し、自分のものにし、再組織する行為でもあります。

○「学び」における、「時」の活用は大切です。学びの過程の折節に「自己を振り返る時間」を保障すると、現時点での「自分の考えを確認」でき、他者の意見に啓発されて「新たな自己の見解を再組織」することができます。それは自己成長・自己変革を確認する機会となります。

○「学び」は瞬間、瞬間の芸術です。自己変革・変容していくことこそ、「学ぶ」ことの目的です。このために、学びの過程における振り返り、

授業にまとめとしての省察を活用することが効果的です。

外部からの視点を意図的に取り入れる脱システム化の思想をもつ

○世界の現実は、自分の属する集団での常識や価値観では、理解できない、通用しない多様性に満ちています。また、世界は予測不能な変化を続けています。こうした状況に対応できる人間形成を意図する「学びの空間」では、勇気を出し、思い切って、システムの外に飛び出して「異なる視点を獲得する」こと、あるいは、時空を広げる立体的な見方や、発想を転換し、視野を広げ、意図的に自明とされる「自己の常識や価値観を外の視点から見直す」姿勢をもつこと、人間中心の思想に固執せず、多様な生物とのつながりの視点をもつことなど、「脱システム化の思想」をもつことが必須といえます。

挫折・失敗体験を生かす

○人生の壁に出会ったり、困難に直面したりするとき、それをなんとか乗り越え、解決する精神と方途は、挫折・失敗の体験により培われていきます。重要なことは、挫折・失敗に打ちのめされたままでいないで、その体験を「自己を強くする機会」と捉え、「自己回復力」を培い、そこから学んでいくことです。その体験が、次の機会に「臨機応変の対応力」として生かされていきます。

6-3　叡智の共創

　「叡智」は、さまざまな事象を統合・総合し、深く思考することによって共創されます。深い思考力の育成の具体策は、学びの「間」での多様性の活用、冒険力・勇気の発揮、発想の転換、批判的思考、一つの結論にとどまらない探究力などを意図的に育むことです。

教師主導から「相互支援関係」を構築し、啓発し合い叡智の共創を目指す

○「思考」は一人でもできますが、「探究」には協同が必要です。学び
　手主体の協同の「学び」では、相互に支援し合い、啓発し合って、課
　題を深く探究していくことが求められます。このためには、気楽・率
　直に聴き合える関係づくり、課題への探究心の共有、対話スキルの修
　得などが大切となります。

深い思考の探究

○「学び」の愉悦は、新たな解や叡智を共創することにあります。一定
　の結論に留まらず、次々と「知の世界」を探究していくことにより、
　皮相的見方でなく、「真髄や本質をみとる力」が育まれていきます。
　共通の目的さえあれば、意見の対立は、むしろ思考を深める契機とな
　ります。また、結論を再度見直す勇気、まとまりかけた結論に揺さぶ
　りをかけて見直すことが、叡智に共創の喜びを感得させていきます。

冒険力・勇気・発想の転換の重視

○学校を訪問し研究授業者の先生はじめ学年の先生方と次回の研究授
　業の構想を話し合うとき、冒険力・勇気・発想の転換の重視を提言し
　ています。いつの間にか、先生方の心の中に、「失敗したくない、無
　難に終えたい」との思いが忍びこんでいるのです。

○そんなとき、自由な発想から、授業を検討してみようと時間をとると、
　やがて殻が破れ、さまざまなアイデアが出てきます。それらを授業の
　構成に生かし、実践してみると、学び手の子どもたちが、喜々として
　取り組むことが多いのです。

○子供たちが校庭から拾い集めたさまざまな物品や植物が生活科の総
　合授業を創ったり、10 年前の在校生の身体検査の記録が算数の授業
　で使われ、卒業生の活用が世界とのつながりを実感させる授業もあり
　ました。冒険心、勇気、発想の転換を思い切って進めていきましょう。

多様性の活用

○多様性を活用することは視野を広げ、発想を豊かにし、叡智を共創させていきます。ここで「時の感覚」を例に多様性について解説しておきます。

○アメリカの文化人類学者で異文化コミュニケーション学の先駆者のエドワード・T・ホール（Edward Twitchell Hall, Jr.）は、身体距離やしぐさは、その行為者がもつ文化の背景に影響されることを発見した研究者で、「時の感覚」について、次のように解説しています。

　　「Mタイム型は欧米社会にみられるように、スケジュールや時間の管理を重視する傾向があり、他家を訪問するときも訪問約束（アポイントメント）の時刻を厳守します。Mタイム型の人は、物事は順序よく進め、約束は守り、時間に正確なタイプです。他方、Pタイム型の人は、時間軸が2つ以上あり、複数のことを同時に行います。このため時間にルーズな側面があり、約束に遅れたりしますが、時間よりも人間関係を重視するタイプの人々です」

○時の感覚を例示しましたが、対人距離、思惟方式、行動様式など世界は多様性に溢れているのです。こうした多様性を活用することによってこそ、様々な視点からの考察・論議ができ、そこから叡智が共創されていくのです。

異質な他者との関わり方の習得

○自分とは文化的背景の違う人々とは、完全な相互理解はできず、また相手との間に深い溝があることも少なくありません。しかし、なんとか共通の課題の解決に向かって「協働」することはできます。そのためには、異質な他者との関わり方の習得が大切です。その具体的な手立てとして、対話・情報活用・人間関係形成スキル、自己啓発や思考を深化させるスキル等を意図的に習得していくことが重要になります。

〖参考〗新たな「学び」で重視すべき言葉と体験

　探究心と協働により叡智を共創していく新たな時代の「学び」で重視すべき事項として、「言葉（言語）と体験」の重要性を指摘しておきます。

1．言語の働き

　言語について、米国の言語哲学者 チョムスキー（Avram Noam Chomsky）は、「言語は個々人の心脳の中にあって、その個人に無限の言語表現を表出・知覚することを可能ならしめる計算システムである」「人間言語のもう一つの特性、すなわち『移動』現象について新たな説明を与えることができる」「言語に広く見られる移動現象は、実は併合という概念を通じて言語の離散無限性と同根」（『言語の科学』岩波書店 2016）と記しています。

　確かに、人間は、言葉（言語）なくして知識・情報の習得・理解・表現・思考はできません。筆者は、言葉（言語）の役割を「認識・思考」、「表現・伝達」、「情報の蓄積・保存と虚構」に大別しています。

　認識・思考とは、物事を概念でまとめ認識したり、その概念を用いて「何がどうなったのか」「何がどうであるのか」などを整理し認識することです。事態と事態の関係を論理的に把握したり、推論することも言語の認識という働きです。「〜しよう」「〜に行こう」と心の中に、ある決意・企図をもつ意志を定めることも言葉があってこそ可能です。物事の本質を探究したり、新たな知の世界を拓いていくのも「認識・思考」の働きです。

　表現・伝達とは、見聞したことを描写、報告したり伝えたい内容を伝える、物事のなりゆきや自分の意志を人に説明したり、自分の気持ちを人に訴えたり、共感・激励・命令・要求・依頼・信頼などの対人的な働きかけをすることです。

　情報の蓄積・保存と虚構とは、本や映像資料などにより、多様な情報を時空を超えて蓄積する機能です。虚構とは、小説・韻文などのように現実とは違った架空の世界をあえて創り上げる、現実になかったことを自由に思い巡らす、

現実とは別の所に追求すべき理想を設定してそれに向かって努力する働きであり、想像力に生きる人間というものの最も根本的な行為といえます。

２．体験の意義

　人間形成における体験の意義についても記しておきます。社会・自然体験、芸術・文化体験、科学的な体験、異文化体験などにより、人は視野を広げ、思考を深めていけます。小さな成功体験が自己肯定感を高め、その継続が前向きな生き方を育んでいきます。

　筆者は、失敗・挫折が人間性を豊かにすると考えています。失敗や挫折はときに自己を全面的に否定し、自信を喪失させます。しかし、多くの先人たちは失敗・挫折を糧として、次の高みに至っているのです。筆者は学生たちに、「失敗・挫折の時は、自己成長の時空なのだ」と、勇気づけてきました。その「失敗・挫折をどのように生かすかで、その後の人生は変わってくる」とも語ってきました。

　孤独になる体験も人間的成長に必須であると考えています。孤独になると、寂寥感に苛まされます。しかし孤独とは自己と対話し、現時点での自己の納得解をさがしていける時空なのです。孤独と孤立は異なります。孤独になるとは自分を取り巻く大切な人々の存在に気づくときでもあるのです。

　孤独が生起させる何より貴重なものは、高みを探究する喜びです。さまざまな発見、気づきをしても、他者に認められない、分かってもらえないことに孤独感を味わうことがあります。しかし「高みに至るとは、孤独になること」なのです。多くの偉大な業績を上げた先人たちは、先駆的な世界を拓いても、世間に、そして仲間にすら理解されず、認められず孤独に陥ってきた、しかしそれでもなおその歩みを止めなかったのは、孤独の先にある高みに至る愉悦を感得していたからではないでしょうか。

　人生の途上において孤独を恐れず、自己の世界を誰よりも自分自身が納得できる歩みをしていくことが、真に人生を豊かにしていくと考えます。

　言葉の習得と活用、体験の重視による自己変革・成長への歩みの継続、それを探究と結びつけるのが自己・事象・他者、社会との対話なのです。
　言語と体験は、事実として新たな時代の人間形成を希求する学びで重視すべきことと考えています。

第4節　新たな時代の学びの具体的な方法

　これまで記してきた見解をもとに、新たな時代に必須な資質・能力・技能を育むために重要と考える「学び」を提言していきます。

　具体的には、その「意義と要件」を表し、関連する重要な「キーワード」について解説し、「実践事例」を紹介する構成により記述することにします。

　ここで紹介する実践事例は、構想の段階から筆者が全国各地で長年にわたって相互啓発し合ってきた教師集団と共に参加し、プランを作成し、実施し、事後の授業検討会に参加した事例です。

　いずれも教材の選択・分析、学習過程の検討、授業の実際と事後の考察等についての膨大な記録からの抜粋です。各実践事例の質の高さを十全に紙上再現することは困難ですが、そこから教育実践上の叡智を、読者にできる限り抽出していただけるように工夫してみます。

1．相互支援関係による学習者主体の「学び」

　教師主導でなく、学習者が主体性をもち、課題や問いを設定し、互いに啓発し合いながら探究していく「学び」を実現していくための考え方と手立てについて記します。

　自己の思考は一人でも深めていくことはできます。しかし、課題や問いを探究するためには協同することが必須です。学び手同士の学び合いや相互浸透、相互啓発、すなわち相互支援関係によってこそ、深い探究が可能となるのです。

　はじめに「学習者主体の相互支援関係による学び」を展開する要件について記します。

　第一は、雰囲気づくりです。自由闊達また受容的雰囲気づくりが、「何をいってもよい」、「言った方が教えてくれる」との安心感を醸成します。未知の世界を共に探究していこうとする真摯な共創的雰囲気づくりも大切です。こうした

自由闊達かつ受容的で、しかも探究への意識を共有する雰囲気の中で、「教え合いではなく学び合い」「さりげないやさしさの関係」「お節介の関係」「お互いに聴き合える関係」「援助をし合う、またお互いに率直に質問し、批判できる関係」が構築できるのです。

　第二は、探究への意欲を高めるための工夫です。「学び」は、探究すること・やることが見つかると、頑張れます。少し難しい課題が協同の学びへの意欲を喚起します。知識や体験をもたせること、さらに対話や思考のスキルの習得が、一人ひとりの子どもたちの参加意欲を高めていきます。学び合いの過程での振り返りや既習事項の活用が論議・探究を広げ、深めていくのです。

　第三は、個々の学習者の潜在能力を発揮させることです。一人ひとりの子どもたちは、その成育歴の中で多様な体験をしています。また音楽・運動のセンス、辛い立場の人への思いやり、じっと静かに考える能力等々、多様な潜在的能力をもっています。それらを互いに尊重し、発揮させることが、相互支援関係を構築していきます。

1-1　主体性とは

　主体性とは、自分に問いかけ、何よりも現時点で自分が納得できる本当の自分の考えや感じ方をみつけ、行動できることです。自ら能動的に活動するのは、自分自身の考え方や生き方を揺さぶられたときです。主体性をもたらすものは、外からの刺激、外発的動機付けです。新しく得られた情報や意味世界が加わり、それが自己内面から生起する内発的動機付けと擦り合わせ、やがて統合（internalization）され、そこから主体性が生まれてくるのです。

　主体性を生起させる最初の段階は、外からの刺激による気づき・発見・驚き、疑問などです。これらが内面の情動を揺さぶり、「なぜだろう」「もっとよく知りたい」との問いを生み出させ、「学び」に火をつけます。

　協同学習における探究段階では、外部からの、そして自己の内部からの多様な情報を自己選択し、自分の内面と対話しつつ自己決定します。この過程

を経て、現時点での納得できる自己の考え方が、もたらされ、主体性が生起するのです。

　こうしたことから、主体性をもたらすには、自己の内面を見つめる時間、他者の見解や感想を受けとめ、吟味する時間、それらを統合する時間が必要なのです。また、外部からの刺激や自己の内面の思いは、次々と変化していく。したがって、主体性とは、不動の信念、確固とした生き方を確立することではありません。折々の他者との相互啓発により、自己選択・自己決定していくプロセスなのです。

　「相互支援による学習者主体の学び」の実践として「相談タイム」という事例があります。本事例は、多田研究室に研修生としてこられた宮林次美先生（富山県氷見市の小学校教諭）が、島根県松江市の小学校を参観したときの気づいたこと、感じたことの記録（詳細は、巻末の付録2【実践事例①】）です。

　この実践を通じて、以下の相談支援による学びのポイントが分かりました。
　　〇主役は子供、教師の出る場はできるだけ少なく
　　〇探究心を喚起する課題設定と共創意識の高揚
　　〇教え合う関係から相互要請による学び合う関係へ
　　〇自由に動き回り、なんでも語り合え、聴き合える雰囲気の醸成
　　〇思考を深める手がかりとしての知識・体験をもたせる
　　〇思いに浸り・思いを巡らし、自分の考えをまとめる時間の担保
　　〇一つの結論にとどまらず高みを求める探究心の啓発
　　〇振り返り、省察による自己成長・自己変化の自覚

　最近の医学研究は、主体性に関わる情動行動における、間脳背側の神経核、手綱核の役割を明らかにしています。手綱核は、恐怖やストレスに対する行動の選択に重要な役割を果たすだけでなく、意欲や気分の調整に重要なセロトニンやドーパミンの分泌に関わっています。手綱核の役割に関わる研究の進展は、前向きにやる気を起こした体験の継続が、やがて、前向きに意欲的に取り組み情動行動を定着させていくことを明らかにしました。

　このことは、主体的な学びの継続が、やがて、学びの世界に知的好奇心をもって、前向きに取り組む姿勢そのものを育むことに繋がると受けとめられます。

２．多様性を重視した「学び」

　多様性の活用は、新たな発想やアイデアを発見させ、一見、関係のない、無駄や無意味にみえるものを結び付け、その紡ぎ合いの接点から新たな意味あるものを発掘させる機会となります。

　他方、多様性の活用には、多数の役に立たない、無駄や無意味なものの出現への覚悟が求められます。「学び」における多様性の活用とは効率重視から共創への転換でもあります。ときには、役に立たない、無駄・無意味をむしろ楽しむ姿勢をもちたいものです。その、幅広さが、予想外の発見や気づきをもたらすことがあるのです。

2-1　多様性を生かす、「受けとめ合い」と「見つめ直し」

　学習者は、学習問題に対し一人ひとり思いや考えをもちます。しかし、それらに至った生活経験やこれまでの学習などの根拠や理由が十分に整理されていなかったり、意識化されていなかったりする場合があります。そこで、互いの考えを意欲的に聴き、質問したり自分の考えに対して意見を求めたりすることなど、積極的に受け止めることが大切なのです。

　話し手は、聞かれたことを受けとめ「話す」ことで、自分の考えの理解が深まります。また、聴き手は、積極的に「聴く」ことにより、主体的に自分と違う考えやその理由などを知り、他の考えの理解を深めていくのです。つまり、受けとめ合いは、相互作用しながら互いの考えの理解を深めていくととらえることができるのです。

　見つめ直しとは、他から得た知識や技能、ものの見方や考え方を自分の考えに反映させ、考えを再構成させていくことです。受けとめ合いから自分の

考えにもどり、考えを改めたりそれまでに気付かなかったことを認めたりして、自分の考えを見つめ直していく。それらは以下に集約できます。

　　○**統合**する（複数の考えを組み合わせ新たな考えをもつ）

　　○**選択**する（複数の考えから最適と思われる考えを選ぶ）

　　○**強化**する（理由や根拠を加え、考えをより確かなものにする）

　　○**補充**する（考え方や理由などに不十分な面を補う）

　　○**発想**を変える（事物・事象を違う視点・観点でとらえ直す）

　多様性を意識的に授業に持ち込むことにより混乱・混沌が起こり、その混乱・混沌を経て、新たな叡智が共創されていきます。重要なのは、その混沌・混乱の時間を恐れず「待つ」こと。無為にみえる混沌・混乱は、実は創造の源と時空なのです。

　多様性を生かす「学び」の実践として東京学芸大学附属中学校の森顕子教諭の国語科の事例があります。この実践では、生徒たちが多様な学習者による交流、さまざまな視点からの分析・考察により文学作品を深く読解していました。その詳細については、巻末（付録6【実践事例②】）を参照してください。

3．魂を揺さぶられ、冒険心や勇気を喚起する

　「学び」とは、未知の世界に入る愉悦を味わうこと、次々と心揺さぶられる感動に出会うことです。新たな時代の人間形成を目指す「学び」においても、極めて重要なことは、魂を揺さぶり勇気と冒険心を喚起させることです。

　「こんなことだったのか」「驚いた」「むねがいっぱいになった」といった驚き、感動などの魂を揺さぶられる体験が、皮相的な知識の習得を超えて、「学びたい」「解明したい」「探究したい」との知的好奇心を喚起させ、物事を深く探究する意味、他者と協同する愉悦を感得させていくのです。現代の学校教育の大きな問題は、魂を揺さぶるような「学び」への課題に遭遇させていないことにあるのではないでしょうか。

　勇気を出して当たり前と思っていたことを見直し、殻を破る冒険心が皮相的予定調和的見方や考え方を打破し、多様な視点からの新たな発想を生起させ、「驚いた」「気づいた」「もっと知りたい」「探究したい」との思いを爆発させる。創造的な失敗を称賛することが、冒険心や勇気を培う。決めつけず、先入観をもたず、知的好奇心をもち、未知の領域を探究する姿勢こそ大切となります。

　その道筋は、景観はすばらしいが難所も多い山道のようなものであり、あちらこちらに岩壁や谷、脇道が存在しており、予定外の脇道を行くと、正規の道より、面白い問いや結論に至ることもあります。その過程で、学習者は様々な情報を関連付け、パターンに気づき、意味ある探究と発見につながっていきます。時には、思わぬ結果にたどりついたりします。その折にこそ、深い思考が生起するのです。昨日までの自分を否定する勇気も必要となるかもしれません。

3-1　学びにおける冒険

　探検家　角幡唯介の冒険論は、「学び」の創造における勇気と冒険の必要に示唆を与えてくれます。（第1章　第3節「教育における『実践の智』の提唱」参照）

　角幡は、「システムの外に飛び出して外側からの異なる視点を獲得することで、常識を見直し、自明とされてきた既成概念や価値を見直すきっかけが得られる。それがシステム内部にいたら決して見えてこない社会の矛盾や偽善をあぶり出すことになるかもしれない」と記しています。

　「学び」における冒険とは教師や学び手が、真理の探究、視野の拡大、感動の生起などを目指し、様々な視点から検討したり、多様な学習材の開発をしたりすることです。勇気をだし、柔軟に思考し、発想することにより、学び手が夢中になり、対話し、協同研究していく授業が創造できます。

　筆者が28年の長きにわたり、参加してきた島根県の教師集団の実践事例（詳細は、巻末の付録8【実践事例③】）では、実際に、教師の冒険心が質の高い教育実践を数多く具現化してきました。

これらの冒険心・勇気・豊かな発想による実践の基本には、子供たちが、頭脳と体を動かし続け、机上の空論でなく、魂を揺さぶられる感動をすること、知的好奇心を高め、自らの頭で考える喜びを感得しつつ、課題を探究する教育実践を創造することを目指す気構えがありました。チームリーダーである森さん自身が移動しながら走り回る知の整体師でした。人々の堅い思考を揉みほぐし、思考のよどみをスムーズにしていったのです。

　その発想豊かな実践研究の背景には、「異との出会い体験」があると思われます。森さんはサウジアラビアとローマ、森チームを支えてきた山崎滋さん（ペルーの日本大使館襲撃事件時の校長）はカイロとリマ、森実践の継承者である山口修司さんはラパスとナイロビの日本人学校に勤務体験があります。

　若手の校長となった山口さんは、所属の先生方を全国各地に出張させ、見聞を広めさせました。この伸びやかな学校づくりは、異との出会いの意義を知る故と推察します。勇気と冒険心に満ちた教育実践のつくり手たちと、盟友として、かくも長く交流できたことを幸運に思っています。

4．統合・総合・共創　⇒　汎用力・類推力

　現代の「学び」の究極の目的は、統合・総合・共創力を育成し、その過程で継続することにより、次の問題・課題に出会った時、既習の知識・体験を生かし解決していける「類推・汎用力」を培っていくことにあります。

4-1　類推・汎用力を育む

　新たな時代の人間形成を希求する「学び」の3要件とは、つながり・関係性による「ホリスティックな視点 (Holistic Perspective)」、違い・ずれを活用する「多元的な視点 (Multiple　Perspective)」、および変化・変容を求める「可変的な視点 (Transformative　Perspective)」でしょう。この3視点により構成された学び、多様性の活用による変化・深化は、やがて統合・総合・共創さ

れ、総合知となります。その過程で汎用力・類推力が育まれていきます。

　論理的な見方・考え方だけでなく、多様な体験や感じたこと、心に響いたことなどを深く思考し、関連づけ、融合することにより統合・総合力が育まれていきます。この学びの体験の継続が類推・汎用力を培っていくのです。

　類推・汎用力を意図的に高めることは、先行き不透明で、ダイナミックに変化する社会において、様々な課題や問題に直面した時の臨機応変の対応力、生きる力の育成につながります。

　たとえば、「氷見市十二町小学校5年生〜6年生への継続した2年間の学び　宮林次美教諭の実践事例」（詳細は、巻末の付録10【実践事例④】）では、小学校5年生の総合的学習の時間に地域調査を体験したことが、「学び」の軌跡として内面化し、6年生の地域学習に取り組むときには、さらに習得し、身についた「問いの立て方」「分析・整理」「プレゼン方法」が、新たな課題にも汎用できるといったことに繋がっていったのです。

　総合的な学習とは、自己と他者と事象、感性と理性、知識と技能と人間としての基礎力などを課題に応じて、統合・総合させ、新たな知の世界を共創することを希求する「学び」でしょう。

　上記した実践事例のように、総合的学習の「学び」の基本的プロセスは、概ね下記のとおりです。

　　気づき・発見の重視、問いの設定　⇒　教育資源を活用した調査活動　⇒
　⇒　多様な視点からの調査結果の分析、関連づけ、分類・整理、統合・総合　⇒
　⇒　見解・提言のとりまとめ　⇒　調査結果の発表方法の検討　⇒
　⇒　調査結果の発表・報告　⇒　相互批評

　ここで、個々の総合的学習の成果を、時空を拡大し統合・総合していく、「ウルトラ総合学習」の構想を提唱しておきます。

　ウルトラ総合的学習は、個人の実践の集積のみならず、多くの人々が工夫し、

創造した、地域・食文化・自然などの様々なテーマの総合的な学習の成果を統合・総合させ、集約し、分析し、省察することによって構想できます。

　多様な総合的学習の「実践を総合する」ことにより、また不条理、「先行き不透明な社会に対応する生きる力、類推・汎用力」を育む、総合的学習の時間の基本理念や学習方法が構想できると確信しています。

5．深い思考を探究する　問い続ける「学び」

　深い「学び」とは、多面的かつ総合的なものの見方や考え方、感じ方を重視し、多様な見解や感覚を結びつけ、見えていないことまで推論し、組み合わせ、統合し、新たな智を生起させることです。まず深い学びを生起させる要件について考察しておきます。

学びに深さを生起させる要件

○読書、対話、教科学習等により得られた知識、生活・社会体験、成功・失敗・挫折体験などから感得した事柄は、深い学びをもたらす基礎的素養となる。

○さまざまな気づきや発見の広さを大切にする。その広さが深さにつながっていく。

○解明されるべき切実な課題が共有されていることが学びへの意欲を高める。

○多様な、異見・感想・体験・知識をぶつけ合い、さまざまな意見が縦横につなげ合う、その結び目から新たな気づきや発見、視点転換を生み出す。

○従前の価値観や見方に固執せず、事物・事象を「新たな視点や発想」からとらえ直す。

○偶然に出会ったもの、予想外の気づきや発想を大切にする。

○様々な情報、複数の考えから最良と判断できる考えを「選択」する。物事の本質を見抜く、直感力・洞察力を高めておく。

○見解・言説などの不十分・不明確な部分を補充・強化し、理由や根拠を加え、より確かで、説得力あるものにする。

○いったん集約した結論を見直し、ゆさぶりをかけ、なぜなのか、本当にそれでいいのかという前提を問い直し、さらに掘り下げようとする。

○深めていく対話を組織する。批判的思考を活用し、論議を深める。

○混沌・混乱は創発の母胎である。論議が混乱したとき、意図的に漂うように思索する時空を設定する。

　以上の要件をもって学びの探究を目指した実践研究として台東区立浅草小学校の事例（巻末の付録18【実践事例⑤】）があります。同校では、「つかむ・見通す」、「考える・つなげる」、「創る・活かす」の循環による探究モデルを設定し、全科目を通して深い思考力を育む実践研究を推進しています。

　深い「学び」とは、多面的かつ総合的なものの見方や考え方、感じ方を重視し、多様な見解や感覚を結びつけ、見えていないことまで推論し、組み合わせ、統合し、新たな智を生起させることです。

　「学び」とは、子どもたちに希望をもたらすものなのです。努力すれば自己成長することができる、変化をもたらすことができるとの、実感が希望を生起させることができます。この希望がさらに深い世界に向かう原動力となるでしょう。

　若い時代、ペスタロッチ（Johann Heinrich Pestalozzi）の教育論に憧れ、スイスの故地を訪ねたことがありました。彼は教育とは手と心と頭が三位一体となってふれ合うことと述べています。「触れる」の語義は、「フレ太鼓」「フレ書き」「触れ合い（知らせ合い）」と言われるように「伝え合うこと」です。

　深い思考は、教育の包含する、科学的・芸術的・霊感的側面を認識し、触れ合い、伝え合いを重視した学び、何よりも一人ひとりの子どもたちが自己肯定感を高める教師のそこはかとない支援により具現化していくと考えています。

6. 視野と思考を広げ深めた立体的「学び」

地球社会・生命系の課題を認識し、その解決に向かう行動力を育むためには、時空のつながりを意識した立体的学習が必要です。

現代は時間の流れと空間の広がりの中に位置づけられます。過去社会との対比を通して、社会の在り方が客観化でき未来への希望へつなげることができます。また、私たちの生活は地球規模での相互依存関係により成り立っており、時間の流れと空間の広がりの無数の交差点に、人や社会、自然との出会いがあり、そこに種々の問題が生起しています。時空を超えた資料の提示と、それを活用した学習の展開は、21 世紀の人間形成に有用な立体的な学びを具現化するのです。

「学び」の空間を、過去・現在・未来に広げ、また、教室にとどまらず広い世界と関連させる学びを展開することです。

その実践として特筆すべき事例は、沖縄県宮古島で 6 年間にわたり、同じ子供たちに継続して「学び」の世界を立体的に広げる授業展開をした、善元幸夫先生の事例（詳細は、巻末の付録26【実践事例⑥】）です。

稀代の教育実践者 善元幸夫の教育実践を、筆者は 30 余年にわたり参観し続けてこられたことは幸運でした。

その白眉は、沖縄県宮古島における小学校 5 年生から中学生にかけての 5 年間にわたり、同じ子どもたちに「郷土 宮古島を知る」学習を継続展開しました。この 5 年間の実践では、マンゴーの来た道、世界と交流してきた漁村の人々、ペリー来航時の出来事、希少言語としての宮古島のことば、民謡や伝承、川のない島で水を確保する人々の努力と工夫などをテーマに学習を広げ、深めていきました。近海で採れる貝が、中国の通貨であったことなどの様々な発見・気づきに、辺境と錯覚していた子どもたちに郷土への誇りをもたせていました。

筆者は、善元実践に毎年参観してきましたが、5 年間にわたる、時間・空間・問題を総合的にとらえたこの立体的な「学び」の継続により、子どもたちの「学び」の軌跡への振り返りを通して、郷土宮古島に誇りを持ち、また納得できる

自分の人生を拓いていくための洞察力、推察力、汎用力を高めていった姿が見て取れました。

7. 自己変革する省察・振り返りを活用した「学び」

　思索の時間とは、現象としては、振り返り・省察の時間であり、沈黙・瞑想・孤独、場合によっては「書く」時間でもあります。その時間帯には葛藤し、悩み、戸惑いが生起し、混沌が支配することもあります。やがて、その時点での自分なりの考えや感想がまとまっていく、つまり混沌から創発に至ります。

　こうして漂うように思考・感情が揺れ動き、思索が浮遊する時間を保障することによって、深い考察、多様な視野からの熟慮ができ、「納得できる自分の見解」をまとめることができます。この振り返り、省察の時間が自己成長・自己変革につながっていくのです。

振り返り・省察の時間

　振り返り、省察の時間を以下に集約してみました。
○思いに浸り、思いを巡らす時間、漂う不安感と精神的自由の享受
○自己の内部にあるものを掘り起こし、心に生じることを明確にしていく時間
○他者が伝えてくる多様なものを受け止め、組み合わせたり、また統合したりして消化し、自分のものにし、自己見解を再組織する時間
○身体感覚・五感を通して得たものを言語化する時間
○身体性や実感を伴わない言葉は、意味は通じても説得力をもたない。うまく言語化できないことを見守り、新しい言葉が生まれるのを待つ時間
○微かな、わずかな表現から他者の伝えたいことについて　感じ取り、推察する時間
○創発への強制を脱し、混沌・混迷を経て、納得できる自己見解の創発に向かう時間
○悩み戸惑い、不安になる、そうした心理的揺らぎをむしろ楽しむ時間

振り返り・省察の概念や機能を明らかにし、学びに位置づけることにより、子供たちの自己変革・成長を促進させた実践研究としては、金沢大学附属小学校の事例（詳細は、巻末の付録34【実践事例⑦】）があります。

　授業の折々の「振り返り」では、子どもたちが学びの過程において獲得した知識・体験、技能や他者との協同活動により啓発されたことを、自分の内部に取り込み、その時点の自分の考えを集約し、また次の課題への学びに意欲を高めることができます。また授業終了時の省察では、学びの体験から、次に課題に向かうとの類推力・汎用力を高めていくことができます。教師は、密度の濃い「振り返り」の記述や表情・しぐさから、子どもの個別な成長を読み取ることが大切です。

8．身体性と現場性を重視した「学び」

　「現場性」と「身体性」による自由に解放された体験活動は、豊かな人間性の基盤である五感を覚醒させます。現場に行って、発見・気づき、問いを生起させる。森や川、田園などの自然の中に入って、見て、聴いて、触って、匂いをかぎ、ときには味わう、このことから写真や映像だけでは感得できないことをいのちの営み、虫たちと植物とのつながりなどを身体全体で知ることができます。こうした五感全体で感得したことを身近な家族や友達に伝えたいとの思いが生起し、言葉となっていくのです。

　「現場性と身体性」五感を活用し、対象と一体化し、没頭し、その「いま」から湧き上がる興味・関心を「学び」の起点とすることにより、未知なるものに出会ったときの感激、美しいものを美しいと感じる感覚の感受性（Sensitivity）を育んでいきます。感じ受けとめることは、知りたい、理解したい気持ちを醸成し、やがて物事の本質を探究し、洞察する感性（Sensibility）を醸成していくのです。

関わりが文化を創る

　五感を通した触れ合いにより、相手を認識してきました。現場性と身体性の重視は、他者や事象との関わりをもたせ、複雑で質の高い社会を形成し、文化を共創する基盤づくりにつながります。政治的強権による人と人とが自由に集まることの制限は、人間の文化を否定するものなのです。文化創造の重要性の観点からは、学びにおいて意図的に身体性・五感の活用による関わり、触れ合いの機会を増加させることが望まれます。また言葉以外のコミュニケーションを見直すべきです。たとえば、音の組み合わせにより気持ちの伝達、野外での料理作りなど、五感・身体性を通しての関わりの機会を増加させたいものです。

　下図は、子どもの身体的活動の問題点を集約しています。（枝元　2020）

　現場性と身体性の重視により、一人ひとりが個性を発揮し、仲間で協同の歓びを体感する多彩な実践活動を展開している研究としては、上越教育大学附属小学校の事例（詳細は、巻末の付録 35【実践事例⑧】）があります。

　同校における「現場性と身体性」による体験を重視した活動により生まれた実践として下記があります。

○大雪の後、雪の中を転げまわり、雪の柔らかさ冷たさ、身体全体で活動する何ともいえない爽快感を感得する、やがて雪の中に体ごと倒れこむ人間スタンプづくり

○火を起こす、舟をつくるといった夢に向かうことにより溢れる学びへの原動力の発揮

○協力し合い、藁と竹を集めて組み上げた巨大な柱に火をつける「さいの神」づくり

○ウサギや羊の仔馬の飼育との交流

○迷い込んできた固有種を食べる外来種ミシシッピー赤耳亀を池に戻すかどうかの話し合い

○池の生物を大切にすべきか　カメの命を守るのかで論議

○森や川に入り山奥の村を訪ね調査し、小動物の生態や人々の暮らしの知恵について報告する協同学習

○地域の行事に参加すべきかどうかについての論議

　同校の実践研究で特記すべきは、教師集団の真摯な研修です。単なる学習方法の検討でなく、「子どもとは、教育とは、学校とは」「人間が人間らしくよりよく生きるために」などのテーマで論議し合っています。

　その論議をもとに「今とこれからの社会をよりよく生きる、本物を知ることで生まれる喜び、体験や知識に基づく学び」「子どもたちの内側から湧き上がる学びの喜びにより自ら動き始める、他者と協働して問題を解決する学び」とは何か、またその具体策はどうしたらよいのかを語り合い、知恵を出し合い、そこで出された考え方を「学び」として具現化していきました。

　ここまで、長きにわたり、全国各地で実践研究をした仲間たちと、語り合い、智慧を出し合い、共創してきた主な実践研究を紹介してきました。読み返してみると、通常の教育雑誌や啓蒙書に比して、実践事例の紹介は、ごつごつとして戸惑いつつ読み進まなくてはならない未整理の事例紹介になっています。

　しかし、そこにこそ筆者の考える実践事例を紹介する意味があったのです。

　10余年前、独立行政法人教職員支援機構で講演した折、若い教師教育の研究者岡村美由規（広島大学大学院）さんが世話役を担当してくれました。その岡村さんが帰りがけに、論考「D. A. ショーンの reflection-in-action 概念の再検討 ——実践についての認識論を注目して—— 」（日本教師教育学会年報第 26 号別刷）を手渡してくれたので、帰路の車中で読んでいると、次の記述に深く共感しました。

　　ショーンの実践の認識論は、日本の教師教育の現状に一つの示唆を与えてくれるように思われる。それは、教育学で長く議論され、現在もなお解決を目指している『理論と実践の往還』に関してである。ショーンの実践についての認識論に則るならば、この表現は誤解を招きやすいものであることが示される。つまりこの表現を使うことで、あたかも科学的に実証された、普遍的で、どのような文脈でも説明してくれる理論が存在するかのように、私たちに思わせるのだ」

　　「一見理論と実践の対立を解消するかに聞こえる『往還』という言葉は、私たちに気付かぬままに浸潤している技術的合理主義的な世界の見方を反映している、と言えまいか

　今回、多数の実践事例を紹介しつつ、岡村論考に記された理論と実践の往還の「技術的合理主義的な世界の見方」への危惧の一文を思い出していました。

　理論の援用は、教育実践を豊かにします。しかし理論を上位におき依拠するばかりでは、枠にとらわれ、規制をかけられ、実践の伸びやかさがなくなり、皮相的形式的な実践に陥る危惧が生じます。

　教育実践の立場からは、理論とは、実践の意味を明らかにしたり、新たな視点をえるために援用するものです。理論の限定的性格を意識しつつ、うまく活用することが望まれます。

　何より重要なことは、教育実践自体を次の実践の向上を希求して批判的な分析・省察することと考えます。事後の授業研究会の意味は、そこにこそあるの

です。したがって、実践を分析し、省察するには、実践を共に構想し、実際に参観し、学び手と教師の息遣いを感じることが大切なのです。本稿では上記の意図により、実践事例の事実をできるだけ具体的に知っていただきたく、ごつごつとし、未整理であることを意識しつつ、紙上で再現をしました。

いま、グローバル時代への対応、多様性の尊重、熟議の必要等が声高に喧伝されてはいますが、実態は、社会から「自由闊達な雰囲気」がどんどん失われているように感じます。「忖度」「予定調和」という言葉がそこら中に溢れ、批判精神がむしろ薄れているようにも思えます。

教育界においても、次々と出される教育改革、教師と保護者や児童・生徒・学生との関わり方の変化、世間からの過剰なバッシング等の「見えざる鞭」により、教師たちは疲弊し、精神を萎縮させられているように感じられてなりません。

こうした状況をなんとか打破する方途、それは教師たちに「教育実践者としての誇りと自信」を復権させることにあるのではないでしょうか。

教育は「未来を創る創造的な営み」です。教師の誇りと自信は、未来社会を希望あるものにできる人間形成を事実として実現する「学び」を創造する営みによってもたらされます。

先行き不透明でダイナミックに変化し、多様・異質との共生社会の人間形成に資する「学び」を共創するために大切なことは、自由闊達な雰囲気の中で、同僚性とメンタリングを重視し、さまざまな体験や意見を出し合い、協同して高みを目指していくことです。

このためには、教師たちには、構想段階においては、何よりも「勇気と冒険心」、学びの場においては「臨機応変の柔軟な対応力」が必要です。

本稿は、日々悩みつつ、地道な実践研究を継続している教師仲間たちを励まし、勇気づけたいと願い、事実として希望ある未来社会に担い手を育成するための学びの理念と実践方法について記しました。

第3章　対話型授業の考え方・進め方

　本章では、「第1章　教育における『実践の智』」「第2章　学びの変革、その考え方と具体的方法」で記した見解を基調におきつつ、人・事象・多様な生命体との関わりづくりに必須の技能である「対話」を活用した「学び」の考え方と「具体的な授業づくり」について論述し、「対話型授業」の新たな方向を考察していきます。

第1節　対話・対話型授業の考え方

はじめに

　大学における毎週のゼミの時間が楽しくてしかたありません。7名のゼミに出席する学生たちの「対話力」の成長が見とれるからです。

　4月当初おずおずと語っていた学生たちが、勇気を出し発言しはじめ、それを契機に活発に対話を繰り返すようになり、やがて主体的にテーマを設定し、司会を決め、各自が自己見解を述べ、相互質問、批判的思考を継続し、論議を深めていきます。

　3ヶ月程経つと、たとえば「生きる意味」という難しいテーマを設定するようになり、各々が自発的に多様な見解を出し合い、また論議が停滞すると、沈黙や混沌のときを設定し、やがて、新たな視点が生まれて再び議論が活発となり、折々に笑いも起きます。驚くことは、この頃になると、学生一人ひとりの発言が次々と出されていくことです。いつの間にか、参加者全員が語り、聴き合い、新たな知的世界に入り愉悦を共有しているようにみえます。教師の主な役割は、共創者として、目前で論議されている内容の意味を広げるため、時折「補説」してやることです。

ゼミでの対話が終わると、学生たちは皆、「楽しかった。面白かった」といいます。この言葉が聞こえてきたとき、対話の愉悦を共有することが参加者の自己成長をもたらし、仲間意識を醸成し、高みを目指す知的興奮を感得させていることを実感し、共創者としての喜びを感じます。

「対話」とは、人と人、人と事象、人と多様な生命体が直接関わる行為です。

人と人との対話についていえば、それは単なる情報の交換ではありません。それぞれの個性を尊重しつつ、言語のみでなく、微妙な所作、息遣い、言語表現の声音、間の取り方などの表現している全体を、感じ、共感しつつ相互交流し合うのです。そこに直接交流としての「対話の意義」があるのです。そこから、人間同士としての相互理解・相互信頼が育まれていくのです。たとえ、合意形成が得られなくても、対立で終始しても、共通の目的に向かって語り合った事実は貴重なのです。

直接に語り合う——ここに対話の特質があります。

1．対話と対話型授業

「対話」を活用した授業（対話型授業）は、自己の思考を深め、感覚を練磨し、他者と新たな解や叡智の共創の悦びを感得し、進取の気風を喚起させ、事象の本質の洞察・探究力を育むために有用な学びの活動です。

筆者は、博士論文『グローバル時代の対話型授業の研究』（東信堂　2012）において、先達の対話論を分析・考察し、その成果を活用して、「対話」および「対話型授業」の概念を明らかにし、「対話型授業」を成立させる 12 の要件を提唱しました。この研究成果を基本としつつ、その後も「対話型授業」に関する実践と理論を融合させた研究を継続し、今日までの成果を集約しました。

ここでは、新たな時代の到来を視野に、多様との連携を目指す人間形成の有用な手立てとしての「対話」および「対話型授業」の基本的考え方と具体的な方法について、新たな研究成果を加えて述べていきます。

1−1 対話とは

　まず「対話」についての考察から始めましょう。対話と人間形成との関わりについて、「真の対話」とはなにか、「社会との関連を重視した対話」、「グローバル時代の対話」という3つの観点から、先達の研究を分析し、そこから対話の概念を明らかにしていきます。

　「真の対話」とは何かを探求したのは、O.F.ボルノウとマルティン・ブーバーでしょう。彼らの言説から「対話」が人間形成に深く関与していること、皮相的・形式的でない「自己内対話」及び「他者と真摯に語り合う対話」が重要なこと、また対話が「関係性の形成」「能動的な人間の形成」に有用であることを学びました。

　また、沈黙の時間が人間性の陶冶に意味があると捉えたスイスの思想家マックス・ピカード（Max Picard）の見解から、人間形成における「沈黙」の意義について示唆を受けました。

　社会との関連を重視した対話論に関しては、ブラジルのパウロ・フレイレ、ロシアの思想家・哲学者のミハイル・ミハイロビッチ・バフチン、さらにドイツの哲学者 ユルゲン・ハーバーマスなどの言説を考察しました。

　対話は「社会との関わり」をもつこと、「多様性・複数の理性や感性などとの出会いによる対話」によってこそ思考が深まっていくこと、また、個々人を重視した相互主観的な対話こそ本来的であることなどを導き出すことができました。また「対話」における受容的雰囲気作り「環境設定」の大切さが考察できました。

　グローバル時代の対話に関わるデヴィッド・ボーム、服部英二、遠藤誠治、小川有美、門倉正美などの論考から、世界の冷厳な現実を直視しつつ、「異質な文化や価値観を持つ人々、相互理解が難しい人々との対話」の必要を示唆されました。また、対話における「多様性の重視」「対立や異見を克服し、むしろ活用していく対話力」の育成の必要が明示でき、「変化・継続する対話力」「批判的思考力」「ことばの多義性への認識力」、身体等による「非言

語表現力」の必要も把握できました。

1-1.1　対話の概念

　「対話」に関する先達の言説の分析・考察から、対話の概念を定義すると、次のようになります。

　「対話とは、自己および多様な他者・事象と交流し、差異を生かし、新たな智慧や価値、解決策などを共に創り、その過程で良好な創造的な関係を構築していくための言語・非言語による、継続・発展・深化する表現活動」

1-1.2　グローバル対話とは

　筆者は、中近東・南米・北米に6年間にわたり滞在し、現地の人々と交流してきました。また、ユネスコの世界大会、米国・カナダ、オセアニアの教育調査団に参加し、東南アジアの国々の研究者との学術交流の機会を得てきました。

　こうした体験から、グローバル時代・多文化共生社会における「対話」の在り方に関心をもち、今日まで検討を続けてきました。

　国際社会では、対等の立場で、相互が変容する可能性を内包する「対話」は、原理的に不可能な場合が多発します。しかし、異・多様性と共存・共生する社会に生きていくためには、そこで諦めず、その冷厳な現実に対応し、不可能をなんとか可能にする挑戦が必要なのです。

　このためには、「グローバル時代に対応した対話力（以降「グローバル対話」と表記）」を育んでおくことが重大かつ緊要の課題なのです。

　前述した対話の定義を基調におきつつ、グローバル時代における対話の特色を集約すると、次のようになります。

　　〇相互理解の難しさを自覚しつつ、臆せず、反論したり、批判したりし、相手の伝えたいことを把握し、自らの考えを、分かりやすく説明し、相手を共感・納得させ、理解を深めることができる。

○対立・批判や異見に傷つくことなくむしろ、それらを生かし、調整し、新たな解決策や智慧を共創していける。予想外の状況や内容の変化に応じて、臨機応変に対応していける。

○十分な情報がなくても、さまざまな情報を紡ぎ合わせ、統合し判断し対話を継続できる。

○相手の心情・文化や立場への響感力や想像・イメージ力をもつ。

○完全には分かり合えないかもしれない相手とも、できる限り合意形成を求めて話合いを継続していく粘り強さをもつ。

○論議の流れを把握しつつ、新たな視点や発想をする。

○ユーモアやアイロニー（上質の冗談）、ときには印象的なエピソードの挿入により、聴き手を引きつけることができる。

○相手に信頼される人柄（教養・知見・判断力、人間関係形成力）の重要性。

「グローバル対話」とは文字通り、参加者が協力して、利害の対立の現実や相互理解の難しさを認識しつつ、意見・感覚・体験などを出し合い、新たな価値や解決策を生み出すことに特質があるのです。

1-1.3　対話力を高めるための日常的な活動

「対話型授業」の実践研究を全国各地の仲間とともに継続してきました。すると、授業中に「対話」を活用するだけでは対話力は高まらないことに気づかされました。グローバル時代の「対話力の育成」には、対話の基盤形成が重要であり、日常的に「対話的環境」を醸成しておくことが効果を高めます。学校で実践する際に、そうした「対話」の基礎力を育む要件は次のとおりです。

○触る、関わる、感じる等さまざまな動植物・人や事象との交流体験。

○日常的にさまざまな自己表現の機会をつくる。気づき・発見スピーチ掲示、絵や音楽による表現など。

○模倣の学習法（モデリング）により、対話のイメージを伝える。

○映像を視聴したり、友達の独創的な見方・考え方をまねる。

○本音で話し合える受容的雰囲気、高みを探究する共創的雰囲気を醸成する。

○自己表現の喜び、自分と異なる思考や感覚を楽しむ。

○読む、書く、感じる、味わうなどの体験活動と対話を関連づける。

○学校生活の中で、語り合い、相談する機会を日常的に設定する。

○聴く、話す、話し合うための「対話スキル」、「思考スキル」、「対人関係スキル」などをトレーニングする。

　スキルの種類は、聴く・話す・対話する／全員参加をもたらす／論議が行き詰まったときの対処法／話型の活用／多様な視点から思考を深める／掲示物の工夫等　　（拙著『対話型授業の理論と実践』教育出版 2018 参照）

　教師には日常活動の中で、意図的に「対話」の基礎力を育む活動を企画・支援することが望まれます。

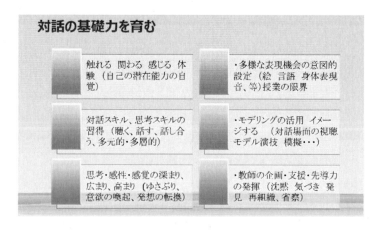

1-1.4　応答、問うこと、聴くこと

　「対話」の基本は、問うこと、聴くこと、表現することなどの応答です。相手が伝えたいことに、短くてよいから、「言葉に出して応える」という

習慣を身につけることが大切です。

　筆者が、問うこと、聴くことの大切さを実感したのは、カナダのバンクーバーの高校の教員をしていた時のことでした。この高校では、定期的に外国語教員たちの会議が開かれ、常に活発な論議がなされていました。驚いたのは、会議に参加して発言しないでいると、必ず「タック（当時の筆者の愛称）はどう考えているの？」と問われたことです。「対話」に加わらないことは、そこに存在しない、あるいは会議を軽視しているととられてしまうのです。ですから、会議中は必死で、テーマに対して自分の考えをもち、疑問点は問い、相手の意見を聴くようにしました。

　するといつの間にか、異なる考え方が飛び交う「対話」に入り込み、他人との意見の違いを楽しみ、自ら発言する「対話」を重ねるごとに、自分の考えを明確にしていく自分に気づきました。

　「対話」を深めていくのに、必須なのは「問うこと」、「聴くこと」です。

　国谷裕子は、海外での学校生活の体験から「日本の社会では、周囲の空気を読み取り、それに素早く溶け込むことが、人と人とのコミュニケーションにとって重要な要件とされているように思います。そして周囲に素早く溶け込むためには何でもすぐわかった気になることが求められます」と記しています。さらに「しかし、わからないものはわからないとして、もやもやが残ったほうがいいのではないでしょうか。何かがおかしい、何かが腑に落ちないという思い、そこから疑問が生まれ、問いを発していくことで対話が生まれます。」「言葉による問いかけは、閉じた世界に異質を投げ込み、新しい風を吹き込むことで、その閉じた世界を開いていく力があるのです。問いを出したり出されたりすることは、自分の世界とは異なる世界との出会いを生み出すのです」（「問いかける言葉」中学3年生国語教科書　教育出版 2021）と述べています。

　日本の子どもたちに、応答を習慣づけることは、グローバル時代の人間形成の基盤づくりにつながる重要なことと考えます。

２．共創型対話の提唱

　日常の「学び」において、「共創型対話」を活用することがグローバル時代の対話力を高めることにもつながっていくと筆者は考えています。ここでは、共創型対話について、具体的に述べていきます。

２-１　共創型対話とは

　「対話」は、目的、参加者相互の関係などにより、４つの型に分類できます。すなわち、真理を希求していく「真理探究型対話」、集団スポーツにおける監督と選手との間で交わされるような「指示・伝達型対話」、さまざまな軋轢や対立が起こってきたとき、それを解消するための「対応型対話」、そして「共創型対話」です。

　筆者は、協同・探究・共創を希求する「学び」において重視すべきは共創型の対話にあると考え、これを「共創型対話」と称し、その必要を提唱しています。

　「共創型対話」の基本理念は、和の精神や相互扶助を基調とする「多様性の容認と尊重」にあります。価値観や文化的背景が違う人々と、心の襞までの共感や完全な理解をすることは不可能かもしれません。しかし互いに、英知を出し合い語り合えば、むしろ異質なものの出会いによってこそ新たな世界が拓かれる──「共創型対話」はこうした考えに立っています。

　創造的な人間関係について加藤英俊は、「人間が他人と接触することは相互的な変革を含む」「人間関係なくして創造活動なし」（『人間関係』中公新書 2001）と記しています。

　日本の社会における知的創出力の著しい低下と倫理的崩壊の状態を克服し、新たな文明を創出するための手立てとして、「共創的コミュニケーション」を提唱する清水博は、『場と共創』（NTT出版 2000）で、「身体を参加させる自他非分離的コミュニケーションという捉え方は、コミュニケー

ションを人々が頭脳と身体を使っておこなう共創として見るという新しい捉え方、すなわち『共創型コミュニケーション』という新しいコンセプトをもたらします。コミュニケーションの場で共創されるものこそが、コンテキストです。またコンテキストを共創するということから、コミュニケーションの場で人々が同じコンテキストを共有できるのです。新しい文明では、このような身体性を入れたコミュニケーションへの革命が起きる必然性があります」と記しています。

　自己・他者、事象との対話を共創に結びつけるため、「共創型対話」では、次の5点を基本的な考え方としています。

①探究・創造への意識の共有

　「共創型対話」とは、一人では到達できない高みを目指し、新たな解や叡智を探究・創造する「対話」です。このために、自己見解を述べ、相手の伝えたいことを真摯に傾聴し、ときには批判的思考を駆使し、論議を深めていきます。その過程で、熟議の愉悦を共有し、創造的な関係性が構築されていきます。

②少数者の意見と異質の尊重

　多数決ですべてが決められていては、「共創型対話」は成り立ちません。たとえ少数者であっても、その意見を尊重することにより、同質なものだけでは到達し得ない論議の深まりと広まりを求めていくことができます。

③当事者意識・主体的参加意識

　人は、さまざまな問題を自分の問題として捉えない限り、考えないし、行動もしないのです。一人ひとりが、自己が課題とつながりをもった当事者であるとの意識をもって参加することにより真剣かつ率直な「対話」が展開され、納得、共感できる結論に至ることができるのです。

④変化への対応力

　「対話」における変化への対応力とは、当初もった自説に固執することなく、相手の発言・見解の内容に納得ができたら、自己の見解を柔軟に変化させ、再組織していける力です。

⑤響感・推察・イメージ力

　「対話」とは、直接に人と人とが出会い、内容だけでなく、感情・情意をも入れて交流するもので、そこから信頼関係も構築できます。大切なことは言語表現だけでなく、あいまいな感情や雰囲気、ニュアンスも大事にしながら、相手が真に伝えたいことを共感・イメージしようとする姿勢をもつことです。

2-2　「共創型対話」の理論的背景としての「間」論

　「間」とは、場や時を包含する空間であり、雰囲気でもあります。

　「対話」における「間」とは、多様な価値観や感覚、体験などが表出され、響き合い、刺激し合い、その接点・結び目から次々と新たな知的世界が広がっていく空間ということができるでしょう。まさに共創型対話の考え方と通底します。

　場（空間）としての「間」における他者との関わりは、「自分の考えはこうだ」、「相手とは異なる」といった、壁や直線で明確に分離されるものであってはなりません。

　相互浸透を可能とする点線により、仕切られてはいますが、互いに啓発し合うことにより、自分の考えや感じ方に影響をもたらす、相互浸透を可能にする流動的な関係なのです。相互浸透の場としての「間」での「対話」では、さまざまな見解が、相互に受けとめられ、浸透し、影響し合って相互理解を深め、新たな解決策や叡智の共創に向かうことができ、相互浸透が成長への温床になるのです。

　上述した「間」のとらえ方が、共創型対話の主要な理論的背景なのです。

　なお、この「間」論に関する詳細は、「第2章　第1節　新たな時代の学校教育の基層を問い直す」に詳記してあります。

3.「学び」における対話の活用

　「学び」における「対話」の活用の意義は、学習者の誰一人も残さず、仲間とともに「学びの世界」をつくる愉悦、自己成長の喜びを感得させることにあります。

　高校時代に、ふとしたことで登校拒否となりました。数か月後、涙ながらに母から説得され、なんとか高校に復帰しましたが、その日から劣等生の日々が始まりました。友達はだれもできず、劣等感が心を支配し、授業中はずっと沈黙していました。教師が机間巡視で傍を通るだけで、額や腕に脂汗が浮かびました。授業中はずっと押し黙っていました。級友の「あいつはダメな奴だ」との無言の視線にも耐えるしかありませんでした。

　しかし、心の中では考え、発言していました。ただ、「表現」できなかったのです。筆者は、こうした体験から、教室の中で押し黙り下を向いている子も、実は考えている、認められたい、役に立ちたいと「心の中で願っている」と思えました。教師になることを決意したのも、そうした子たちに「表現の喜び」を感得させることができると考えたからでした。

　小学校・中学校・高等学校・大学で教師を務めてきました。その途上で、実に多くの教え子たちと出会ってきました。その子たちに、自分の内面には語るべき事柄があること、発想の豊かさを持っていることなどに気づかせ、表出への勇気をもたせ、表現のためのスキルを習得させていくと、驚くことに、野の花が次々と咲いていくように、どの子も自己の潜在能力を発揮するようになっていきました。

　先日、言語文化教育学者 細川英雄の次の言葉に出会い、深く共感しています。

自分の〈ことば〉をつくるためには、自分の中にあることば（考えていること）をどのようにして自覚するかということと、その言葉をどのようにして他者に伝える言葉（表現）にするかの二つがポイントとなります。　　　　　　　　（『自分の〈ことば〉をつくる』ディスカバー携書　2021）

3-1　希求する学びの手の姿

　子供たちの潜在能力を信頼し、伸長させることにこそ、「対話」を活用する意義があるのです。全国各地の「対話型授業」の実践研究者たちとの語り合いをもとに、「対話」の活用により希求する学び手の姿を以下に示します。

○相手の伝えたいことを真摯に聴き取り、自分の伝えたいことを工夫して効果的に伝えようとする姿勢が培われている。

○自分やチームが新たな知の世界に入り、また成長している。

○少数意見が全体の意見を変えることの面白さが分かってきた。

○発言への勇気、発想の転換ができるようになる。

○自己選択・決定（納得解）をもつようになる。

○ひとつの結論にとどまらず、見直し、さらに探究する楽しさが分かる。

○批判や異見、対立を恐れず、むしろ楽しむ。

○さまざまな意見や体験が縦横につながり、小さな発見や視点転換が生まれることに気づく。無駄、役に立たない、とっぴな発想が新たな知的世界を拓くことを知る。

○もう一段深めるような対話を組織することを通して、なぜなのか、本当にそれでいいのかという前提を問い直したり、物事を深く掘り下げたりするようになる。

3-2　教師の役割

　授業を企画する教師は、構想を練り、教材研究をなし、学習プロセスを工夫します。対話型授業では、雰囲気作りや、多面的に論議を深める課題設定、課題への学習意欲を高める工夫が大切です。

　実際の対話型授業を日々実践していると、上記とともに下記の事項に留意することが対話を拡充するために大切と気づかされます。

　教師の役割、その第一は、子どもを受け入れることです。具体的には聴くことです。子供のことばに十分に耳を傾ける、終わりまで聴いてやる、そのことが子供たちの心を開いていくのです。やがて、皮相的な態度でなく、内面から表出される、心の動きを感じとることができるようになります。その教師の姿勢が対話に向かう気持ちを高めます。

　第二は、記憶することです。教師が「～のとき、～ができたね」「～していた時、すごく頑張ってたね」等々の、子供についてのさまざまな記憶を活用することが、子供の自己肯定感を高め、発言への勇気をもたらします。

　第三は、伝えることです。対話とは何か、対話の意義などを折々に説明することは大切です。また、子供たちの対話を大切にしつつ、子供同士の論議では、広がらない知的世界について教師が語ってやることが、次の対話での広がりと深まりにつながっていきます。ときには一人の人間として感じたこと、考えたことを伝えることがあってもよいのです。

　第四は、ゆさぶりです。具体策としてコメントがあります。その種類は次に分類できるでしょう。位置づける、視野をひらく、勇気づける、発想を促すなどです。初期の段階では「～さんの意見、もう少し詳しくいってください」「ここで少し時間をとりませんか」などの話型の活用も効果的です。

　第五は、臨機応変の対応力です。「学び」は時間の芸術であり、刻々と変化します。対話を固定せず、学びの過程で臨機応変に、自由に動き回って相談し合うといった、さまざまな対話の形態を活用することが肝要です。このためには教師は対話の類型、形態とその特色を認識しておくことが必須です。

４．対話を深めるための３側面と３要素

　U 理論で知られるオットー・シャマー（C.Otto Scharmer）は、対話が深化していく過程を理論化し次の４領域を提示しています。

領域１　**ダウンローディング（downloading）**：あたりさわりのない会話。
領域２　**討論（debating）**：意見を主張する。
領域３　**対話（reflective dialogue）**：内省的な探究、自分の立場を超えて
　　　　　　共感的に聴き、対立を超えて共に考えられることが始まる。
領域４　**プレゼンシング（presensing）**：生成的な流れ。

　「共創型対話」の考え方と通底するのは、領域４です。プレゼンシングとは、「対話」における臨機応変の対応力を育成することにより、交流・交渉・対立の解決、知の共創（生成）へと対話力が熟成していくことです。
　では、深い「対話」はどのようにして生起するのでしょうか。
　「よく考えなさい」「深く考えなさい」と指示しただけでは、「対話」は深まっていきません。著者が試行錯誤を続けてきた長い実践研究の成果を再検討すると、次のことが明らかになってきました。
　少し迂遠となりました。「学び」における３つの側面の検討から始めることとします。

４−１　対話の３側面

　ドイツ出身の哲学者、社会学者 ゲオルク・ジンメル（Georg Simmel）は、「人が造った最高の建造物は、扉と橋である」（酒田健一 熊沢義宣翻訳『扉と橋』 白水社 1998）という名言を遺しています。
　この言葉の深い意味を「学び」の視点から考察すると、自己の世界をもつこと（個の確立）、他者とつながること（共生）の大切さを子供たちに感得さ

せることにこそ、「対話」の本義があると考えることができます。

　自己の考えをもちつつ、他者とつながる、このためには、「対話」のとらえ方を広くもつ必要があります。筆者は、「対話」には次の3つの側面があると考えています。

　第一は、科学的側面です。相手に自己の考えや感想を分かりやすく伝えたり、説得ある表現をするためには、科学的な思考や、論理的な説明力が必要でしょう。もちろん関連する知識をもつことも大切です。他方、相手の伝えたいことを的確に把握するためには、情報分析力や要約力、分類・整理・活用力が不可欠なのです。

　第二は、芸術的側面です。芸術を表現者と鑑賞者による美の共創ととらえれば、そこに介在する重要な要素は、構図、色彩、位置取り、「間」の取り方といった技能の習得でしょう。「前の藝と後の藝をつなぐ　音と音の間こそ大切だ」とは世阿弥のことばです。相手を意識しての技能の習得、それは「対話」にも共通することです。さらに「対話」でも絵画や舞台芸術などと同じく、基礎的技能の習得、さらに実体験が高次な技能を習得させます。

　第三は霊的側面です。これは不可視的側面と換言してもよいでしょう。「対話」においてきわめて重要なのは、想像・イメージ力です。相手の真意を把握するためには、言語表現の背景を感じとることが肝要です。また、直感・気づき、響感、目に見えないものとの交流を重視すること、琴線に触れる（心の奥底にある感情が共鳴し合う）ことが相互信頼を深めていきます。

　この「対話」の3側面を意識し実践することにより、「対話」のとらえ方が広くなり、さまざまな参加者の個性の有用性が感得でき、皮相的でない、深い次元での相互理解、相互信頼ができていくと考えています。

　次に、この3側面を基調におきつつ、「対話」をより深めるための3つの要素について考察していきます。（「対話の3側面」については拙稿『未来を創る教育実践学研究』第6号　共創型対話学習研究所編　2022に詳記）

4-2　対話を深めるための３つの要素

　人生の大きな喜びは、語る楽しさを共有する人との「対話」ではないでしょうか。語り合ったばかりなのに、すぐまた、再度語りたくなるような相手をもつことは無上に幸福なことです。

　なぜ、語る楽しさが感得できるのでしょうか。それは単なる情報交換でなく、「対話」が深まり、広がり、新たな発見、気づき、驚き、深い感動などが起こり、知的好奇心が次々と起こってくるからではないでしょうか。

　こうした、深い「対話」を生起させるためには、①知識・体験、②スキル、③人間性としての基礎力という、次の３つの要素が必要と考えています。

①知識・体験

　〇読書や見学・視聴などにより、学際的・伝統的・現代的知識を習得する。

　〇成功・失敗、挫折、混乱などの多様な体験をする。

　〇生活・生業の文化など様々な事情に興味を持ち、知識をもつ。

　〇気づき・発見、洞察などの体験により、見方・考え方を変容した体験をもつ。

②スキル

　〇聴く・話す、対話する、思考を深めるスキルを習得する。

　〇音読・朗読・暗唱、報告など声に出すことを日常的にトレーニングする。

　〇問題が起きたとき、少人数で話し合い、解決策を提案することを習慣化する。

　〇二人または小集団でのぼそぼそとした話合いを日常化する。

　〇語れない子に話しかけるなど子ども同士のお節介の関係をつくる。

　〇論議を深める批判的思考の方法を習得する。

　〇一定の結論で終わらせず、探究する姿勢と態度を身につける。

　○互いに小さな差異に気づくこと、多様な見方・考え方を身につける。

　○論議が行き詰まったときに対応法を習得していく。

　○友達の援助・支援を待つ、話型の利用、既習事項の活用等

　○振り返り、省察の時間としての沈黙の活用法の習得

③人間性としての基礎力

　○広い視野、多様な見方・考え方、柔軟な思考・発想力を育む。

　○互いの潜在能力への敬意、さまざまな知識や体験の尊重と活用

　○粘り強い探究心・継続力の育成

　○発言への勇気や創造的失敗の奨励、失敗・挫折に落ち込まない自己
　　復元力を高める。

　○待つ、悩むことがよいことだと気づく。

　○発想力・創造力の錬磨

　○多様な意見・見解を総合・統合する共創力の育成

　アメリカ建国の理念にも影響を与えたともされる北米先住民は、まさに自由と民主主義の源流の一つであったといわれます。そのイロコイ族の徹底討論について、星野淳は次のように紹介しています。

　　「会場の場では、完全な静寂と傾聴によって話者を尊重すること。
　　話の腰を折ったり野次を飛ばしたりは厳禁。語り終えたあとはしば
　　らく沈思して、訂正や補足があれば追加する。どちらもく グットマ
　　インド＞を引き出す工夫だろう」　　（『魂の民主主義』 築地書館 2005）

「対話」の基本が真摯な「聴き合い」にあることを、この文章から改めて知る思いがしました。また、ポーラ アンダーウッドは、自著『一万年の旅路──ネイティヴ・アメリカンの口承史』（星川淳訳 翔泳社 1998）の中で、アメリカの先住民たちが「対話」を基調に民主的な社会を構築したありさまを記しています。筆者はこの書物からも「対話」の意義を学びました。

5．対話型授業を創る（対話から深い思考力を育む授業の要件）

　教師主導の授業のみでは主体性も、協同力も、柔軟な思考力、多様な見方などは効果的に育めません。

　「学び」は、協同して探究し、共創を目指して展開していきます。そのための基本技能が「対話力」なのです。主体性は、他者との協同活動や「対話」により育成されます。主体的・対話的・深い「学び」とは、本来「対話的・主体的・深い思考」の順ではないでしょうか。

　授業は、瞬間・瞬間の芸術です。「学び」の進行に応じた柔軟性・臨機応変の対応が必須なのです。「対話」を活用した授業の目的は、探究と協同により、新たな解決策や叡智を共創（生成）することにあります。

　このためには「創造的な関係性」、多様な見方・考え方を尊重する「多元的な視点」、納得できたら柔軟に自分の考えを変化させる「可変的な視点」が必要なのです。

　協同の「学び」としての「対話型授業」において、深い思考を生起させるための具体的な要件をここで検討してみましょう。その前提として、まず、グローバル時代、多文化共生社会の「対話」の新たな課題について若干の考察を述べておきます。

5-1　対話の新たな課題

　グローバル時代、多文化共生社会の到来を視野に入れたとき、新たな課題として、次のような対話が求められます。
　　　○相互理解の難しさをなんとか乗り越え、歩み寄るための対話
　　　○対立を解消し、むしろ知的な世界を広げていく対話
　　　○学習者主体の学びを実現する対話
　　　○感性、感受性を重視し、身体性と現場性を生かす対話
　　　○探究を継続していくための対話

○無理無駄、役に立たないようにみえる発想や異見を活用できる対話
○不可視的世界（霊性・霊感・第六感等と対話、直感）を活用した対話
○類推、汎用力の育成につながる対話
○人間以外の多様な生命体との対話

　授業デザインを研究する白水始は、自著『対話力』(東洋館出版社 2020) の中で、「話し手が話しながら自分の考えの発展性に気付いていく」「話し手としての課題遂行効果」「聞き手が話し手のことばの背景にある意図やプラン、言葉になるまでの経緯を完全にわからないからこそ、少し抽象的な視点から状況を眺めざるをえない」「完全には共有できていないからこそ、ぼんやり眺めて、新しい見方を思いつく」「聞き手としてのモニター効果」などの指摘をしています。

　白水のように、授業の実際の場における、「話し手」と「聴き手」の言動を分析し、「対話」を深めていくための効果的手立てを集約し、活用していくことも今後の対話型授業研究の課題と考えています。

5-2　深い思考を育むための対話型授業の要件

　先述した新たな課題を念頭におきつつ、「対話型授業」において、「対話」することにより思考を深めていくための要件を考察します。

5-2.1　深い思考を育む基本

　グローバル時代、多文化共生社会に「対話型授業」において、深い思考力を育むための基本となる事柄を記してみます。

個々人の可能性への信頼と個性の尊重

○「対話型授業」に参加した学び手の一人ひとりのさまざまな潜在能力、個々の可能性への信頼なくして「対話」は成立しません。どんなに優れた一人よりも、多様な人々の体験・知識、考え方・感じ方

が出され、融合していくことが、必ずよりよい解や叡智を生起させます。このことを基本におくことが「共創型対話」の活用で必須のことなのです。

気づき、発見の重視

○気づき・発見は興味・関心を起こさせ、「学び」への意欲を高めていきます。そこから「なぜだろう」「どう考えていったらよいだろう」との問いが生起します。その「学び」への意欲と問いが対話への積極的な参加意識を醸成していくのです。それ故、日頃から、日常から、気づくこと、発見することを習慣化させることは、深い思考への第一歩なのです。

多様性の尊重、対立や異見の活用

○問いや課題に向かう共通認識さえあれば、意見や感覚の違いはむしろ「対話」を深めていきます。深い「学び」を生起させるのに有効なのが、対立や異見などを意図的に活用することです。「差異」「ずれ」に出会うと疑問や戸惑いが起き、当初は混乱しますが、やがて、そこから創発がなされ、「学び」は深まっていくのです。

自己内対話と他者との対話の往還

○「対話」では、まず「自分の考えをもつこと」、さらに「臆せず語る」ことが大切です。次に、自分の意見をしっかり持ちながら他者との対話により、批判したり、質問したりしつつ、納得・共感できることは受けとめている「柔軟性」をもつことが思考を深め、視野を広げていきます。このように、「対話」とは自己内対話と他者との対話の往還により成り立っているのです。

批判的思考力 (Critical thinking) を育む

○批判は、誹謗・中傷とは異なります。相手の伝えたいことを引き出し、物事の本質に迫るための行為です。批判的思考によってこそ、

深い思考力が育まれていきます。表面的な情報を鵜呑みにしない、しっかり本質を見抜く、発信され情報の文脈に隠された偏りや差別を読み取る、大量の情報が混乱しつつもたらされる現代社会を生きるためにも「批判的思考」は不可欠なのです。批判的思考を高める手立てについては第3節で詳記します。

探究心の継続

○「対話」を活用した授業では、探究心を持ち続けることが深い思考につながります。いったん集約した結論を見直し、発想や見方を変え、「なぜなのか」、「本当にそれでいいのか」と前提を問い直したり、さらに掘り下げようとする意欲と姿勢を持ち続けることが深い思考力を育んでいきます。

5-2.2　深い思考をもたらす手立て

「対話型授業」において、深い思考力を育むためには、次の手立てがあります。

未知・困難な課題との遭遇

○脳科学の研究の進展は、脳は、未知のことに出会い、どう対応したら分からない状況のときにこそ、フル稼働することを明らかにしています。確かに、少し高いハードルの困難な課題の解決に向かうとき、学びへの意欲が喚起し、その解決に向けて思考を深めることから知恵が生まれます。

新たな視点・発想、知的冒険（デザイン思考）の奨励

○従前の価値観や見方に固執せず、事物・事象を「新たな視点や発想」からとらえ直す、想外の気づきや発想をする、思い切って殻を破る、創造的失敗・知的冒険の奨励は、深い思考への契機となります。

既習事項の活用

○既習事項と目の前の課題や「学び」の状況を比較し、差異や共通点を見分けたり、既習事項を足掛かりに、そこで得た知識、体験したこと、考え方などを想起し、問題・課題をさらに探究していくことができます。こうした足場を求め、そこから次に課題に取り組む体験は思考の深まりをもたらします。

不確実性・あいまいさ、無駄の重視

○近代の合理主義は、効率と集中を近代化としました。しかしカオス理論、複雑性の科学が解明してきたように、不確実性、あいまいさ、稚拙さ、的外れに見える意見、微妙なニュアンスの違いなどへの着目と活用が学びの世界を豊かにしていきます。対話を活用した授業に折々に、不確実性・あいまいさ、無駄にみえた意見を問い直したり、活用を考えたりすることが新たな知的世界に入る契機になります。

自己選択・自己決定し、納得解に至る時間の重視

○主体的に「対話」に参加する、「対話」に参加するためには自分の考えを持つことが必須です。他者が伝えてくる多様なものを受け止め、組み合わせたり、また統合したりして、消化し、悩み、もがきながらも、自分のものにし、自己見解を再組織するための時間です。自己選択・自己決定し、現時点での納得解をもつための機会を意図的に用意することが必要です。授業は変化しつつ展開していきます。その折々に思考を広げ、深め、再組織する時間を担保することが深い「学び」につながるのです。

混乱・混沌は創発への母胎

○「対話」の過程での混乱・混沌を重視しなければなりません。混乱・混沌の中でさまざまな見解がぶつかり合い、熟成し、叡智が共創さ

れてくるのです。早発への強制を脱し、混沌・混迷をへて、創発に向かう時間を大切にすることが深い思考を育むのです。

ゆさぶり、ゆらぎの活用による探究の継続

○一定の結論にとどめず、揺さぶりをかけ、ゆらぎを与える、モタモタ感を大切にし、遠回りを恐れさせない、こうした、ゆさぶり・ゆらぎの活用が、多様な視点からの検討による深い思考をもたらします。

沈黙・浮遊型思索の時間の活用

○最近の脳科学の研究で注目されているのは、デフォルト・モード・ネットワーク（default mode network）です。何もせず、ぼんやりしている時間にこそ、活動している脳の回路があることが発見されたのです。デフォルト・モード・ネットワークは、発想の転換、新たな解や知恵を創発するための、沈黙や浮遊型思索の時間によってもたらされる時空です。思いに浸り、思いを巡らす時間、漂う不安感と精神的自由を享受し、自己の内部にあるものを掘り起こし、心に生じることを明確にしていく時間です。

○沈黙の時間、漂うような思索の時間は、深い学びに誘う「時」となります。具体的には、思いに浸り、思いを巡らす時間／自己の内部にあるものを掘り起こし、心に生じることを明確にしていく時間／他者が伝えてくるさまざまなものを受け止め、組み合わせたり、また統合したりして、消化し、自分のものにし、創発に向かう時間／うまく言語化できないものを見守り、新しい言葉が生まれてくるのを待つ時間／悩み・戸惑い・不安になる、そうした心理的揺らぎを、むしろ楽しむ時間等です。こうした時間の有用な活用が、深い「学び」をもたらしていくのです。

待つ時間の大切さ

○哲学における「時間」の問題を考察する内山節は、「人間は時間とともに存在している。人間の存在自体が時間的な存在である。それ

なのに、これまでの思想のほとんどは時間についての考察を欠いてきた。あるいは主体の入りこむ余地のない、客観的でゆるがすことのできない絶対的秩序として、時間を前提視してきた」(『時間についての十二章』岩波書店 2011) と指摘しています。教育という行為、教室という空間は、教師と学び手という所与の関係性により成立しています。その所与の関係性を超えた主体的な「学び」は、学び手に自由に思いを巡らす「時」を担保することで事実となっていくのではないでしょうか。深い思考をもたらすためには、自由に思索する「時」が担保される必要があります。

○対話を活用した授業において「待つ」時間は思考の深化に重要です。言語教育における学習者主体の「学び」を探究する細川英雄は、「自己表現を促す場をつくるには、本人の意思や認識、そして感覚や感情を尊重しつつ、その動態的な状況にこちらも身を添わせて、じっと待つしかない」「私はいかにして表現活動主義者になったか」(西川光一編『思考と言語の実践活動へ』ヨコ出版 2020) と述べています。

PISA型学力の好成績で知られる最近のフィンランドでは、次の4つのパラドックスが示されています。

1. Teach Less, Learn More　教えることを減らすと、より多く学ぶようになる
2. Test Less, Learn More　テストを減らすと、より多く学ぶようになる
3. The More You Play, The More You Learn
　　　　　　　　　　　　　　沢山遊ぶと、より多く学ぶようになる
4. Better Quality by Stronger Equity　公平性を強めると、質が高まる
(澤野由紀子著「教育の北欧モデルとフィンランドモデル」NPO法人
八ヶ岳 SDGs スクール 山梨共創型対話研究会 2021 講話資料より)

効率・競争主義の教育とは、異なる見解です。筆者自身も授業中に「待つこと」が思考を深める契機をもたらすことを実感し、待つ時間とは下記

と考えています。

　　○身体感覚・五感を通して得たものを言語化する時間

　　○うまく言語化できないものを見守り、新しい言葉が生まれてくる
　　　のを待つ時間

　　○微かな、わずかな表現から他者の伝えたいことについて感じ取り、
　　　推察する時間

　さらに、悩み、戸惑い、不安になる、という心理的揺らぎを、むしろ楽
しむ時間も大切なのです。表面的には無言でも、心の中では、さまざまな
思いが交錯し、思考を深めているのです。

　筆者が2年間滞在した、中近東のイスラムの世界では、瞑想は日常の中
での習慣でした。少し疲れたとき、悩みがあるとき、瞑想により精神的疲
労を回復していました。こうした無為にみえる「時」も深い思考に誘っ
ていくのです。

5-2.3　深い思考をもたらす感性・感受性

　「対話」では、言語による表現だけでなく、五感を通して感じ、考える
ことを大切にします。身体性や五感を伴わないことばは、意味は通じても
説得力をもたないことが多々あります。

想像・イメージ力

　○想像力とは、まだ現実化していない事象を、リアリティをもって受
　　けとめる力です。少し先を予測する力ともいえましょう。イメージ
　　力とは、事象や他者の発言や行動の背景をみとる力といえます。想
　　像力やイメージ力を発揮することにより、相手が真に伝えたいこと
　　が把握でき、共感が生起し、相互理解を深め、相互信頼を醸成して
　　いきます。

直感・思い付き

　○脳の中には物事を判断するシステムが二つあるといわれます。一つ

は迅速に判断を下すシステム、瞬時の「直感、思い付き」です。もう一つは論理や理性に基づいてゆっくりと慎重に判断するシステムです。正しい決断を下すには、後者のシステムによって論理的にゆっくりと考えて結論を出したほうがいいと多くの人は思うかもしれません。しかし、前者が的確な判断、飛躍的な発想をもたらすこともあるのです。

5-2.4　深い思考の継続がもたらす類推・汎用力へ

「対話型授業」の究極の目的は、新たな課題・問題に対面したとき、それへの対応力を育んでいくことと考えます。筆者は深い思考とは、類推・汎用力を涵養していくことととらえています。

類推・汎用力へ

○類推（analogy）とは、特定の事物に基づく情報を、他の特定の事物へ、何らかの類似に基づいて適用する認知過程とされています。いわば、新たな情報を自分の知っていること・体験したことと関連付け、取り込み発展させていくことです。

汎用力とは、既習の学習や体験を通して修得した思惟方式や行動様式を自分のものとし、新たに出現した事象・分野に援用し、解決・対応する力です。類推・汎用力を高めていくことが、深い思考を育む学習の究極の目標といえます。

類推・汎用力のとらえ方については、「第2章　第3節『学び』の変革、その考え方」に詳記してあります。

〖参考〗対話を活用した協同学習の学習過程

　対話を活用した協同学習では、単に仮説から始まって結論で終わる、一連の段階を踏むといった予定調和的進行ではなく、決めつけず、先入観をもたず、知的好奇心をもった未知の領域を探究する姿勢こそ大切となります。

　その道筋は、景観はすばらしいが難所も多い山道のようなもので、あちらこちらに岩や谷、脇道が存在し、予定外の脇道を行くと、正規の道より、面白い問いや結論に至ることもあります。その過程の中で、学習者は、さまざまな情報を関連付け、パターンに気づき、意味ある探究と発見を継続していく。ときには、思わぬ結果が出ることもあるでしょう。

　その折にこそ深い思考が生起するのです。そして、昨日までの自分を否定する勇気も必要になるのです。学習の時間で繰り返すのは、省察と再構築の連続であり、学ぶ意味とは複雑性や変化への挑戦なのです。単元計画の流れと、実施上の留意事項として次のことがあげられます。

　　　○多様な気づき・発見により、問いを生起させる段階
　　　○課題に対する知識・情報を広げる段階
　　　○さまざまな情報を、相違点・共通点などにより分類・整理し、探究するテーマを絞り込む段階、この段階では分類整理から落ちるモノも大切にする。
　　　○探究するテーマについて調査活動し、結果を分析し、新たな視点・発想から論議し、深めていく段階
　　　○調査学習の結果を総合・統合し、結論を再吟味し、最終的な報告・提言事項をまとめる段階
　　　○研究成果を効果的にプレゼンする段階

　ここまで、「対話」「対話型授業の理論」「実践」に関する見解を述べてきました。次節では、筆者の見解を参考にし、先生方が協力し合い優れた実践を「共創」してきた学校の「対話・対話型授業の実践研究」を紹介します。

第2節　対話型授業を創る

1．対話型授業の実践研究

5年間余にわたり、北区立西が丘小学校の「対話」を活用した授業づくりの実践研究に共創者として参加してきました。授業の構想段階の論議、実証授業、事後の授業研究会を実施し、また反省会では、融和的な雰囲気の中での語り合いを継続してきました。

その西が丘小学校では、事実として「対話」の活用が、子どもたちに学びへの意欲を高め、思考力を深め、自己肯定感を高めていくための、実践方法を開発してきました。その研究実践の世界を紹介します。

1-1　実践研究実施校の概要

実施当時、西が丘小学校（淵脇泰夫校長）は、児童生徒数312名、12学級で、日本語適応教室を併設。学区域には、自然観察公園、稲付公園があり、都内の学校としては自然環境に恵まれています。また近くにはナショナルトレーニングセンターがあり、オリンピックに出場する選手を身近に感じる環境にもあります。

1-2　対話を活用した実践研究の特色

同校の「対話型授業」の実践研究の特色は、「自分の思いを伝えられ、自分の力を生かせる表現力。前向きに物事を捉え、失敗しても諦めずに取り組むたくましさ。相手の立場や気持ちを思いやることができ、自分が困ったときには他者に助けを求められるような対話力、こうした資質・能力・技能を、子どもたちが『対話』を通じて身につけて欲しい」という考えにより実施さ

れたことです。

このことを具現化するため、次の方針を定めて、手立てを推進しました。

○一人ひとりの個性の尊重と協同（関わり・つながり）の重視

○「対話」の基礎として感性・感受性の錬磨のための体験活動の日常

○「聴く・話す」「対話」「思考」を深めるためにスキルの段階的習得、グローバル対話力の育成のための「勇気と冒険心」「柔軟な思考」「批判的精神」の奨励

○自分の考えを持ち、他者に啓発されたものを受け止める、新たな自分の考えを再組織化する振り返り・省察の時間の確保

○論議が活発になる課題づくりに、多様な対話形態の開発

○気づき・発見から生まれる問いの重視

○深い思考を育むための手立ての工夫——学習過程、相互支援活動、混沌・混乱の活用など

○教師の役割の明確化——みとる、つなげる、整理する環境設定

○蓄積型の研修会——検証授業の論議の成果の蓄積と次への応用

○同僚性とメンタリング——教師の真摯な論議、先輩教師の体験の開智

２．西が丘小学校における実践研究のまとめ

2-1　対話的な学びの前に

「対話」を深い「学び」につなげるためには、場面設定の前に大切なことがあることが分かりました。まず子どもの中で「話したい」という思いを膨らませること。次に「話しやすい雰囲気作り」をすることです。具体的に大切なこと、大切にしたいポイントは次のとおりです。

話したくなる課題作り

〇考えること、やることが明確であること。

〇答えが一つではなく、多様な考えが出やすいこと。

〇思わず話したくなることを意識して課題を設定する。

〇話す必要性があること。

対象物との対話の時間を大切にする

〇教材は大切な「対象物」。じっくりと向き合うことで、自分なりの気付きができる。また、対話への意欲の向上、学びの深まりにつながる。授業の前半に「対象物」とじっくり向き合う時間を保証することで、子どもたちは自分の内面に伝えたいことをためていくことができる。

表現方法を広げる

〇図、式、文章など、多様なツールで表現できるようにすることで、より自分の考えが明確になり、自信につながる。

〇知識だけでなく図や言葉を追記する習慣をつけることで、他者への意欲が高まる。

安心して自己表現できる場づくり

〇「自分の話を聴いてくれる」「間違っても受けとめてくれる」——そう思えるから子どもは自分の考えをすすんで伝えられる。日常的な活動の中で、受容的な雰囲気づくりを大切にする。

　　　例：教師の受容的な対応、多様な考えを肯定的に受け止める。
　　　　　学びの姿勢を賞賛する。

充分な時間を確保する

〇自由に考える時間を十分に確保する。友達の意見に啓発されたことを確認し、自分の考えを整理したら再考する時間を意識的に設定する。

2-2　対話の形態の開発

　授業における「対話」はそれぞれの形態の良さを理解し、学習・学びのねらい、児童の実態、学習状況に応じて使いこなしていくものです。

　また「対話」には様々な形態があり、教師は授業のねらいや展開に合わせて、自在に取り入れていくことが必要になります。

　西が丘小学校の実践研究では、次のような「対話」の形態を実施し、それぞれのよさについて下記のようにまとめてみました。

形　態	よ　さ
対象物との対話	自分の考え、気付きや思いを自分の中に貯めていく。
自己との対話	情報を整理し、自分の考えを深める。
ペアでの対話	・気軽に相談できる。 ・学習内容を一斉で確認するときにすぐにできる。 ・一人ひとりが自己決定できる場が増える。
近くの人との対話	席の移動がなく、すぐに行える。気軽に聴きたい場合に行える。既習事項の確認や、簡単な内容の確認をする際に有効。
班での対話	移動がなくすぐに相手が決まる。日頃から同じ生活班で活動しているので話しやすい。
グループでの対話	学習課題（テーマ）ごとのグループで活動する際に取り入れる。共通課題に取り組んでいるので、情報交換など自然と対話が生まれやすい。
相手を選んで対話	話（説明）ができる児童を起立させ、「分からない」「話す自信がない」という児童は、自分で聞きに行きたい児童のところに行って、話を聴くように指示する。

自由な相手との対話	・教室の中を自由に動き、様々な相手と対話する。 ・新しいアイデアを知りたい、同じ考えの人と確認し合いたい等、児童が自分の目的に応じ相手を選べる。
全体での対話	全体で考えを広め・深められる。その過程で、自分の考えを再度確かめ、各自のまとめにつなげられる。

2-3 「対話」を形態化した授業の概要

上記の形態の「対話」を取り入れた授業の概要は次のとおりです。

導　入
①既習事項確認
②本時の課題確認（対象物との対話、近くの人との対話）

展　開
③自力解決（自己・対象物との対話）
④考えを広げる・深める（自由な相手との対話）
⑤全体で考えを整理（全体での対話）

まとめ
⑥振り返り（自己との対話）

　西が丘小学校では、特に相手との自由な「対話」が取り入れられるようにしました。2，3人で話す子、4，5人で話す子、1人でじっくり考える子等、子どもたちは課題解決に向けて自分のやりやすい方法で取り組み、話（対話）をして思いついたら、自分の席に戻って考えを書き加えたり、違う人と話してみたり、困っている子に声をかけたりしていました。

　自由に課題解決をした後は、全体での「対話」を通してクラス全体の「学び」を整理し、そこから自分の考えを再度見直すことで、学習内容を自分なりに理解していきました。

2-4 対話における教師の支援

　子どもたちの「学び」を深めるために、「対話」の中で教師ができること
は、「導入」「展開」「まとめ」の３つの観点に整理できます。

　「対話」への意欲を高め、活性化するには、対話中の教師の関わりが欠か
せませんが、西が丘小学校の実践研究では、さらに次の４つの視点で考え取
り組んでみました。

みとる

○子どもの様子をみとるとともに、その姿を賞賛したり、認めて広めた
　り、揺さぶりをかけたりする声かけも欠かすことができない支援であ
　る。日々の学びの様子を見ているからこそ、その場に合わせて臨機応
　変に声かけができ、子どもたちの学びを深めるとともに、人間性の成
　長（粘り強さ、勇気等）につなげることができる。

つなげる

○対話のねらいは、学びを深めることである。学びを深めるということ
　は、自分の考えに自信をもったり、自分の考えが広がったり変化した
　り、学んだことを組み合わせて新たな考えをもつこと等である。その
　ためには、学んだことをつなげて考えられるように板書を工夫したり、
　声をかけたりしていく。

整理する

○学習の振り返りや考えを再構築していくヒントとなるように、子ども
　たちが学んだことを整理する。　例：板書の工夫、ノートの工夫

環境設定

○子どもたちがスムーズに対話的な学習を進められるように環境設定
　を工夫していく。これは、１単位時間で行うことだけでなく、日常的
　に取り組んでいくことが大切である。　例：既習事項の掲示

2-5 振り返りの機能

　子どもが「学び」を実感したり、深めたりするには、「振り返り」の活動が欠かせません。大切なことは、学びの「整理」、学びの「発展」、学びの「再組織化」、学びの「定着」の４つ「振り返り」の機能を、意識して対話型授業の中に取り入れていくことです。また、そのタイミングは、授業の終末だけではありません。授業の導入や展開の途中でも「振り返り」を行うことで、「学びの深まり」につながります。

学びの整理	学びの中で気付いたこと、考えたこと、疑問に思ったことを整理する
学びの発展	「振り返り」を生かし次の課題を明確にして取り組む
学びの再組織化	学んだことを組み合わせ、消化し、新たな考えをもつ
学びの定着	汎用的な見方・考え方を身につける

　実践研究では、授業の導入として前時の学習を振り返ることで、学びの定着につながり、授業の展開の途中で学習内容を振り返ることで、考えがより深まりました。また、終末の「振り返り」の時間を積み重ねることで、振り返りの習慣がつき、授業のポイントを子どもたちが自分で捉えられるようになってきました。

　「振り返り」の内容は、大別すると、①学習内容に対する振り返り、②自分の学びに対する振り返りの２点であることも分かりました。

　以上の内容・機能と合わせて、「振り返り」を事後の子どもたちの「学び」の深まりにつなげるよう、継続して実践研究に取り組んでいきます。

2-6 「相談タイム」と「振り返り」の段階設定

子どもたちへの定着を目指し、「相談タイムの取り組み」と「振り返り」の段階の設定を行いました。

相談タイムの取り組みの段階
・様々な「対話」の形態を経験させる。
・いろいろな人と関われるよう、教師が間に入ったり、促したりする。
・自分からいろいろな人の考えを聴きに行ける場を設定する。
・数人で集まって多様な意見を交わし合える。 ・自分と違う考えに対して、質問をすることで理解を深め、受け入れることができる。

振り返りの段階
・学習した内容を振り返る習慣をつける。 （教師が「振り返り」の観点を示し、手を挙げさせる等口頭での振り返りから始める）（記号での「振り返り」も）
・学習内容から、自分で分かったことや思ったこと、感じたことを表すことができる。
・多様な考えを参考にしながら、学習課題に対する自分の考えをまとめられる。 ・学習したことを踏まえて、自分が思ったことをあらわすことができる。 ・次に生かす汎用的な見方・考え方に気付ける。

〈学習の振り返り〉※「学習のまとめ」でなく「振り返り」としてみた。

①学習課題について振り返る

・学習で分かったこと（学習課題に対する自分の考えをまとめる）

・できるようになったこと（学習課題に対する自分の上達について）

・友達のよいところ

②学習した感想

・学習内容と照らし合わせ、自分の生活を振り返って考えたこと（道徳）

・学習内容に対して、（学習内容から）自分の考えたこと、思ったこと

・もっとやってみたいこと

2-7　対話型授業における児童の変容のみとり方（方法と視点）

① 授業中の児童の様子

| すすんで考えているか、取り組んでいるか |

・課題への取り組み方（観察、ノート）

| 対話中の様子 |

・自分の考えをもって伝えている

・友達の考えを聴いている

・友達の考えに問い返しをしている

・他の人の考えを参考にしている

・自分と違う考えを受け入れようと（理解しようと）している

・その他

② 学びの深まり

・振り返りの内容の変化（ノート）

・学習課題（めあて）について、自分のことを振り返っている

・自分が分かったことを書いている

・友達の考えを参考にし、自分の考えに付け足して、学習課題に対するまとめを書いている

・多様な考えを受け止め、よりよい考えにつなげている

・新たな疑問を見出せる

３．対話型授業としての創意・工夫（西が丘小学校の事例）

> ### 授業の中で子供同士で話す場を設定する

生活科１年「あきとともだちになろう」ペアでの対話
国語科「こまを楽しむ」ペアで考えをまとめてホワイトボードに記入する
総合的な学習の時間６年「地域の宝、再発見」グループでの対話
→子供が自己決定できる場。自分の活動が認められる場。やり直す機会の保障。
　これらがあると、積極的に話をしていく。

> ### 対象物との対話の時間を大切にする
> ### 人との対話だけが対話ではない

音楽科４年「和楽器に親しもう」対象物との対話・ペアでの対話
図工科４年「アボリジニーアートに挑戦」対象物との対話・グループでの対話
→対象物との対話の時間が表現の豊かさにつながる。話さずに相手の作品を見
　ること、箏や画材を自由に使うことも対話になる。

> ### インタビューも対話

総合的な学習の時間３年「イギリスってどんな国？」インタビュー活動
総合的な学習の時間５年「ネパールってどんな国？」ゲストへの質問
→繰り返しインタビューすることで、理解が深まる。

> ### 思考を可視化し、分類・整理する活動

生活科２年「えがおのひみつたんけんたい」グループでの対話

総合的な学習の時間3年「伝えよう、昔遊びの楽しさ」グループでの対話
→付箋を使ってアイデアを出し合った後、分類整理する活動は、子供たちが自分の考えをもちやすく、またすすんで相手に伝えやすくなった。

自由な対話、一人ひとりにあった学び方ができる

算数科2年「ひっ算のしかたを考えよう」自由な対話
→対話の形式を「いつでも、どこでも、誰とでも」よいという多様性をもたせたことで、児童が主体的に対話をし、考えをまとめようとする姿が見られた。

全体での対話、多様な考えを分類・整理する

算数科4年「広さを調べよう」全体での対話
→子供たちが考えを広めた後、その考えを全体で出し合いながら分類・整理することで、自分の考えを見直し、学びを深めることができた。

自己との対話

算数科5年「速さ」自己との対話・振り返り
→振り返りの時間を設定し、積み重ねることで、子供たちが1時間の学びを自分で価値づけることができるようになってきた。

ペアでの対話、他のペアとの自由な交流の場

理科科6年「月と太陽」ペアでの対話
→ペアで実験・考察を行うことで、一人ひとりが自己決定しながら学習することができた。ペアだからこそ気軽に相談もできた。また、ペアで分からない場合は他のペアと一緒に考えられた。

対象物との対話の時間が子供同士の対話の充実につながる

総合的な学習の時間３年「プログラミング」対象物との対話・ペアでの対話
国語科２年「スーホの白い馬」対象物との対話・自由な対話（相談タイム）
国語科４年「アップとルーズで伝えよう」対象物との対話・自由な対話
→対象物との対話（教科書の本文・教材等と向き合う時間）を十分にとること
　で、児童一人ひとりの中に課題への思いが溜まっていき、自由な対話の時間
　にすすんで対話をしようとする姿につながった。

自由な対話、児童一人ひとりが対話の相手を自己決定できるので
安心して取り組める

国語科２年「あったらいいな、こんなもの」自由な相手との対話
→決められたペアでの対話を通して、質問のやり方などを確認した後、自由な
　相手との対話に移行した。すると、対話への意欲がより高まるとともに、対
　話により考えが深まっていく姿が多く見られた。児童が学習の見通しをもっ
　ていたこと、自由な対話は制限がないので児童が安心して取り組めたことが、
　活動への意欲につながった。

自由な対話の途中に振り返りを入れることで
対話の充実につながる

社会科５年「米づくりのさかんな地域」自由な対話
→調べ学習も一人で行うのでなく、自由な相手と一緒に取り組めるようにした。
　自由に調べている途中で振り返る時間をとることで、調べていることを軌道
　修正したり、より深く考えたりできるようになる。

≪実践研究を振り返って≫

最後に、ともに西が丘小学校での「対話型授業」の実践研究を行った仲間のレポートをご紹介しておきます。

対話を支えるために、何よりも教師の称賛の声かけが欠かせないことが分かった。

「児童は未知なるものに向かって、自分たちの力で問題解決をしようとしている。であるから、児童の取り組む姿はすべて賞賛されるべきものである。」という考えのもと、考えがまとまらず黙っている姿、考えのヒントを得るために教師や他の人に尋ねる姿など、どれも主体的に取り組む姿と捉えた。そして、その意欲が継続、発展していくよう、児童に賞賛の声をかけていく。そうすることで児童は、失敗したらやり直したり、いろいろな人と相談したりしながら、課題解決に向け集中して取り組んでいた。

また、対話により多様な考えが出た後、その考えを分類・整理し、再度自分の考えを見直して考える「振り返り」の時間が学びを深めるために欠かせないことが分かった。

西が丘小では、児童一人ひとりに合った学び方ができるように「自由な対話」を取り入れているが、その時間を主体的に取り組む時間にするには①対象物との対話の時間を大切にし、自分の中に思いや考えをためさせる。②教師が声かけをしていくことで、自信や勇気、意欲につなげていく。このことが欠かせない。また、対話により生まれた多様な考えを学びの深まりにつなげるには「振り返り」の時間を設けることが大切である。振り返りの方法についてはまだ課題があるが、振り返る内容や視点、方法を検討しながら子供たちが自分の学びを価値づけられるようにしていきたい。

（文責　北原ひろみ研究主任）

西が丘小学校の「対話型授業」の実践研究は、事実として子供たちの成長をもたらすものでした。

　それは、「学校に来ることが楽しい、対話は楽しい」との児童の意識調査の回答が、3年前に比べて急増していることからよく分かります。具体的には、融和的な環境づくりへの工夫、詩の暗唱、集会時の発表、物語づくりといった日常の「対話」の基礎力を育む活動によってもたらされていました。

　また、それをすすんで実践した先生方の授業実践力の向上にも、目を見張るものがありました。若い先生がいつの間にか、児童が活発に活動し、時には沈思黙考しつつ思考を深めていく「対話型授業」を展開できるようになっていく──その要因は、ベテラン教員が率先して授業を公開したこと、さらには、実践上のさまざまな工夫・配慮を確認し、蓄積していく授業研究会の進め方にありました。同校は確かに高みを目指す同僚性に溢れた学校でした。

　この高水準の実践研究を支えたのは、校長（当時）の淵脇泰夫先生の人柄と、学校経営方針にあったことは、教職員の共通認識といって間違いありません。先生方がのびやかに活動できるように、一人ひとりの個性・自主性を大切にし、教職員の協働をそれとなく支援しておられました。

　西が丘小学校は、こうした方針のもと、若手が中堅やベテランから「学び」、さまざまな実践上の「対話」のアイデアが豊富に出てくる学校になっていったように思います。

　この学校の実践研究に参加できたことが、筆者の「対話」の考察、「対話型授業」の実践・理論研究を促進する貴重な機会となりました。幸運でした。

第3節 対話の新たな方向

　「対話」の本質は不変ですが、希望ある未来社会の担い手を育成するための「対話型授業」を展開していくためには、時代の変化に対応した「対話の在り方」を探究しておくことも必須です。新たな時代の「対話」については第1節、第2節でも考察し、活用してきましたが、今後の「対話型授業」で意図的に取り入れる必要があるとの考えから、特に強調するため、本節を設定しました。

　たとえば、「対話」では、ロゴス（logos：言葉や論理）が重視されます。しかし異質との共生社会における「対話」では、巧みに表現された言葉や論理に惑わされず、冷徹に真実をみとる、また差別や蔑視に加担する排他の言葉や論理への警戒心を育むことが大切となります。さらに、自然（physis）や環境と共存するために、感性・感受性を練磨し、多様な生命体の存在意義を認識し、その保全をすすめる活動を促進することが「対話」の役割として求められます。本節では、筆者が「対話」の示唆を受けたさまざまな言説や資料を付記しながら、これからの「対話」の新たな方向について考察していきます。

はじめに

　世界には、戦争・民族紛争、格差・差別の蔓延など冷厳な現実があります。英国の歴史家、政治学者、外交官であったE.H.カー（Edward Hallett Carr）が著した『危機の二十年』（岩波新書　2011）は、第一次世界大戦後のヴェルサイユ条約の締結（1919年）から第二次世界大戦の勃発（1939年）に至る「危機の二十年」を分析し、国際社会が再度の戦争を回避できなかった要因を明らかにするとともに、新たな国際秩序への展望を示唆しています。

　カーはこの著書の中で、ユートピア主義を批判し、現実認識の立場から政治を動かしているのが権力だとし、さらに、利害が根本的に対立している現実を直視する必要を指摘しています。しかし、「危機を克服するためには、大規

模な改革を平和裏に達成する必要がある」と述べています。さらに「多様な弱者層を包摂する資本主義のシステムの転換は容易ではない、このためには、既得権を持つ人々の積極的な譲歩と、既得権を持たない側からの具体的で強力な挑戦が求められ、既得権層が譲歩を行う必要性に迫られる」と記しています。

　筆者はカーの指摘する冷厳な現実に対抗するもの、それは「対話力」だと考えています。「対話」を形式的に行うだけでは冷厳な現実が支配する世界の問題・課題は解決できません。

　2022年２月、来日したエジプト・イエメン・パレスチナなどの中近東諸国の教育視察団に「新たな時代の教育の方向」をテーマに講話をしました。その事後の質疑応答で、筆者が語った「異質との共生社会の実現」に対してパレスチナの代表から次のような反論が述べられました。

　　「住む土地を侵略され、多くの子供たちの生命が奪われてきた。その
　　相手との共生などできない」

　反論というよりも抗議に近いこの言葉に、世界の厳しい現実を改めて知る思いがしました。奇しくも、この数日後、ロシアのウクライナへの武力侵攻が始まりました。

　次項では、世界の冷厳な現実を視野に入れつつ、異質との共存のための対話の育成には、いかなる考え方と手法が必要なのかを考察していきます。

１．新たな時代の対話の考察

　多文化共生社会が現実化している時代を展望するとき、そうした時代に対応した新たな「対話」のあり方を検討する必要があります。新たな時代の到来に対応した「対話」において、必須の事項を取り上げてみましょう。

1-1　多様な文化的背景をもった人との対話

　外国語が使えるから、多様な文化的背景を持つ人々とも相互理解を深められるということはありません。言葉の問題だけでなく、相手の立場、文化 (特に生活生業の文化) への配慮、日本独特の用語や言い回しをうまく伝える工夫などが必要です。

　本当の意味での多様な文化的背景をもった人との「対話」では、相手を認識し、受け入れ、お互いの理解を深めることができるのです。

　アラスカのデナリ国立公園を探訪したときのことです。著者は、広大な自然の原野の中、マッキンリー (デナリ) を遠望するバックカントリーロッジに宿泊しました。この宿舎での食事は毎食、中型バスに乗り合わせた、各国の旅行者全員が一堂に会します。私たち夫婦以外は、米国、英国、ニュージーランドなどの英語圏からの人々でした。当然英語での会話がはずみます。そうした折、無口になりがちな私たちに、必ず誰かが、話題を振ってきます。「日本には、どんな犬がいるの？」「ニューヨークヤンキースの松井は、すばらしいね」「琴欧州は、強いかい？」等々です。こうした配慮に、多様な人々が集う会話の真髄を感得しました。

　欧米人は、ディベートが得意だとされますが、教養ある人は、必ずしも多弁でなく、他者の見解を真摯に聴き、また集い来たすべての人が「対話」に入れる配慮をします。いくつかの国際交流や国際会議の場に参加したときにも、彼らにそうした配慮があることを感じ取りました。

1-2　紛争を解決する対話

　世界各地で勃発する国際紛争やテロ事件は、世界中にコンフリクト (利害対立や希少財の奪い合いやイデオロギーや宗教などの違いによる感情の齟齬等による闘争・紛争・対立) が渦巻いていることを再認識させます。人類史は、戦争・紛争の歴史ともいえるでしょう。紛争・闘争を生み出すのは、人間の性なの

かもしれません。

　しかしそれを無くすのも人間であり、そうした人間を育てる営みこそ、教育、なかんずく教育実践であると考えます。新たな時代には厳しい対立にも対応できる交渉・問題解決のための「対話力」が必要となります

　紛争を解決する「対話」に思いを馳せるとき、そのモデルとして浮かび上がるのは、新渡戸稲造です。新渡戸は、国際連盟の事務局次長として、世界の秩序と平和のために献身しました。その象徴がスウェーデンとフィンランドとのオーランド諸島領土問題の交渉による解決です。彼は、「オーランドはフィンランド領とする」、「軍事・外交を除く高度の自治権を与える」、「スウェーデン語を公用語とし固有の文化を認める」、「非武装・中立地帯とする」との提案をし、両国と国際連盟の承認を得ました。オーランド諸島は、それ以来今日まで、軍備をもたない自治の島として存続し、国際紛争を解決した成功例として「新渡戸裁定」は、いまも語り継がれています。（柴崎由紀『新渡戸稲造ものがたり』銀の社　2015）

　こうした新渡戸の対応に学びつつ、紛争を効果的に処理するために必要な「対話」を検討してみましょう。

　第一は、交渉技術をもつことです。それは、論議の流れを読み取りポイントを押さえ、冷静に判断して「説得力」のある発言ができること、対立解消へのプロセスを知っていること、対立をより効果的に処理するための心理的・社会的な要素を含んだ「言語表現力」をもっていることといえるでしょう。

　第二は、新渡戸にみられたように、相手に「信頼感を与える」ことです。人種や国籍に関係なく多くの人々が新渡戸に会いその人格に感動し、彼は「ジュネーブで最も愛されている人」と称えられ慕われました。信頼を得るために不可欠なものが、信頼感を与えることです。このためには、さまざまな事象への深い見識をもつこと、相手の国・民族の一般的な習慣を理解する姿勢をもつことが大切です。実際の交渉にあたっては、「交渉内容を熟知」していること、交渉の折々に決断できるかなりの「権限」が与えられている

ことも信頼感を高めます。

　第三に合意形成へ向けてひたむきに努力をすることです。紛争を終結させる「対話」とは、お互いの利益の一致するところを、叡知を尽くして捜そうとするものであり、双方が納得し、よかったと思える結果を協力して求めていくものなのです。

1-3　交渉としての対話

　紛争を解決するためには、交渉が必要です。交渉を駆け引きや謀略と同じものと考え、交渉することを蔑んできた日本人の伝統的な美意識があってか、国際的にみて、日本人は交渉が下手とされてきました。

　しかし、多文化共生社会が現実化している今日、集団における役割分担、日常生活のルール作り等々、生活の周辺に交渉が必要な状況が起きています。また「学び」の場においても参加型・問題解決型では、意見のやりとりが頻発します。それは広義な交渉とも言えます。ここでは、交渉としての「対話」について検討しておきましょう。

　国際交渉の現場での経験が豊富であり、交渉理論の研究者である中嶋洋介は、交渉についての基本的な考え方について、「交渉は、勝つか負けるかのサバイバルではない。交渉は対立の解消と合意を目的とする社会行動である。交渉には要求と譲歩があり、要求のための譲歩がなされる理性的な大人の立ち居振る舞いが要求されるのである」と述べ、さらに「交渉が対立解消のための唯一の手段である。世界は、交渉の上手・下手が問われる"交渉の時代"に入ったのである。このような日本を取り巻く状況の中で、私たち日本人は、交渉の技術を身につけるための教育システムを早急に確立することが求められている」(『交渉力』講談社 2000)と記しています。

　日露戦争を締結させたポーツマスの講和会議の息詰まる双方の交渉振りを鮮やかに再現しているのが吉村昭の著書『ポーツマスの旗』(新潮社 2001)

です。吉村はこの中で、全権大使小村寿太郎が、当時の欧州各国の攻めと守りの術を巧妙に駆使し、自国の利益を守ろうとする多彩な外交術に対し、外交訓練の乏しい日本人が対抗する手立てについて、次のように記しています。

> 「多様な欧米列強の外交政策に対して、日本の外交姿勢がどのようなものであるべきかについて小村は常に考え続けてきた。結論は一つしかなかった。歴史の浅い日本の外交は、誠実さを基本方針として貫くことだ、と思っていた。列強の外交関係者から愚直と蔑笑されても、それを唯一の武器とする以外に対抗できる手段はなさそうだった」

交渉とは自利益確保の手立てです。しかし、あまりに強引な恫喝や、権謀術数を用いた自利益誘導は、相手の不信感を高め、一時的な利益をもたらしても、長期的には良好な関係を喪失してしまうでしょう。中嶋と吉村の記述は、交渉において相手を一個の人間として尊重し、対応していく大切さを示しています。

1-4 説得のための対話

交渉力を高める、その第一歩は相手を「説得する力」を高めることでしょう。利害や思惑の異なる対立状況での説得は難しいことです。しかし、相手を見事に説得する人々もいます。その秘訣は何か？ 「説得する技術」について、分析してみましょう。

弁論術、議論術などのレトリックの現代への再生と復権を提唱したのは、ベルギーの法哲学者 ペレルマン（Chaim Perelman）です。彼は、言語表現における技術が見直されている世界の状況について、「説得的な情報伝達の理論としてのレトリックに対する関心は、科学者・哲学者の間に増えつつある。ヨーロッパではごく最近までレトリックは軽侮の対象であり、……略……アメリカ合衆国でさえ、レトリックは大学全体から尊敬される学科とは到底言えなかったが、この二十年程前から事情が変わってきて

いる」(三輪正訳『説得の論理学』 理想社 1993) と指摘しています。

　相手を説得するには、言語技術が大きな役割を果たします。その言語技術は、巧妙な駆け引き術や相手を論破するための強引な論理の展開方法によるものではありません。相手を大切にし、さまざまな状況 (相手の状況、問題の性質等) を的確に把握し、それを生かし相手の納得・共感を得るための「対話力」なのです。

1-5　紛争・対立解決のための対話 (基本的な構えとしての批判的思考力)

　批判は、誹謗・中傷とは異なり、相手の伝えたいことを引き出します。表面的な情報を鵜呑みにせず、しっかり本質を見抜く、物事の本質に迫るための行為です。紛争・対立解決のための「対話」では、「批判的思考 (Critical thinking)」を活用し、論議を深めていくことが不可欠です。

　批判的思考を高めるための手立てを集約すると次のようになります。

　　○相手の説明の論理的な矛盾に気づく

　　○単純な経験則や先入観、世間的信用や知名度、権威などから判断していないか疑う

　　○一定の結論にとどめず、俯瞰的見地や多様な別の立場から考えようとする

　　○問題や課題に関する情報源を複数持ち、選択・分析し、判断する

　他者の視線を意識する傾向が強い日本の子供たちの「批判力」を高めることは容易ではありません。

　まず、なぜ「批判的思考」が必要なのか、批判することによって何を得るのかを説明する必要があります。また、「対話」の継続の過程で、疑問に思ったこと、もっと詳しく聴きたいことを「率直に問う」習慣を身につけることが大切です。また、勇気を出して「反対意見や異なる意見」をもてたり、「おかしいと思った点を指摘」できた子を、全員の前で「認める」ことなどを継続していると批判力が徐々に育まれていきます。

映像で「批判的思考」が論議を深めている場面を視聴させるのも効果的な方法でしょう。

大切なのは、「批判的思考」を活用するのは、どのようなことで、どんなよさがあるのか、具体的にどうしたらよいのか、を説明することです。

さらに、その対立・異見・葛藤を活用するためのスキルをトレーニングし、よい事例を視聴させるモデリング（模倣の学習法）も効果を高めます（具体的な内容については割愛しますが、拙著『対話力を育てる』（教育出版 2006）に多様な対話スキル例を紹介しています）。

基本として、「どうしたらよいか分からない……」という子供たちに、「考え方」と「具体的手立て」を示してやることが教師の役割なのです。

1-6　対立・葛藤を乗り越え、活用する対話の要件

対立・葛藤を乗り越え、解消するとは「合意形成」を目指すことと言えましょう。合意形成とは、完全な異見の一致とは異なります。さまざまな立場・意見の違いを持ちつつも共通の目的を目指して、すべてを混ぜ合わせ、調整・調和させ、合意を形成することです

合意形成に迫るためには、対立・葛藤を解消するための段階を知り、それを実践する力が必要となります。

畏友の鹿野啓文は高校教師時代、「原爆投下の是非を論じたアメリカの新聞記事の活用」により、対立解消のための実践を展開（合計 26 時間）しました。その実践記録に、鹿野は対立問題に適切に対処できる基礎的な力を「グローバル力」とし、以下にまとめています。

α：相異なる視点（perspective）から各々のグローバルな問題を考察できる力・各視点の基礎にある価値フレームワーク（rationale）を把握できる力

β：それぞれの主張（position）及び、それぞれの価値フレームについて、客観的且つ公正な立場から検討できる力

γ：考え方の基本的な違いを認めた上で、共に協力して一段高い（即ち、弱者の立場をも考慮した民主的で平和な社会を実現するための）解決策を創り上げる力

　また、五味雅彦は、対立を解消するための「３つのＰ」を提唱（五味雅彦著「対立を解消する」，石川一喜・小貫仁編『教育ファシリテーターになろう』弘文社2015）し、次のように記しています。

　　・**Purpose**（目的）より高い目的から見る。両者が一致できる共通の目的を見出す。

　　・**Perspective**（視点）より広い視点から見る。ズームイン（焦点化）、ズームアウト（俯瞰）したりしてみる。

　　・**Position**（立場）第３者の立場から見る。当事者ではない別の立場（第三者）で考えてみる。複数の視点で問題を眺め直してみる。

　かつてブリスベンのユネスコの世界会議に出席しました。この大会のテーマは「宗教間の対立をどう解消するか」で、イスラム教徒、キリスト教徒、ユダヤ教徒等の立場から大学教授たちが激論する中、当初はなかなか発言することができませんでした。

　しかし、論争が少し硬直状況になった瞬間を捉え、勇気を出し「お互いの宗教への無関心こそ、大きな問題ではないか」と発言しました。

　この発言は、多くの出席者の共感をよび、その後の論議の話題は「どうしたら若者たちに異なる宗教への関心を高められるか」へと推移し、やがて相互訪問やスポーツ交流、合同合宿などの具体策が提案されるなど議論は円滑に交わされて閉幕しました。その日夕刻の懇話会で「ＴＡＤＡの発言が論議を発展させる契機となった」と賞賛されたとき、「勇気を出して発言してよかった」としみじみ思いました。

　この筆者自身の体験、さらに、今日までの対立解消に関わる実践・研究の成果に示唆を受け、対立・葛藤を乗り越え解消する「対話」の要件を以下に

まとめてみました。

① 対立・葛藤を起こしている要因を明確にする。

② さまざまな合意形成の類型を知り、適時活用する。

③ 違いを認めた上で、共に協力して一段高い解決策を創り上げる意識を共有する。

④ 視点や視野を広げ、高め、多様な角度から検討していく。

⑤ 相手の立場や行動様式、思惟方式、生活文化へのイメージ・想像力を持ちあう。

⑥ 時を意識し、間をとったり時間をかけたり、相互に再考の機会をもつ。

⑦ 真摯に対応し、人間同士としての信頼関係の構築を心がける。

1-7　感性・感受性を大切にした対話

　「学び」における感性的アプローチの重要性を確認し、上越教育大学附属小学校、東京都北区立西が丘小学校の先生方とともに実証実践を継続してきました。（詳細は、第2章第4節、第3章第2節を参照）。

　この体験から、筆者は「対話」を拡充する「感性的アプローチ」の必要を提唱しています。感性的アプローチでは、人や事象に関わるとき、直感、感覚などを鋭敏にし、そこから感得できるものを大切にします。また、未知なるものに出会ったときの感激、美しいものを美しいと感じる感覚、人の優しさや寂しさなどを受けとめる「感受性（Sensitivity）」を育んでいきます。

　感じ受けとめることは、「知りたい、理解したい気持ち」を化成し、やがて物事の「本質」を探究し、洞察する「感性（Sensibility）」を醸成していくのです。

　「鋭敏さ」とは、何かが起きていることを感じ、自他の反応を察知し、ごくわずかの相違点や類似点を感じ取ること、またその能力をいいます。これを得るためには、感受性・感性を育て、高めていくことが必要です。

　「対話」において、感性・感受性を鋭敏にすることは不可欠といえます。

その鋭敏さが他者の心情や立場を想像・イメージし、響感を高めることから、「本当に伝えたいこと」をとらえることにつながるからです。

　鋭敏さと同様に、その要因が複雑に絡み合う地球的課題の解決に立ち向かうためには、「智」（Sapientia）の創造も欠かすことはできません。ここでいう「智」とは、単なる知識ではなく、理性のみならず感性や体験（実践知）等が統合されたときにこそ、もたらされる智恵を意味します。

　多様で複雑に変化していく関係性が蠢く現実の中で、少しでも相互理解を深め、信頼感・親和感を醸成するには、言葉、声音、雰囲気、沈黙、身体表現などの相手の言動、所作の意味することを感受し、そこから本音や本質を見通し、自らと他者とをつないでいける「間」、文化間能力（Inter-cultural competence）としての感性が必要です。

　事象を皮相的に見るのでなく、五感をフルに動員して、その本質を洞察する。他者の立場や心情に響感し、奥底にある真の意図や願いに気づいていける——そうしたことができる人こそ、本当に品位の高い人間なのです。

　人のそうした資質や能力を高めるために推進すべきことは、第一に感性的アプローチです。具体的には、動植物に触れ、海辺や森で風を感じ、耳をすまし五感を鋭敏にする。日本の伝統文化、生け花の左右のバランスを変える美意識、茶道における静謐な時間の過ごし方、落語における「間」の取り方に気付かせる。文学作品を読み、言葉のもつ豊穣な語意を読み取る。「生きる意味」「豊かさとは」といった真理を探究していく哲学的対話の機会をもつ、孤独になり自分を見つめ直す時間をもつ、他者の心情を想像・イメージし響感する機会をもつ、さまざまな対立の本質を洞察し解決への方途を探究する等の活動を意図的に体験させることです。

　感性的アプローチにより培われた鋭敏・やわらかな感性が、一人ひとりの「潜在能力・伸びる素質」を存分に伸張させ、偏見のない見方を育み、自己の外にあるものと前向きに関わっていこうとする心情を醸成し、人間としての品位を高めていくのです。

1-8　学びに対話を活用するための新たな課題

　筆者は「対話」の新たな方向を考察するため、多様な言説や論考を探索し、示唆を受けました。その要点は、必ず取材ノートに見出しを付けて簡潔なメモとして記録してきましたが、いつの間にか、それらが結びつき、溶け合い、内在化し、新たな対話の方向を考える契機を与えてくれました。

　取材は、教育学の分野のみならず、広い範囲であることを心掛けました。

　例えば、落語界でたったひとり人間国宝となった、故八代目柳家小三治師匠の次のことばからは、対話の神髄を知る思いがしました。

　　うまくやろうとしない。それが難しい、とても難しい。

　　心を理解しなきゃあ、人の心を理解しなきゃ、人が生きるとはどうゆうことか、それをどうやって理解していくかというと、音楽を聞き、絵を見、小説を読み、人の話を聞き、芝居を見、もちろん見て、つまり、自分以外のものから発見していく、なにを発見していくかっていうと、自分を発見していくんです。

　　落語を語るとき、全部受けさそうとすると聴き手が疲れてしまいます。みんな志ん朝さんの口調に注目するけれど、私は口調の奥にあるものを見ようとした。これは後になって気づいたことなんだけれど、芸の本域、芸の奥の院、真髄って言いますか、中身は結局そこなんです。表面に表れているところより、その奥にあるものがなにかっていうことなんです。

　　口調でなくて、中に秘められた人柄、立場、そういうもので噺をしていかなきゃあ、人を動かすことはできないのだということに気づいた。

　　　　　　(柳家小三治『どこからお話ししましょうか』岩波書店　2020)

　これまで、ＭＩ理論、カオス論・デザイン思考などの複雑系の科学論、人類学の知見、カナダの高校に勤務中に知った国際バカロレア（IB：International Baccalaureate）の理論と実践、子どもたちの驚きや問いを発端とする哲学的

対話の理論や手法、人間の表現にもたらす空気や雰囲気の影響、現代の沈黙論等から、多くの示唆を得てきました。

　全国各地の学校の実践研究に参加できたことは、「事実として学習者を成長させる対話の考え方と方法」を探究する得難い機会となりました。

　例示すれば、神戸大学附属中等学校の探究の力を育む実践研究に研究協力者として参加してきました。同校では世界に羽ばたく知性（インテリジュエンス）を涵養することを希求し、「見つける力」「調べる力」「まとめる力」「発表する力」「論理的・批判的に考える力」を育成し、さらに研究手法（リサーチリテラシー）を身に付ける実践研究に取り組んできました。

　東京学芸大学附属竹早中学校の多様性を活用する実践研究にも6年間にわたり参加してきました。同校では「多様性を生かす」ことにより、学びを広め、さまざまな見方や考え方をぶつけ合い、融合し合うという過程を通して深い思考力を育む「学び」を、同僚性を重視しつつ共創しました。

　上越教育大学附属小学校にも5年間にわたり参加し、現場性と身体性を生かした感性的アプローチが対話と結びつくとき、個性と協同が融和し、創造性が発揮されていくことを実感しました。

　青森、秋田、山形、福島、宮城、栃木、群馬、東京、千葉、滋賀、富山、新潟、鳥取、島根、岡山、兵庫、広島、山口、高知、愛媛、福岡、沖縄などの学校で、仲間たちと対話型授業の実践研究を継続してきました。それらの集大成から、深い学びの本質は「それぞれの子どもが自分自身の潜在能力を発揮し、多様との協同の愉悦を感得し、新たな知的世界に入る喜びを実感することにあり、この学びの体験が、推察・汎用力を育み、また自分自身の人生を自ら切り拓いていく、自立性を高めていく。その折節に、対話が機能していく」ことを確信しました。

　諸論の検討および全国各地の実践研究仲間との協同研究、さらには中近東・中南米・北米における6年間の教師体験、さまざまな国際会議への参加、現地の人々との交流体験等により、新たな時代に対応した対話力の育成には、次の

点を課題として認識しておくことが必須なことに気づきました。

○教師と学び手、学び手同士には所与の関係性があり、それへの配慮なくして対話は効果的に活用できない。

○学び手の興味・関心の喚起、気づき・発見、驚きによる問いの生起こそ対話への意欲を高める。

○安心して話せる集団でなければ、対話は成立しない。異との共生の間としての空気・雰囲気づくりは対話の方向を決定づける。

○相手との真摯な聴き合い、語り合いがなければ対話により響き合うことはできない。

○一つの結論にとどめず、発想の転換、視点の多様性の活用により、より高度な知的世界を探究することが対話の愉悦を感得させる。

○無駄で役に立たない異見や体験などを生かすことが、新たな視点からの対話の深さをもたらすことがある。

○感じる、感じ取ることが心の通う対話をもたらす。日常的な感性・感受性の練磨が求められる。

○相互理解の困難さや対立の解消のための具体的な方途を習得させる。

○対話の活用により深い思考を生起させるためには、自分の考えをまとめ、他者に啓発されたことを生かし再組織化する時間の担保が必要である。

○沈黙や混沌の時間は無意味ではなくむしろ創出への温床である。

○対話を深めるためには、批判的思考による、質問や、ゆさぶりが効果を上げる。

○一度も発言せず、ただ聞いているだけの子どもも、実は深く考えている。

○創造的失敗を奨励し、勇気を出して語る力をつけたい。

○日常的に発想の転換、別の視点からの見方を習慣化することが対話を深めていく。

○ユーモアの挿入、対話における礼儀正しさ、自分の見解を分かってもらうための工夫など、他者の理解を深める手立てを意識的に高める必要がある。

おわりに

　対話・対話型授業について研究を長年にわたり継続してきました。そして今、対話には、つなぐ、広げ・深める、変える、創る、という機能があることを、改めて確認する思いがしています。

　「対話」とは、人と人・事象・多様な生命体をつなぎ、見方や考え方を広げ、深め、感じるこころを育み、つなぎの結び目から新たな解や叡智を創出していく行為です。そして「対話型授業」は、「学び」の世界で、対話の機能を実現していく活動なのです。

　この行為、活動を広げ、深めていくには、聴く・語ることへの真摯さ、さらに外的刺激が欠かせず、勇気と冒険心・知的好奇心による外の世界への精神的、身体的な旅がそれをもたらします。

　「対話」は旅と同じく、精神的・身体的旅を継続し、新たな世界との出会いに刺激を受け、自己を再組織し、他者と関わり、ともに新たな知的世界を拓く愉悦を感得する行為なのです。子供たちには「対話型授業」により、未知の深遠な知的世界への旅を思う存分させてやりたいと願います。

　「対話力」をもっていることこそ人類の特質です。この対話力により人類はさまざまな困難を乗り越えてきました。武力や暴力行為に対抗するもの、それは対話力なのです。「対話」とは、ときとしてささやかな行為、非力な営みとみられます。しかし、「真摯な対話」は人を成長させ、時間がかかろうとも「粘り強い対話」は社会を変革する確かな力があります。30余年の対話研究からそのことを確信しています。

　「対話」を活用した「学び」による人間の育成、そして社会形成が、冷厳な現実・力の論理が支配しがちな世界においても、「異質との共生社会」を構築する基盤づくりにつながることを信じます。

終 章 生きる意味

　ここまで、これまでの教育実践の研究者として、思索し、響感し、自己の見解としてきた事柄について記してきました。本論集の最後に、教育の究極の目的である「人間が生きる意味」について考えてみます。

　「生きる意味」について啓発されてきたのは、夭逝した池田康文さんの思想からでした。

　池田さんは、心許し合い、啓発し合ってきた真の友でした。教育実践学の構築を目指した共創型対話学習研究所の創設にあたり、所長代理として、運営に尽力し、また何より、その深い思索により、研究・実践の質的向上に寄与してくれた人でした。

　その池田さんが、2017年12月5日、若くして天に旅立ってしまったことは無念でなりません。

　彼が不在となってから、いまでも、折に触れ、悩み、考え込むとき、池田さんに問えば、きっと真摯に受けとめてくれて、深い思索からの示唆を与えてくれたに違いないと思えてなりません。

　池田さんは、すぐれた新聞編集者であるとともに『旧約聖書大全』の翻訳者（夫人の耀子さんとの共訳）であり、哲学者、しかも書斎の哲学者でなく「行動する哲学者」でした。代表作『風の中「あなたはどこに？」と問う声』に記されているように、人間、そして森羅万象への優しい眼差しをもち、知性がキラキラと輝くような人でした。池田さんとの得難い交流の中で、池田さんの思想の根幹は、深察と自省にあったと確信します。下記は池田さんの文章の抜粋です。

　　「人間性への問い」を抜きにして「深い学び」は絶対に成り立ちません。探究もできません。

他者との人間性を築き深めるには、響感力を高めていく取り組みが重要だと考えています。

　具体的には、さまざまな活動の中で非認知的な表現や関わりを支援する。活動場面として学習における協同や対話の中でこれが育まれる。他者との関係性を築く活動の中で開かれるのではないかと考えます。モラルジレンマという言葉があります。立ち竦んでいる状況で論議する中でこそ、響感力は育まれるとも考えています。痛みや悲しみや希望を皆とともにする共同活動の中でこそ、響感力を培っていくのではないでしょうか。

　「深さ」とは、相対的で、「更なる深さを希求」する。問い続ける人間、教員みずからが問い続ける、深さって何かを。児童自身も問い続ける、問いを持って過ごした時に出会う、その出会いがさらなる深みを呼ぶのです。

　池田さんは難病になり、千葉県柏市の病院に入院されました。山本幸子さん、そして澤井史郎さんは折に触れ見舞ってくれました。池田さんは二人に会うと実にうれしそうにしていたそうです。

　筆者もできる限り繁く病室を訪問しました。そして、臨終の直前まで語り合うことができました。病室に入ると、実に嬉しそうな表情をし、なんとか上半身を起こし、笑顔で迎えてくれました。瀕死のときなのに喉をしめしながら、自問するように、ゆっくり考えつつ自己の思想を語ってくれました。その池田さんのことばには、高い知性と優しさが溢れていました。（拙著『対話型授業の理論と実践』教育出版　2019　225〜230頁　参照）

　池田康文さんを友人として得たことは僥倖でした。

　池田さんの思想から「人生を生きる意味」を深く思索し、心で響感することができたからです。

　思えば、人生を生きる意味とは、敬愛できる師、心許せる友と出会うことで

はないでしょうか。幸運にも全国各地で得難い友人たちと出会ってきました。

　一人ひとりを想起すると、人生の折節に次々と生起した印象深い出来事や思索の時空は、さまざまな人々との出会いによる響感がもたらしてくれたものであったと改めて気づきます。

　私にとっては、教え子たちも朋でした。教師人生の途上で、さまざまな教え子と出会ってきました。彼らから励まされ、希望をもたらされたことは数え切れません。授業やゼミでの論議、何気ない日常の語り合いの中から、教育実践者として対話を研究する意味を深く感得することができました。

　人生の途上で出会った先達、友人、教え子たちの一人ひとりとの交流の日々を回顧すると、胸に涼風が吹き抜けるような爽やかな思いが流れていきます。ありがとうございました。

　人、そして森羅万象との出会いを意味あるものにするかどうかで、その後の人生は変わっていきます。大切なのは、響感と相互浸透、そして知的好奇心と謙虚さを伴う高みを目指した吸収力であると思っています。

　これまで世界各地の辺境を数々訪ね、偉大な自然に触れると、人間は清浄な精神を喚起することを体験しました。対話や読書など知的世界への旅、「学びの方法」を探究する旅は、未知の世界を拓く興奮をもたらし、人生を歩む愉悦を感得させてくれました。旅する意味、それは、無数の未知を発見し、視野を広げ、身体全体を通して自分が生きている世界について知り、心揺さぶられる何かに出会い、自分の生き方を確認していくことにあると気がつきました。

　2021年2月、柴犬龍之介が天空に旅立ちました。17歳でした。龍之介にどれほど癒され励まされ、心の安寧を得てきたかを思います。遺影をみるたびに寂寥感が押し寄せてきます。

　一方、同年9月15日、娘から4番目の孫の逸希が「歩いた」との知らせが

届きました。蒼介、紗梛葉、峻汰、そして人生をあゆみ始めた逸希という４人の孫たちは、それぞれ、どんな「生きる意味」を創出していくのでしょうか。

　この地球社会に生きるすべての子どもたちの「未来」に、幸多いことを祈らずにはいられません。
　いつも寄り添い共に歩んでくれてきた伴侶とともに、これからも「生きる意味」を響感・探究していこうと思っています。

　　　　　　　　　　　　　　　　　　　　　　　　　　　多田孝志

付　録

第2章 第4節 新たな時代の学びの具体的な方法
実 践 事 例 ① ～ ⑧

【実践事例 ① 相談タイム】
　授業名：6年算数科
　　　　　「複雑な形の面積の求め方を考えよう」　　　　　神庭真美教諭

●参観してみて気づいたこと、感じたこと
　・子供の発言の仕方（基礎的なスキルの習得）が定着している。
　　　「○○まではよいですね？─はい」「では、その次からを話します」「ここ
　　を見てください（図を示す）。ここはどんな式で求められますか？─100引
　　く78.5です」など、子供たちが発言の仕方を身につけている。
　・気付きや対話を促す教師の工夫がされている。
　　　話合いの内容についていけない子供のそばで腰を下ろし、一緒に聴いてい
　　る（子供と目線の高さを同じにしている）。そして、話合いが混沌としてきた
　　ときに絶妙のタイミングで声をかけていた。
　・教師が出る場はできるだけ少なく、子供に考える時間を保障しようとしていた。
　・学び合いを引き出す雰囲気づくり(規律と愛のある学級経営,人間関係づくり)
　　　分からないことを分からないと言える雰囲気、友達が振り返りを紹介した
　　ときにわき起こる拍手、意味のあるつぶやきの多さ等、学び合う雰囲気の
　　ある学級集団がすばらしかった。神庭先生は、学級づくりでは「ルール」
　　と「仲間づくり」のバランスが大事と語る。
　・共創への高い意識による「相談タイム」(主体的に学ぶ子供の姿の具現化)
　　　「学習問題→学習課題→個人思考→相談タイム→全体での話合い→まと
　　め→省察・振り返り」の流れが確立されている。
　　　「相談タイム」が非常に生きている授業であった。「個人思考」で分から
　　なかったところを友達と共に考えることで、解決できていた。「全体での
　　話合い」では、解決できていない子を取り上げ、解決できるようにみんな
　　で一緒に考えていくというスタイルだった。
　　神庭先生は、クラスが一つの自治集団になることが大事であると語る。「一
　人で判断し、一人で行動できるようにし、自分たちでよりよい学級づくりをし
　ていくように支援する」とも語る。
　　神庭先生の授業は、圧倒的に子供が主役の授業である。子供が話している時

間が長く、前に出て発言している機会が多い。先生は今日やることの指示、考えが滞ったときの問い直し、賞賛等、話す時間を最小限に抑えようとしていた。「自分たちで答えまでたどり着いた」と感じられる。これが主体的に学ぶ力を高めていく大切な要因の一つになっていると考えた。

　ここで、参観した「相談タイム」について詳しく見ていくことにする。

「相談タイム」に見る主体的に学ぶ子供の姿

　右のような複雑な形の面積の求め方を考える授業である。授業は次のような流れで進んでいった。

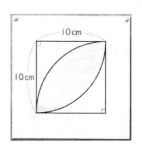

　　①学習問題について知る。

　　　「右のような図形の面積を求めよう」

　　②学習課題について確認する。

　　　複雑な形の面積の求め方

　　③求め方の見通しをもつ。

　　④各自、ノートに考えを書く。

　　⑤相談タイムを設け、互いの考えを伝え合う。

　　⑥全体で話し合う。

　　⑦学習課題についてまとめる。

　　⑧本時の学びを振り返ってノートに記述する。

　活動③で、神庭先生は「この図形を見ていたら、見えてくる図形はない？」と発問した。

　ついで、「では、考えてみよう。個人思考5分間、どうぞ！」と先生が言うと、どの子も集中して考え出した。そんな子供たちの様子を見てみると、答えが出た子供、途中まで分かるけれど最後までたどり着けない子供、手が出せない子供等、様々である。そこで先生は「そろそろ相談タイムにする？」と声をかけた。すると、子供たちは待っていたかのように「うん、する！」と返答し、嬉しそうに席を立ち、友達のところへ移動し出した。

　どの友達のところへ行くかは自由である。仲よしの友達のところへ行く子供、解答できた子供のところへ行く子供、2人で考える子供、4人で考える子供等、

一緒に考える相手も人数も様々である。相手は固定されず、2人で考えていたところに別の誰かが来て「分かる？」と声をかけ、ヒントをあげるといった具合である。

　相談タイム終了後、「どうですか？　すっきりしましたか？」と先生は問い、「すっきりしてる人？　もやもやしてる人？」と尋ね、子供たちに挙手させた。そして、「もやもやしてる人」を全体での話合いの第1発言者とした。その後、第1発言者のもやもや感を晴らそうと、子供たちが次々に意見を言い、自分たちで話合いを進めていったのである。

　それでは、これまでの対話に関する研究をよりどころに、充実した相談タイムの秘密について考察してみる。

相談タイムの秘密

●主役は子供

　圧倒的に子供が主役の授業である。子供が話している時間が長く、前に出て発言している機会が多い。先生は今日やることの指示、考えが滞ったときの問い直し、賞賛等、話す時間を最小限に抑えようとしていた。「自分たちで答えまでたどり着いた」と感じられる。これが主体的に学ぶ力を高めていく大切な要因の一つになっているのだと考えた。

●思考する手がかりをもつ子供

　子供が考えるための手がかり＝思考スキルを使えるようになっていた。どのように考えるのか、考えが分からなくなったときどうするのかが身に付いていた。それは、「今分かっているのはここまでだ。だから、次は…」と考えたり、図と式とをつなげて求めたりする姿からみとることができた。

●学び合いのよさを知る学級集団

　子供たちは学び合うことで自分自身や学級全体が高まっていくことを体得している。「分からない」ことを堂々と発言できるすばらしい風土がある。「分からない」で終わらせず、全員で「分かるようになろう」「できるようになろう」と課題に向かい、それをクリアする体験が毎時間の授業でコツコツと積み上げられている。

●担任の醸し出す雰囲気・人柄

　神庭先生は、学級づくりでは「ルール」と「仲間づくり」の調和が大事と語る。本時も算数の苦手な子の横でしゃがみ、一緒に考える先生の姿があった。子供は担任のことを本当によく見ており、敏感に様子を察知するものである。先生のもつ温かい雰囲気が学級全体に広がっていた。

●子供の話合いの展開を見守る「待つ力」

　目を見張ったのが神庭先生の「待つ時間の長さ」である。なかなか話合いが進まず、決定的な結論が出ない時間帯があった。このとき、神庭先生は「ペアで話してみよう」「今までを振り返ってもう一度考えてみよう」と言った。自分が話し出して解答へ引っ張っていくようなことはなく、あくまで子供たちが自ら課題解決に近付けるような声かけをしていた。

　前校長の山口先生や古江小学校の先生方は、多田先生が毎年2～3回同校を訪問し、全員の授業を参観し、一人ひとりに詳細に助言してくれたことが、授業の向上に大きく役立ったと語っていた。神庭先生も多田先生から最初の授業で「厳しい批評」をされたこと、具体的方法について示唆を受けたことが対話型授業への認識を深める契機になったと語っていた。

　対話を通して子供が主体的に学ぶ姿は、すぐに身に付くものではない。教師自ら学ぶ姿勢をもつことが第一歩ではないかと感じた。全校をあげて対話に取り組む。その姿勢が子供たちの対話力向上にもつながると考える。

　以上、相談タイムについて考察してみて思うことは、対話の魅力である。自由闊達に互いが言い合う中から、学びを広げたり深めたり、新たな知恵を創造したりすることができる。これこそが対話の醍醐味である。　　　　　（宮林）

【実践事例 ②】

東京学芸大学附属中学校　森顕子教諭（現副校長）

単　元　名：「少年の日の思い出」を主体的に読む

単元の目標：主体的に取り組み、発表・交流を通して登場人物の心情を読み
　　　　　　深める。作品を自分なりにとらえなおして活動に表せる

多様性の活用について

：※３通りのゴール（言語活動）を提示し、一つを選択して取り
組むことを伝える

○朗読発表会：朗読を通して相手に伝えたり、人物の心中を
言語化したりする

○作家を通して作品を読む：作者の生涯や作者の他の作品
を調べたのち再読

○「少年の日の思い出」のキーワードを決めて、別の物語と
重ねて読むキーワード

上記の３つの視点を活用した学びを展開。

《総　括》

　３つの活動における話合いや班同士の取材、作品論についての感想の交流
などの、多様な交流場面が設定されたことにより、作品についての深い読み
取りができた。それを支援する工夫として、ホワイトボードの活用は効果的
であった。班ごとに２枚ずつ用意し、１枚は結論の発表提示用に、１枚は話
した内容のメモとして結論に至るプロセスが残るようにした。多様な視点を
意識させ、発表原稿や紙上発表の資料に工夫をさせたことにより、充実した
取り組みが見られた。３つの活動を交流させたこと。

　折々に見つめなおしの時間を担保したことにより、個々の読みが深まった
ことは、単元の最後の作品論から見て取れる。

（森　顕子）

黙読・範読（個）

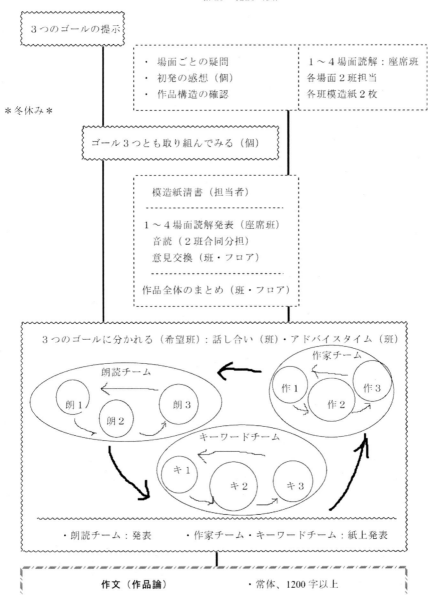

3つのゴールの提示

・ 場面ごとの疑問
・ 初発の感想（個）
・ 作品構造の確認

1〜4場面読解：座席班
各場面2班担当
各班模造紙2枚

＊冬休み＊

ゴール3つとも取り組んでみる（個）

模造紙清書（担当者）

1〜4場面読解発表（座席班）
音読（2班合同分担）
意見交換（班・フロア）

作品全体のまとめ（班・フロア）

3つのゴールに分かれる（希望班）：話し合い（班）・アドバイスタイム（班）

朗読チーム
朗1 朗2 朗3

作家チーム
作1 作2 作3

キーワードチーム
キ1 キ2 キ3

・朗読チーム：発表　　・作家チーム・キーワードチーム：紙上発表

作文（作品論）　　　　・常体、1200字以上

島根県松江市の教師集団

　島根県にはなんと28年間にわたり毎年複数回訪れ、教育実践研究に参加してきました。この島根には、時代に先駆けた創造的な教育実践を継続してきた野武士的な教師集団がいます。その棟梁は森泰（元小学校長、公民館長）さんです。森さんは、冒険心や豊かな発想を重視し、固定観念を打破し、子供たちが夢中になり取り組む教育実践を30年以上前から開拓してきました。

　森さんの周りに集い来た教師たちは、折々に集い熟議を交わし、独自の発見、新たな智的世界を拓く実践をする中で、高い専門性を修得してきました。（※詳細は、山﨑滋著『百見は一験に如かず』三恵社　2020　を参照）

　次にその主な実践事例（山﨑滋の著書から抜粋）を紹介する。

●半島を超えて交流した二つの学校の共同授業

　　松江市北東部の中海に面した本庄小学校と、そこから枕木山などの山々を挟んで日本海に面した野波小学校との共同学習を実現した。本庄の古老の一人から「今でこそ行き来が少ないが、昔の学生は野波から本庄まで片道十キロの道を歩いて本庄農学校へ通ったものだ。本庄と野波など半島部の村は深い繋がりがあった」との情報を得た。

　　そこから二つの学校の共同学習が始まった。両校の教師たちが集まり、目標や内容、学習過程を共通のものとして取り組んだ。昔、合同運動会で一緒に走ったり、お弁当を食べたりしたことや、正月が近づくと野波からは海産物を持って本庄へ出かけ、本庄からは正月用の必需品を持ち帰ったことなどが分かった。相互に訪問し、調べたことについて話し合った。両校で話し合い、双方から枕木山へ登頂し、頂上で出会う合同登山も実施した。困難もあったが、お互い良い学びとなった。

●学校と地域が一緒になって創る授業実践例

　　学校の枠を超え、教師と地域住民、公民館などの代表が集まり、構想から実際の授業展開まで協働で行うという試みがなされた。授業の主体

者である教師と協力者である地域住民等が、教材について話し合い、調査して共通認識を持ち、授業を行った。

　松江城の周りを取り囲む堀川についての学習では、環境や歴史、観光、町づくりなどの視点から学習が進められた。授業では子どもたちの対話を活性化させる様々な体験や工夫が行われたが、複製火縄銃の重さを実際に手で持って実感し、弓矢を射てもらい、それが四十間堀の向岸に届かないから川幅が四十間だと実感した。また堀川で増え続ける外来種の亀の存在とその処理など、地域住民が子どもたちの多様な考えを支え、課題について考えさせた授業である。

【実践事例 ④】

氷見市十二町小学校5年生〜6年生への継続した2年間の学び

宮林次美教諭

> 5学年　総合「守り続けよう！十二町の宝イタセンパラ
> 〜5年自然研究〜」の実践より

●実践の概要

　十二町に生息する国指定の天然記念物であるイタセンパラの飼育や観察、生息する万尾川を調査し、やがてその成果を総合して、CMの作成に結びつけた。地域の人々との交流等を通して、地域の自然環境や自分たちの生活との関わりに目を向け、地域のよさを実感するとともに、地域を大切に思う心情を高めた。

●全体計画 (60時間)

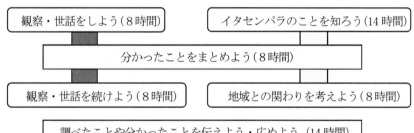

●学びの概要 (担任の記述から)

　子供たちは、好奇心をもって調査し、人々と交流した。調査結果を総合したCM作りを本当に楽しんでいた。CMの構成やナレーション、編集の仕方等、「伝えたいことが分かりやすいか」「見る人が楽しめるものになっているか」の視点から子供たちは何度も修正を繰り返していた。自分たちのCMだけでなく、学級としてのストーリー性も意識していた。この5年生の時の学びの体験が6年生の学びにつながっていった。

6学年　国語科・総合的な学習「十二町のよさを伝えるパンフレットを作ろう ～ようこそ、私たちの町へ～」の実践より

●単元計画

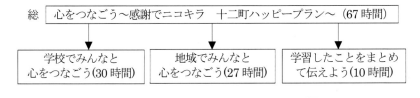

総　心をつなごう～感謝でニコキラ　十二町ハッピープラン～ （67時間）

| 学校でみんなと 心をつなごう(30時間) | 地域でみんなと 心をつなごう(27時間) | 学習したことをまとめ て伝えよう(10時間) |

・地域の人たちともっと触れ合おう
・学校や地域のためにできることを考えよう
・十二町潟の白鳥を大切にしよう

国語科（12時間）
第一次　十二町にはどんなよさがあるだろう・・・・・・・（2時間）
第二次　十二町のよさを伝えるパンフレットを作ろう・・・（9時間）
第三次　作ったパンフレットで交流しよう・・・・・・・・（1時間）

５年生の時の学びの体験が、引き継がれた活動

①よりよいパンフレットを作るためのチーム作り（協同の学び）

　第一次では、イメージマップをかき、11名の子供たちが考える十二町のよさをグルーピングした。そして、できた３つのチーム別に担当児童を決め、１つのチームとしてその後の活動を進めていった。３つのチームとは、「豊かな自然に囲まれた十二町地区」「過去から未来へ　守り続けよう！伝統・歴史」「十二町の魅力と卒業生の活躍」である。

②互いの考え方を学ぶための話合い活動

　調査結果を総合・統合するパンフレットを作成するための、「構想→取材→構成→記述→推敲」の学習過程において、仲間と内容を精選したり、表現を工夫したりするための対話が随所で見られた。

互いのパンフレットを見合い、助言し合う「編集会議」を行った。「よりよいものを作ろう」を合言葉に、構成面、表現面、内容面の各視点から、「自分で見直す→互いに助言し合う→自分で修正する」という流れで推敲するようにした。

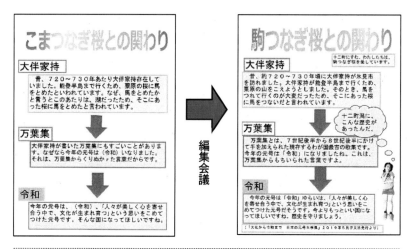

↓下記:紙面の変更点　　↑上記:編集会議の前後でのM児の紙面の変容
・文章の主語を明確にした
・会議前「すごい」と表現していたが「何がすごいのか」を具体的に示した
・自分たちをキャラクターにして登場させた。　・出典を明記した

チーム内で「どうやっているの?」「〇〇さんの、上手だね。教えてほしい」という対話が自然に生まれ、自分の担当ページに生かしていた。また他チームとパンフレットを見合うことにより、自分たちの気付かなかった表現のよさに気付き、自分たちのチームに取り入れる様子が見られた。

③さまざまな調査方法の活用

　学習を進めていくに当たり、家族や地域の方、学校の先生等への取材を重ねるようにした。これにより、地域に関する新たな発見をしたり、人とのつながりを広げる中で、いろいろな見方をしたりすることができると考えたからである。取材対象とは、「取材」から「推敲」の段階まで、何度も向き合うこととなった(表参照)。

取材の際には、事前に「何について聞くのか」「どのように尋ねると分かりやすいか」について話し合う時間を設けた。

チームのメンバー同士で内容が重ならないようにしたり、要点を絞ったり、言葉の表現を見直したりするなど、分かりやすいインタビューにしようとしていた。

「自然・食べ物チーム」のK児は、オニバスについて調べた。4年生の総合学習のファイルを見返していくうちに、講師の藺生先生に対して「どうしてこんなにも長い期間、小学生に教えてくださるのだろう」という疑問

＜主な取材対象と方法＞

取材対象	取材方法
西浦さん（ソプラノ歌手）	面談
早川さん（パティシエ）	店へ訪問
浦野さん（箱根駅伝選手）	電話
髙﨑さん（獅子舞クラブ講師）	面談
石上さん（栗原地区長）	面談
西田先生（元白鳥の会　会長）	面談
藺生先生（オニバス教室講師）	過去のファイル資料、電話
西尾さん、川上さん（イタセンパラ教室講師）	過去のファイル資料

※波線は十二町小学校の卒業生

を抱いた。また、「現在の十二町小学校・卒業生チーム」のS児からは、「西浦さんの歌はとても上手だ。いつ歌手になろうと思ったのかを聞いてみたい」という思いが生まれた。活動を進めていくにつれ、その人自身の魅力に触れることができ、生き方・考え方にまで興味が発展したと考える。これらの取材を通して、N児は「卒業生が夢に向かってどんな努力をされたのかがよく分かった。私も粘り強く取り組みたい」と感想を記した。

一方で、「歴史・伝統チーム」は、獅子舞クラブ講師の髙﨑さんから「十二町の中では人口の減少により、獅子舞がなくなってしまった地区がある」と聞いた。取材活動が、十二町のよさだけではなく、地域が抱える課題についても目を向けるきっかけとなり、「未来に獅子舞を残していくためには何ができるだろうか」と、地区に対する思いを強める姿が見られた。

完成したパンフレットは、学校のホームページに載せたり、取材相手に手紙を添えて届けたりした。「よくできていたね」「上手にまとめてくれてありがとう」などのメッセージをもらい、子供たちは「活動して楽しかった」「頑張ってよかったな」と達成感や成就感をもつことができた。

④学びを深めたり、次への意欲につなげたりする省察（自己再組織化）

　　調査し、人々と交流した学びを総合・統合するためには、省察の時間が重要であった。

　　自分のチームのパンフレットを推敲する学習では、話合い後と終末の2回を省察の場面として設定した。「これまでの話合いを通して、自分に取り入れてみたいアイデアはあるか考えましょう」と問いかけ、しばらく時間をとった。すると、「地図を載せて、十二町がどこにあるのかが伝わるようにしたい」「キャッチフレーズを工夫して、読む人を引き付けたい」など、友達のよさを自分に取り入れようとする発言が聞かれた。その後の活動では、「十二町のことを知らない人にも分かりやすい紙面にしよう」と意欲的に修正に取り組む子供たちの姿があった。

　　このように活動の合間に省察場面を設ける事で、それまでの考えを整理し、自分のやりたい事を明確にして次の活動へつなげることができた。

2年間を通しての学びから

①試行錯誤を経ての成功体験が学ぶ楽しさとなり、自発的な協同学習につながる

　　5年生でのスタンプラリーやCM作りを経て、子供たちは「できた」という成功体験を達成感や成就感とともにもっていた。他学年や先生、身近な大人からの「楽しかったよ」「よくできたね」という声が、これらの思いをより高めてくれた。

　　互いにほめ合ったりアドバイスし合ったりすることで、よりよくなること、仲間と挑戦することで、できないと思っていたことが実現したことを事実として身をもって実感していたことが、6年生での仲間と共に学ぶ姿に表れていた。

②ＩＣＴ活用力の向上による、時間の効率化、プレゼン能力の向上、表現方法の多様化

　5年のとき作文を書いたり新聞やポスターを作ったりする際にＩＣＴ機器を活用し、慣れておいたことで、子供たちから表現方法の手段として選択肢の一つに挙がるようになった。アナログとデジタルのそれぞれの利点を生かしながら、表現方法を多様化させていくことができた。

③課題の解決に向けた学び方を獲得する

　思考ツールを活用し、情報を整理・分析しながらまとめていく方法を繰り返した。イメージマップ、ＫＪ法、ランキング方式等、状況に応じて内容を考察できるように配慮した。そのうちに、子供たちは思考ツールを使った学び方を通し、自分の考えを整理し、自分の言葉でまとめられるようになった。また、活動の最中に困難なことが出てくると、「付箋に書いて分類してみよう」「みんなで話し合いたい」と言ったり、「○○さんに電話してみよう」と言ったりするなど、自発的に解決に向けた方法が出てくるようになった。

④物事への見方・考え方を広げる統合・総合力を育む

　「十二町のよさを伝えるパンフレットを作ろう」では、「自然・食べ物」「歴史・伝統」「現在の十二町小学校・卒業生」の3つに分かれた。それぞれパンフレットのタイトルを付けるときには、試行錯誤していた。やがて「豊かな自然に囲まれた十二町地区」「過去から未来へ守り続けよう！伝統・歴史」「十二町の魅力と卒業生の活躍」と題した。十二町に関して新たに学び直す過程で、十二町地区の昔を知り、現状と未来への課題とその対策について考えた。また、過去の卒業生の存在を知り、現在各地で活躍しておられる姿を見て憧れ、夢と希望を抱いた。

　このように、時間的にも空間的にも広がりのある学びをすることで、自分たちの視点からだけで対象を見るのではなく、多くの人たちと関わること・実際に体験することを通して、視野が広がり、パンフレット作成が総合力の育成につながった。

⑤自己の成長や集団としての成長を実感する

　仲間と共に挑戦することで得られる成功や失敗が、自分たちを育ててくれることを実感することができた。

　6年生のはじめに、「人前で話せる人になりたい」という目標を掲げた子供がいた。この子供は、取材の際には代表のあいさつをしたり、自分が分からないことを積極的に質問したりするなど、自分を鼓舞しつつ行動に移している様子が見られた。自分の目標に向け、苦手を克服しようと努力を続ける姿に、周りの子供も感銘を受けていた。

⑥社会の中の一人としての自覚をもつ

　自然、歴史、伝統、文化、卒業生等、よさはもちろんのこと、浮き彫りになってくる課題にも向き合うことで「自分たちには何ができるだろうか」「地域を元気にしたい」と切実感をもって考える姿が見て取れた。

⑦本物との出会い・心の触れ合い・対話を通して考え方や生き方を学ぶ

　イタセンパラの専門家、地区長、元白鳥の会の会長、オペラ歌手、箱根駅伝選手、パティシエ等、多くの方との対話を通して、その人の考え方や生き方を学んだ。

⑧省察を通し、体験を内面とつなぐことで人間力を向上させる

　間違えると泣いていた子供が、物おじせず仲間の中で自分を出せるようになった。人前で話すとき、小さな声しか出せなかった子供が、大勢のお客さんの前でプレゼンすることができるようになった。「どうせ、できんもん」と諦め癖が付いていた子供が、仲間と共に学び、最後までやり遂げて「楽しかった」と発言した。

　体験したことで、どんなことができるようになったのか。またそのことを通して、どんなことを思い、考えたのか。そして自分はどんな成長をしたのか。体験したことと内面の変容を結び付けて振り返ることを続けたことで、自分の成長に気付き、頑張った自分を認めることができるようになった。

＜多田先生へ＞

　同じ体験をしても、一人ひとりの感じ方も違えば、捉え方も違います。似ていたとしても、それがその個人のどんな背景とつながり、どんな学びとなって体得されていくかは、その個人でないと分かりません。だから私たちは、思いや考えを記述させたり、対話したりするなど、より最適な方法を模索してその子供の内面を知ろうとします。どんな学びをしたのかを分かろうとします。

　学ぶことは、完結するものではないと考えます。だからこそ、貴重な学びの機会を最大限に充実させようと教材研究し、研鑽を積むのですね。

　十二町小学校での日々は、私の教員人生にとって尊いものとなりました。出会った子供たちに感謝の思いでいっぱいです。今目の前にいる子供たち、これから出会う子供たちに少しでも返していけるようにしていきます。学びによって成長した自分に気付いた子供の笑顔は、何とも言えません。そんな笑顔を一つでも多く見られるよう、努めていきたいです。

宮林より

【実践事例 ⑤】

台東区立浅草小学校

　浅草寺のすぐ隣にある浅草小学校は、東京都や台東区の人権尊重教育推進校としての役割を担い、研究を積み重ねてきている。令和２年度までの研究で「浅草小探究モデル」という、一つの単元、学びを構成するための学習（授業）モデルを構築した。それぞれの過程でどのような手だて（しかけ）を講じると、子供は主体的（能動的）に学びに向かい、問題解決をしていくのか。

　さらに、次の過程でどのような手だて（しかけ）を講じると、これまでの学びを集約させ（総合・統合）、さらには次への学びのステップへと踏み出していくのか。研究授業では、一つの探究過程に焦点をあてて授業づくりをしつつも、普段の授業からこの「探究モデル」を意識し、子供たちに学び続ける力をつけさせることを研究の目標の一つとしてきた。

　令和３年度からは、研究主題を「対話を通して共創し、探究し続ける児童の育成」とし、研究のキーワードを「対話と探究」として授業実践を行っている。

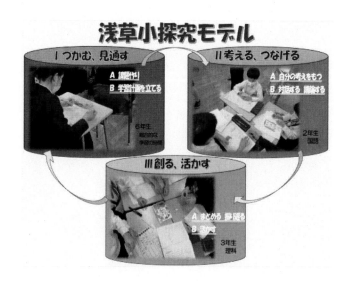

第1学年　生活科「かぞくにこにこ大さくせん」（１４時間扱い）
①単元の目標
　　家庭の大切さや自分の役割について気付き、家族や家庭での生活のために自分ができることを考え、表現することを通して、家庭生活や家族と自分の関わりについて関心をもち、自分にできそうなことを進んで行おうとする態度を養う。

②学習過程

```
┌─────────────────────────────────────────────────────┐
│  Ⅰ　つかむ、見通す   ※家族について振り返り、単元の見通しをもつ。│
│                                                       │
│  〔Ⅰ　つかむ、見通す〕「家族ってなんだろう」①         │
│  〔Ⅱ　考える、つなげる〕「家族のすてきなところを見付けよう」②③│
├─────────────────────────────────────────────────────┤
│  Ⅱ　考える、つなげる                                  │
│                                                       │
│  〔Ⅰ　つかむ、見通す〕「これからの計画を立てよう」④⑤  │
│  〔Ⅱ　考える、つなげる〕                              │
│  「家族が自分のためにしてくれていることをしらべよう」⑥（常時活動）│
│  「家族にこにこ大作戦を考えよう」⑦【本時】            │
│  〔Ⅲ　創る、活かす〕「作戦を実行しよう」（常時活動）  │
├─────────────────────────────────────────────────────┤
│  Ⅲ　創る、活かす                                      │
│                                                       │
│  〔Ⅰ　つかむ、見通す〕「家族にこにこ大作戦を友達と伝え合おう」⑧│
│  「計画を立てて、練習しよう」⑨⑩                      │
│  〔Ⅱ　考える、つなげる〕「家族にこにこ大作戦報告会をしよう」⑪⑫⑬│
│  〔Ⅲ　創る、活かす〕「これまでの活動を振り返ろう」⑭  │
└─────────────────────────────────────────────────────┘
```

③実践の様子から見えた「探究」の姿
　　単元前半には、「探偵ノート」を作成し、常時活動として、家族が自分のためにしてくれていることを調査する活動を行った。（⇒現場性と身体性）そして、各家庭で調べてきたことを伝え合い、カードにして分類・整理していく活動を繰り返し行った。そのことにより、子供たちは、様々な視点の活動や考えに触れながら、自分の活動との対話を繰り返すことで、次の

活動においてこれまでと違う視点の作戦を考えたり、内容をより深く考え、見直したりする姿が見られるようになった。

　また、この繰り返しの活動（調査活動⇔伝え合い、分類・整理／自分で考えた作戦の実践活動⇔伝え合い、分類・整理）により、子供たち自ら「友達の様子を知りたい！」「伝え合いをしたい！」という思いが湧いてきて、主体性（当事者意識）のある活動へと発展させていくことができた。（⇒"共創型対話力"）

　この単元を通して見えた授業者の姿としては、徹底した「傾聴」の姿勢があった。子供たちが伝え合いをする際には子供と共に聴き合い、しかし、あと一歩深めた気付きをさせたいときには、視点を変えたり、新たな気付きに向かわせたりするような一言を挟む。（⇒相互支援関係）そういったファシリテーター的な役割を授業者が果たすことで、共に考え、共に深め合っていく学びの空間（探究・共創空間）が創り出されていた。

　1年生の2学期終わりの段階で、「伝え合うことの大切さ」「面白さ」を体感できた子供たちである。今後の生活科での学習はもとより、他教科での学習においても転用させ、伝え合い（対話）をしながら学びを深め、探究していく姿を今後も追究していきたい。また、授業者からは、「『探究モデル』の過程にのっとって、丁寧に手だてを講じたことにより、子供が主体的に取り組むことができていた」と、「浅草小探究モデル」の手応えを感じる声も聞くことができた。

第4学年　社会科「都道府県を調べよう〜東京都の様子〜」（8時間扱い）
　①単元の目標

　　東京都の様子について、我が国における東京都の位置、東京都全体の地形や主な産業の分布、交通網や主な都市の位置などに着目して、地図帳や各種資料などを用いて調べて白地図などにまとめ、東京都の様子を捉え、東京都の地理的環境の特色を考え、表現することを通して、東京都の地理的概要及び、47都道府県の名称と位置を理解できるようにするとともに、主体的に学習を追究・解決しようとする態度を養う。

②学習過程

```
┌─────────────────────────────────────────────────┐
│  Ⅰ   つかむ、見通す                              │
│ ○日本における東京都の位置やまわりの県の様子について調べ、│
│   理解する。①②                                 │
│ ○東京都の様子に関心をもち、学習問題をつかむ。③   │
└─────────────────────────────────────────────────┘

┌─────────────────────────────────────────────────┐
│  Ⅱ   考える、つなげる                           │
│ ○東京都全体の地形の様子を調べる。④              │
│ ○東京都の土地利用の様子等を基に産業の分布について調べる。⑤│
│ ○交通網の様子を調べる。⑥                        │
└─────────────────────────────────────────────────┘

┌─────────────────────────────────────────────────┐
│  Ⅲ   創る、活かす                               │
│ ○東京都の地理的環境の特色について考え、話し合う。⑦【本時】│
│ ○日本地図を使って、４７都道府県を調べる。⑧      │
└─────────────────────────────────────────────────┘
```

③実践の様子から見えた「探究」の姿

　調べる過程で、東京都の「地形」「土地利用」「交通網」の特色を調べた子供たち。次の過程で、これまで調べてきたことをまとめ、「東京都の特色」として自分の言葉で語ることをねらった。その際に講じた手だてが「思考ツール」の活用である。「クラゲチャート」というツールを用い、これまで調べてきたことを「関連」「総合」させる活動を行った。

　まず、これまで調べ、まとめてきたことの中から、特に大切であったり、東京都の特色といえそうだったりする内容にアンダーラインを引き、それをクラゲチャートの足の部分に記入していく。それを関連、総合させながら、クラゲの頭の部分に「東京都の特色」としてまとめていく活動を行った。まとめる際には、東京都のことを知らない人に知らせるように紹介文形式で書かせ、相手意識をもってまとめていくようにした。

　子供たちの中には、書くことを苦手とする子も多くいたが、本時の流れは、活動の内容が具体的でイメージしやすかったからか、どの子供たちも意欲的に取り組むことができた。また、授業者の最小限の声掛けで、静寂

の中、子供たちはじっくり自分自身と対話をしながらまとめる作業（自己探究）を行っていた。正直、スムーズにまとめられている子供もいれば、混沌としながら思い悩む子供もいた。その混沌とした時間が、次第に「友達はどんなことを書いているのだろう？」という思いを生じさせ、次への活動へと繋がっていった。

　その後、自分なりに「東京都の特色」を書けた子供から、ホワイトボードにまとめたことを書き写し、それを見合うことによって全体で共有する形をとった。「まとめられた！」と思う子供は自信をもって書き、「どう書いたらよいのだろう？」と思い悩み、自信がもてない子供は、ホワイトボードに書かれていることをじっと見つめる時間となった。そして、友達が書いた「東京都の特色」を参考に、クラゲチャートの頭の部分に自分なりのまとめを再び書き始める子供の姿が見られた。（⇒相互啓発）

④探究を深めるために

　これまで学習してきたことを関連・総合させるための手だてを複数講じたことにより、自分たちで学びのサイクル（探究）を進めていくことができたのではないかと考えている。

　一方、本単元で押さえたい３つの社会的事象（地形・土地利用・交通網）をつなげ合わせるにとどまってしまった点が、あともう一歩な反省点として残った。「関連・総合」させるとは、ただつなぎ合わせることなのか？自己表現の内容として、さらに練り上げていくとはどういうことなのか、どうすればよいのか、さらに研究を積み重ねていく必要を感じた。

　また、調べた３つの社会的事象だけでなく、プラスαの内容、違う切り口からの内容（例えば、東京都の自然〈大都会東京の意外性〉など）を盛り込み、「異なる立場からの見方」や「異なる時間軸」「異なる空間軸」などといった東京都を立体的に、多様な発想を持って見つめ直し、発展的に東京都の特色をまとめていくようなダイナミックさがあると、よりよい授業へと進化していくのではないか、と多田先生からご指導をいただいた。（⇒「新たな時代の学びの要件」）

《「浅草小探究モデル」の特色》

　「浅草小探究モデル」とは、生活科の学習過程のように、単元の中で3つの大きなサイクルを回しつつ、その中の1つのサイクルや1単位時間の中でも「探究モデル」の3つのサイクルを回すことを考えている（しかし、教科の特色や単元の特色によって、このような過程をすべて組めるとは限らない）。

　生活科で学んだ学びのサイクルを、他教科や次の学年に上がったときにも生かし、定着を図るとともに、これを積み上げていった先には、子供たち自身で「探究モデル」の学びのサイクルを自覚化しながら、自主的に回せるようにしていきたいと考えている。

　そうやって学びのサイクルを自分たちで回し、探究していく経験の中には、必ず他者との「対話」が存在する。この学習経験を繰り返すことを通して、子供たちは、対友達、対先生、対教材……等に対して、互いを尊重し、大切にする気持ちをもち、多様性を認め合えるようになってほしいと願っている。

　加えて、こうした日々の学びの積み重ねを通して、教室・学級が「共創空間」となり、豊かな学びの場となってほしいと願っている。

●蓄積型であること（研究そのものが「探究型」である）

　浅草小学校は、「教員自らも探究し続ける存在」として、高い"同僚性"をもって研鑽に励んでいる。教員同士が互いをリスペクトし合い、高め合う。学校全体が、子供も教員も「共創」する空間となることを目指して個人の力、取り組みだけでこのことを証明（検証）するのは大変なことである。だからこそ、組織で行う、校内研究で行うことの意義があるのではないかと考える。

　浅草小では、教科を絞らず、様々な教科を通じて研究授業を行っている。その際、一つの研究（授業）から学びを得て、次の学年（分科会）がそれを生かし、踏まえた上で新たに授業を構築している。一つ一つの授業がつながって、研究が深まっていっているといえる。そして、研究授業をして終わりではなく、普段の授業に生かす。当たり前のことなのではあるが、「研究のための研究（授業）」ではなく、日々に生かす研究、子供たちに直結する研究を意識している。

発問や板書、対話のもち方や思考ツール、ＩＣＴの活用など、研究授業をして開発をしたり、有効性を見出したりできたものを、学年や教科、単元が違っても日々の授業に取り入れ、少しでも日常化していくようにしている。また、研究授業のときだけでなく、日々の授業を教員同士が見合い、学び合う土壌を築くようにしている。

　研究とは、「義務」として「やらされ感」をもってやるものではなく、目の前の子供たちのよりよい成長のために、必要感をもって臨むようにしたい。ある段階までできたら（昇ったら）、そこに新たな梯子をかけ、さらなる高みを目指して昇り続ける（探究し続ける）ようにしたいと考えている。

●なぜ、対話を取り入れた探究型の研究を行うのか？

　小学校教育の段階で、子供が身に付けるべき資質・能力（人格の基礎の形成）が、対話を取り入れた探究型の授業で育てることができると考えるから。小学校段階の子供が身に付けるべき資質・能力（人格形成）は、各教科の学習や特別活動などの全教育活動を有意義に実施し、それらが総合的に達成された上で育っていくものであろう。と考えると、一つの教科だけを追究していたのでは、十分な成果は見られないということになるのではないか？様々な教科や領域での活動を意図的にしっかり行っていくこと。さらに、校内研究ではその中での一部分にはなるが、焦点化して研究を行い、総合的に検証していくことで、本校で育てたい子供像が見えてくるのではないかと考えた。

　「対話を取り入れた探究型の学習活動」は、どの教科にも共通するベースとなるモデルである。各教科の学習を探究モデルにのっとって行い、目標を達成していくことで、その先に小学校の段階で身に付けるべき資質・能力（人格形成）が備わった姿が見えてくるのではないだろうか。

●小学校全科学級担任制の意義

　現在の多くの公立小学校の担任は、朝子供が登校してきた時から、下校するまで、ずっと同じ子供たち（学級の子供たち）を見ている。授業も、国語や算数を教えたと思えば、体育で一緒に体を動かしたりもする。休み時

間、外で一緒に遊んだりもする。教科担任制も言われている昨今ではあるが、やはり、小学校教育の意義は学級担任制にあると考えている。

　小学校教員は、特定の教科だけを教えて、学力を身に付けさせればよいのではない。あらゆる時間における子供の行動から、全人的に、人格の基礎を形成する役目を担っているのである。

　各教科の目標を達成する先に、本来小学校時代の子供に身に付けるべき資質・能力が備わってくる。対話を取り入れた探究型の研究は、全科をもつ学級担任制の小学校教員だからこそなし得るものなのである。

☆学級担任だからこそできる授業づくり・学級づくりをしたい！

　対話を取り入れた探究する学びを成立させるためには、学級の共創空間がないとできない。それは、日本の小学校教育での不易な部分でもある「学級」という文化をもって成立できるものである。その「共創空間」や「学級文化」の創り方は、マニュアルやHOW－TOがあるわけでなく、その時の担任と子供たちが試行錯誤、切磋琢磨……しながら創り上げていくしかないものである。

　その「共創空間」「学級文化」の根幹は、「よい授業」の積み重ね、「よい授業」の繰り返しをもって創られる。単に子供のよい話し相手、遊び相手であるならば、学童のお兄さんお姉さんと変わらない。教員であるならば、やはり「授業」をもって子供たちと関係を築き、育てていかなければいけないと考える。そのためには、授業はストーリー性を大切にしたい。子供の思考の流れに沿って、その一時間で子供の中にどのような学びのストーリーを描かせ、学び得た力として根付かせていくのか。

　その一時間の授業は、子供たちにとっては一生に一度の時間である。教員は、事前の準備を念入りに行いつつ（ほどよい使命感と緊張感をもって）、ライブ感を大切に、子供たちとのやり取りをある意味楽しみながら行えるようになりたい。（宮古島の先生にも同じ言葉がありました）これまで、そのように思いながらも、実際に実践できた授業はほぼない。でも、その時間の実現を目指しつつ、毎年（もしくは２年に１度とか）変わる子供たちと顔を向かい合わせ、学びの「共創空間」「学級文化」を築けるよう、コツコツと取り組んでいる次第である。

（若林）

【実践事例 ⑥】
善元幸夫先生による宮古島での6年間の継続した研究授業の記録

　宮古島の子どもたちと地球と故郷の島の出会いの物語──宮古島の魅力を知り、島民としての誇りを形成する。毎年1回、宮古島を訪問し、年1回、同じ子どもたちに授業をしてきた。6年間継続してきた、立体的視点からの学びを基調とした授業実践について、子ども自身の「学びの履歴」を辿り、自尊感情の形成までの道のりを明らかにする。

◎ 授業をどうとらえ、授業はどう創られてきたか
　中学生の6年間にわたる年1回の授業の継続後の最後の感想

（2015・7　久松中3年生）

　　私は宮古だなんて田舎で、何もなくてつまらない所だと思っていましたが、何もない所に多くが詰まっていることを、5年間の連続した授業を通して知り、遺跡を巡ったりしました。何もない宮古島でなく『魅力が隠されている宮古島』と思えるようになりました。これから過疎化が進み3万人台になるらしいのですが、私が大人になったら、またこの島に戻ってきて、この隠された魅力を多くの人に伝える仕事をしたいです。

○立体的な視点に立った学びの意義（文責　善元）
　　中学生が思い描く「何もない宮古島でなく『魅力が隠されている宮古島』」への転換は何によってもたらされたのか。

①立体的な授業観・授業づくりの考察
　　多田孝志（金沢学院大学　目白大学名誉教授）は「グローバル時代の対話型授業研究」（2016年）で現代生起する「事象を点ではなく、立体的な関わりである」と述べた。立体的な関わりを次のように説明している。
　　「地球時代に生きる私たちは、事象を点ではなく、自分たちの生活が地域や世界各地と連結しているとの自覚をもち、立体的な関わりを意識する

必要がある」と記し、また「現代社会は過去と未来の歴史の流れの中にあり、行動姿勢をもつ必要がある」ともいう。

では、グローバル時代の共生社会の人間形成の世界観に立ち、教育、とりわけ立体的な授業づくりはどうあるべきか考察したい。多田は授業を重層的に考えていた。多田は授業づくりの重要な視点として「多様性」「関係性」「自己変革・成長」「当事者意識・主体的行動力」「共感・イメージ力」の5つの要件がどう関連するかを構造的に検討した。

（＊多田はこの「多様性」「関係性」「自己変革・成長」「当事者意識・主体的行動力」の4つの要件は単体でなく、各要件が特性をもち、相互に関連し、相互浸透し合い、影響し合うと述べている）

②迫られる伝統的子ども観、子どもの言語観の再考

立体的とらえ方、主な観点は、次の3点である。「子どもは時間が一つではない」「子供と大人の時間は長さが異なる」、表現手段の言語はある種の「あいまいさ」がある。結論として授業形成には新たな言語認識が重要であると考えた。

〇基本的な考え方

- 子どもは生まれてから現在までの時間の中で、とりわけ「言語と感覚」の視点で考察する時、「子どもの時間認識」は一つではなく、多様で、立体的ではないだろうか。
- 子どもにとって時間は一つではない。子どもにとって時間はパラレルに複数存在し認識をしているのではないか。つまり子どもは10年間、100年間、1000年間という時間を等質に思考できるのではないか。

上記は授業づくりに重要な視点で、それを言語認識の中心にすえて考えてみたい。

その1「言語と時間」

- 教師から見た時、授業の中である子どもの意見が全体の場からかけ離れているように見え、時にはその意見が全体の授業の展開を妨げるように見える事がある。

・教師はその考えを取り入れず、授業を進め、その時の歯がゆさが残ることがある。　＊子どもの認識は多様で言語化するにも子ども一人ひとりの時間がある。

その2「言語と感覚」

・感覚は個の時間の流れの中で存在するが、言語は感覚をはぎ取る行為。つまり感覚と言語は必ずしも一致しない。つまり会話は相互のずれがある。個の意見表明で感覚と言語の不一致を前提に「相互理解」がなされる。　＊感覚（反射）は意思が存在しない、言語化するときに初めて意思が存在する。

その3「言語と現在」

・言語は過去と未来は表現できるが現在は表現できない。
・過去や未来事象は言語化できるが、「今の感覚」は存在するが、「今」は言語化すると、それは時間の「ずれ」により過去を表しているに過ぎない。

③「宮古島での『隠された魅力』を求めて！」の実践の基調、「あいまいさ」
立体的な視点を基調にし多様性を重視した授業づくりの基調

　米沢富美子（理論物理学者・元日本物理学会会長）は、「あいまいの科学」を提唱する。物理学を極めた米沢は『あいまいさの科学』で重要なことは「あいまいさ」であると言及、教育もこのような考えと無縁ではない。本実践における多様性を生かすことの基調に下記に米沢が次のように記す「あいまいさ」を置く。

　科学が進んでもわからないことはわからない。わからないことがわかってきたのが進歩だといえる。今日は「あいまいさ」とは何か、そのあいまいさがとても不可避だ。あいまいさがわかれば、それを不自由と感じずに生きることができると考えます。　　　　　　　　　　（米沢富美子）

　物理学者が到達した英知を教育者はどう受け入れることができるのであろうか。私は教育学も物理学も同じ地平で考え、教育の行き着く先を考えているのである。

◎善元実践記録（授業中学 3 年対象）の「立体的な関わり」の視点からの授業分析

　本実践は、立体的な視点の重視による展開をしている。

「18 歳になる未来のもう一人の私へ」　私が目指した宮古の授業のねらい

　この授業は宮古島の子どもたちが自尊感情をもち、未来に対する「郷土観の形成」の授業、目指すのは国際化の現代、地域・地方の視点（ローカル・アイデンティティ）を確立。グローバルの視点で授業を創る。

　「授業は尽きることのない教材研究」と直感、対話である。

◎授業の流れ

①自尊感情をつくる　その1

　逆さ沖縄地図「宮古は日本の中心、そして宮古は世界の中心」（授業冒頭に黒板に提示）沖縄を地図の真ん中にすると、アジアが、世界が見える。すると中継貿易地・沖縄が見えてきた。日本国は途中で大胆カット。国家も相対的にして地域地図を意図。それは「沖縄を中心とした地域史」を意識した発想である。

②自尊感情をつくる　その2

海人の誇り　東アジアの中継貿易・沖縄

　「かつて沖縄は、中継ぎ貿易として東アジア交易中心地として栄え、グローバル化の現代、沖縄はそれに対し期待も大きく、今後、大きな未来が秘められている」（2015 年「授業ねらい」）。

　子どもが自尊感情を持つ、それは単に海洋民族として栄えた「琉球王国」の経済的な繁栄だけではない。

　宮古島には「海人の誇り」がある。

◎授業の流れ

① 学習指導案

時	主な活動	教師の留意点
5分	国際的視野で考える（導入） ・今日は皆さんと6年目、最後の授業です。宮古島の未来と皆さんの未来について考えよう。 ・これを見てみよう（逆さの地図）ねえみんなどう？　じゃあ、1番近い国は？　2番目は？　3番目は？　4番目は？　そうか宮古は中国、台湾、その次が日本、韓国だね。では宮古島の特徴は？　平坦、中継地（中国の群山諸島から海流に乗り18日） ・ペリーさんはどこから来た？	8世紀の世界地図 　　　　　　（版画） 琉球王国が大きい 上下逆の東アジア地図 　　　　（拡大版） （外国から見た沖縄） 宮古島の立体模型図 （宮古歴史博物館借用） ＊ペリーの航路図資料 太平洋だけでなく大陸棚沿い
10分	Ⅰ部　見つめよう私たちの地域・未来 今、日本の人口は少なくなっている。 消滅都市って知っている？ これがその一覧表！　なぜ人口は減る？　では沖縄は？	資料　限界集落 896の市町村名一覧表提示 沖縄の市町村の人口
	Ⅱ部（省略）	
70分	まとめ（5分） 授業の終わりはイマジン・ビートルズ	・国境のない世界 （善元超訳）

②授業感想　分析の視点

　　多田は「多様性」を「多様性・多様な人・モノ・事象・感覚等との出会いをもたらす」と言及、その視点からの感想の分類

　　・授業後の子どもたちの感想は視点が実に多様である事が分かった。

　　・それは「教科中心の系統学習」では得られない多様な感想である。

授業は一人ひとり受け取り方が異なる、そこで子どもたちの感想を分類

1. 今日の授業で学んだ事（文略）

- 「宮古は日本の中心そして、宮古は世界の中心」
- 宮古の将来のために大事なこと、考えないといけないこと
- 二十歳の自分に何を残すか、未来に何を残すか
- 宮古がなぜ世界の中心か、沖縄は世界各国とつながりがあった

2. 善元先生が私にくれたもの

○知識

- 知識を楽しんで、いろんなことを教えてもらった（5人）
- 宮古の誇りと豊かな知識（9人）・普段あるものでも深く考えられるようになった
- 自分の住む宮古のすばらしさはどこからきて、現在どのように生かされ、これをどう将来に（未来）につなげていくのか（4人）、教わらないような深ーい知識（2人）

1）文化の成り立ちや宮古について

- 将来の宮古の美しい海、受け継ぐ夢（6人）
- 宮古の特産品「マンゴーの道」「貝の道」（中国のお金）（2人）
- 津波や戦争のことを深く学んだ（4人）
- 漢字の成り立ち（4人）

2）どんな些細な事や古いこと昔のことについて疑問に思う必要さ

- いろいろな知識や昔あったことを想像する力・世界の広さやおもしろさ

3）心

- 自然や環境を大切にする心（4人）・忘れかけていた宮古を愛する心
- 「好き心」を大切にしたい・自然を大切に、美しさを残す心（2人）
- 沖縄の伝統を大事にする心・周りの人を大切にする気持ち

4）差別せずみんな同じ人間だから協力して生きていく

- ジョン・レノンの「イマジン」世界中の人が平和の思いをもったら……
- 一番の印象は「イマジン」、想像するだけでその人の価値観や考えが変わる

≪結　論≫

　「立体的授業観」から授業を考える授業の大転換―「時間」のスケールから未来の学びを問い直す―「問題解決学習」から「問題発見学習」へ、この長期にわたる宮古島での実践は、立体的授業が問題解決・発見学習に継続していることを実証したと言える。私は授業終了後、「燃え尽きる（疲れ果てる）」ということがこの40年間の授業でほんの数回しかない。思い浮かぶのは「あしたのジョー」最後の場面である。言語について考察して、日々実践されている伝統的授業を分析してみた。これには私は子どもを中心に据えてということを考えていたものの、時には後悔の連続であった。あの時こうすればよかったとか！そのことは今考えると子どもとの授業の対話である。

　多田はそのことを「対話・沈黙」という概念を使用している。多田は「沈黙と思考との関わり」について次のような提起を行っている。

　「沈黙は無生産、無意味な時間ではない。心の赴くままに思いに浸り、思いを巡らす時間（浮遊型思索の時間）」「自己の確認・他者の意図への理解の深まり　間の生起　新たな発想のスタート　有るは無から生ずる　無の中には無限がある」と。

　私は多田の言葉に宇宙の進化を考えた。ここには準備された無が生じているのだ。この沈黙の思考こそが、私は多田から学んだことである。さらに多田は「学習の拡がり深い思考力」につながるとしている。それが、さまざまな基軸をもった生きた方をする人々との共生社会の到来としてそのことを授業分析するに至る。

　多田は聴き合いを重視し、聴き合い⇒反発・疑問・違和感、納得・共感、混沌・混乱が生じ、従来と異なる新たな授業が創造されるのである。多田は日常的に学校で対話を活用することで多文化共生社会に生きる資質・能力・技能を高めるという結論を得た。多田は「授業における楽しさとは」について下記を示している。

　「いろんな感じ方・考え方があることを知り楽しい。　同じ事象をも、多様・立体的見方ができる」「ある結論も、さらに検討・考察していくと新たな発見がある」「多様な感じ方・考え方を関連づけたり、融和させたりすると、よりよいものができる」と述べている。

まさに多田学の神髄である。

（宮古島教職員組合研修会資料　　平成 29 年 7 月 12 日）

≪授業を終えて≫

「あしたのジョー」（1968 年 1 月～1973 年 5 月）を想起する。リングのコーナーに座ったジョーが微笑む姿、そして最後のセリフ　「燃え尽きたぜ…真っ白にな…」ジョーは世界タイトルマッチ 15 回戦を戦い抜き、リングサイドにいた白木葉子にグローブを渡す。試合は判定負けではあったが、ジョーは「真っ白な灰」となって四角いリングの中で微笑んでいたまま……。このシーンを描き終えた後、ちばてつやは、それこそジョーのように『真っ白に燃え尽きた』ような感覚に陥り、しばらくの間ジョーが全く描けなくなったという。スポニチの取材に、ちばてつやは「真っ白」に込めた思いを次のように語った。「真っ白になるまで頑張れば……新しい明日が来ると、若い人に伝えたかった。

いい加減な仕事をしていては明日は来ない。やろうと決めたことに全力投球してほしい。そうすれば、きっと自分の中に何かが残る。次の何かに頑張るとき、いきるものがある！」

授業は「一度だけの生ライブ、同じ授業は 2 回できない」今でもこう考えている。授業は 9 割は学習素材の研究でこれは授業ぎりぎりまで続けられる。予定調和型の授業はぞくぞくわくわくの授業ではない。誤解を恐れず言えば授業における沈黙、ぎくしゃく感、これこそが新たな可能性があるのである。私は燃え尽きるような授業、これからもチャレンジしたい。

金沢大学附属小学校

　金沢大学附属小学校では、「未来へ生きると決める」をテーマに、振り返り・省察を活用することにより深い思考力を育ませる実践研究を継続してきた。同校では、省察を授業全体で得たもの、感じたこと、学んだことを集約する時間、振り返りを学びの折節に、立ち止まり、現時点で気づいたこと、不思議に思ったこと、啓発されたことなどを振り返り、確認し、自己内で再組織化する時間とした。

　たとえば、1年生活科の単元名「あそぼう！〜〇〇なシャボン玉をつくろう！〜」の授業、導入：「本時の課題を明確にするために、前時に準備した自分の作りたいシャボン玉を想起させる。」学習過程：「試してどうだったのか、次にどんなことを工夫するのかを認識できるように活動を振り返らせる。（これからやってみたいこと）」「友達と気付きを共有したり、協力したりして活動できるように作りたい〇〇シャボン玉ごとに道具を作る場を共有させる。」「道具を工夫したり、試したりが繰り返せるように、道具を作る場と試す場をテラス前に準備する。」「友達と比べたり試したりしながら、自分なりに工夫してつくることができる。」終末：「次時の学習につなげられるように、省察・振り返りの中のこれからやりたいことを特に意識して振り返るよう声をかける。」と振り返り、省察を重視した学びを各学年で実施している。

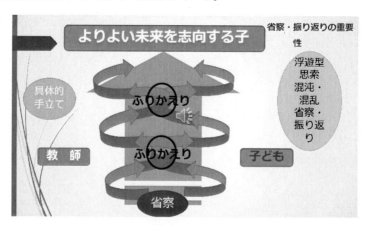

【実践事例 ⑧】

上越教育大学附属小学校

　同校を訪問した人々は、校地と教室の様子に驚かされる。広々とした校地には、仔馬が飼われ、各所には、子供たちが手造りした小屋が建てられ、野菜畑があり、小川が流れている。教室の半分ほどの広さの作業小屋に入ると、そこには、さまざまな木材、工作の道具が入れられている。教室の壁には、子供たちの校舎内外での活動の様子の写真が貼られている。教室わきの広いスペースには、亀や小魚などを飼育する水槽や、作業用の道具などが所狭しと置かれている。

　上越教育大学附属小学校の実践研究に研究協力者として、2014 年度以来、継続し参加してきた。

　同校を訪問し、中島副校長・青木教頭先生（当時）に実践研究について語っていただいた。以下は、その概要である。

　研究テーマ「今を生き、明日をつくる子どもが育つ学校—「感性」の働きに着眼して」を学校全体のテーマとし、各学級のテーマをもとに、「体験の中からわき起こる思いや願いを大切にしながら今を生きる喜びをつくり、自分の世界を広げていく活動」を展開してきた。

　展開するとき大切にすることとして「目的意識と相手意識の自覚化、客観的事実との出会いや活動の山場、遊び性と仕事性を融合した柔軟性ある活動」である。

　感性を重視する教育として自然環境の中に子どもを入らせたり、さまざまな生物と触れ合わせたりすることを重視してきた。その際、調査ではなく、とにかく身体全体で五感を使って没頭するようにし、そこから湧き上がる関心や疑問を学習の起点とした。

　皮相的・形式的、教師の暗黙の指示を待つような学習にしないため、繰り返し、浸りきる体験をさせた。たとえば里山に入りきることにより、生活とのつながりが分かったり、季節の移ろいに気づいたりしていった。

　教師は、素材と環境を選ぶため、繰り返し、フィールドワークを行う。また学習は、子どもの反応により、変更の連続となる。何よりも子どもの

「いま」の思いを重視し、「無理・無駄・むら」を合言葉に実践研究を継続してきた。

（2016 年 7 月 19 日　午前 9 時半〜11 時半　副校長・教頭先生　校長室）

多田孝志　ただ たかし

学校教育法による六（小学校）・三（中学校）・三（高校）・四（大学）という学校制度の全課程で実際に教鞭を執り、中近東・中南米の在外教育施設、カナダ・バンクーバーの公立高校の教諭を経て、目白大学教授・名誉教授に就任。青山学院短期大学、東京大学、学習院大学、立教大学大学院兼任講師を務めた。日本学校教育学会元会長。日本国際理解教育学会元会長。日本グローバル教育学会常任理事。異文化間教育学会名誉会員。博士（学校教育学）。現在は、金沢学院大学教育学部教授・共創型対話学習研究所所長を兼務し「教育の真実は現場にある」をモットーに、全国各地の教育実践仲間とともに、新たな時代の教育実践学の構築を目指した活動に取り組んでいる。

【主な著書・編著・共著】

『光の中の子どもたち』（毎日新聞社 1983）、『学校における国際理解教育』（東洋館出版 1997）、『地球時代の教育とは』（岩波書店 2000）、『地球時代の言語表現』（東洋館出版 2003）、『対話力を高める』（教育出版 2006）、『共に創る対話力』（教育出版 2009）、『授業で育てる対話力』（教育出版 2011）、『東日本大震災と学校教育』（かもがわ出版 2012）、『グローバル時代の学校教育』（三恵社　2013）、『持続可能な社会のための教育』（教育出版 2015）、『グローバル時代の教員養成』（三恵社 2015）、『教育のいまとこれからを読み解く 57 の視点』（教育出版 2017）、『グローバル時代の対話型授業の研究』（東信堂，2017）、『対話型授業の理論と実践』（教育出版 2018）、『学校 3.0×ＳＤＧs　時代を生き抜く教育への挑戦』（キーステージ 21 2020）、『新時代の教職入門』（北國新聞 2021）、ほか多数。

増渕幸男　ますぶち ゆきお

上智大学文学部教育学科卒（1969）。同大学院文学研究科教育学専攻博士課程満期退学（1974）。教育学博士（慶應義塾大学 1989）。東京電機大学・日本女子大学・東北大学・上智大学・金沢学院大学の教授を歴任。京都大学・大阪大学・名古屋大学・広島大学・筑波大学・山形大学・早稲田大学の各大学院で兼任講師。日本学術会議連携会員（第 20 期・21 期）。教育哲学会・日本教育学会・関東教育学会・日本カトリック教育学会での理事歴任。21 世紀 COE プログラム審査委員会委員（日本学術振興会）、現在宇都宮市社会教育委員、流山市学校運営協議委員。

【主な著書・編著・共著】

『教育学の論理』『ヤスパースの教育哲学研究』（以文社 1986、1989）、『教育的価値論の研究』『シュライ「アーマッハーの思想と生涯』（玉川大学出版部 1994，2000）、『教養の復権』『教育関係の再構築』『ナチズムと教育』（東信堂 1996、2004）、『「いのちの尊厳」教育とヒューマニズムの精神』『グローバル化時代の教育の選択』（上智大学出版 2010）、『問いとしての教育学』『近代教育の再構築』『教育学 21 の問い』『道徳教育 21 の問い』（福村出版 1997，2009）、『現代教育学の地平』（南窓社 2001）、『ロマン主義教育再興』（東洋館出版社 1986）、『日中教育学対話 I、II』（春風社 2008、2010）、単訳書としてヤスパース『教育の哲学的省察』、ザラムン『カール・ヤスパース』（以文社 1983、1993）ほか多数。

岡　秀夫　おか ひでお

九州大学講師、助教授。東京大学助教授、教授。目白大学教授を経て、現在は金沢学院大学教授。東京大学名誉教授。大学英語教育学会（JACET）理事。第4期中央教育審議会初等中等教育分科会教育課程部会外国語専門部会委員等を務める。専門は、英語教育学、応用言語学（バイリンガリズム論）。修士（教育学）、M. A.（Applied Linguistics）。英国のモレイハウス・カレッジ、レディング大学、ケンブリッジ大学、米国のジョージタウン大学、墺（オーストリア）のインスブルック大学に留学。

【主な著書・編著・共著】

『英語のスピーキング』(大修館書店 1984)、『バイリンガル教育と第二言語習得』(大修館書店 1996)、『外国語教育学大辞典』(大修館書店 1999)、『オーラル・コミュニケーション ハンドブック』(大修館書店 1999)、『日本のバイリンガル教育学校の事例から学ぶ』(三修社 2003)、『英語教育研修プログラム対応「英語授業力」強化マニュアル』(大修館書店 2004)、『グローバル時代の英語教育―新しい英語科教育法』(成美堂 2011)、『第二言語習得―SLA 研究と外国語教育』(大修館書店 2011)、『小学校外国語活動の進め方―「ことばの教育」として』(成美堂 2015)、『英語を学ぶ楽しみ―国際コミュニケーションのために』(くろしお出版 2018)、 『新・グローバル時代の英語教育―新学習指導要領に対応した英語科教育法』(成美堂 2018)、『ALT とのティーム・ティーチング入門』(大修館書店 2022)ほか多数

見聞のまねび、耳見の学び　― いま・未来を創る教育者へおくる伝薪録―

2022 年 7 月 22 日　　　第一刷発行

著　者　　多田孝志　増渕幸男　岡　秀夫

編　集　　共創型対話学習研究所
　　　　　　　URL　http://www.kyousou.jp
　　　　　佛樂學舍（小宮山祥広）

発行所　　株式会社　三恵社
　　　　　〒462-0056　愛知県名古屋市北区中丸町 2-24-1
　　　　　TEL 052-915-5211　FAX 052-915-5019
　　　　　URL http://www.sankeisha.com